NARRATIVE THERAPY

이야기치료 입문

Stephen Madigan 지음
정석환, 김선영, 박경은, 현채승 옮김

Σ 시그마프레스

이야기치료 입문

발행일 | 2017년 2월 28일 1쇄 발행

지은이 | Stephen Madigan
옮긴이 | 정석환 · 김선영 · 박경은 · 현채승
발행인 | 강학경
발행처 | (주) 시그마프레스
디자인 | 김경임
편 집 | 이지선

등록번호 | 제10-2642호
주소 | 서울시 영등포구 양평로 22길 21 선유도코오롱디지털타워 A401~403호
전자우편 | sigma@spress.co.kr
홈페이지 | http://www.sigmapress.co.kr
전화 | (02)323-4845, (02)2062-5184~8
팩스 | (02)323-4197

ISBN | 978-89-6866-897-5

Narrative Therapy

＊ 책값은 책 뒤표지에 있습니다.

이 도서의 국립중앙도서관 출판예정도서목록(CIP)은 서지정보유통지원시스템 홈페이지(http://seoji.nl.go.kr)와 국가자료공동목록시스템(http://www.nl.go.kr/kolisnet)에서 이용하실 수 있습니다.(CIP 제어번호 : CIP2017004971)

차 례

제 4 장 ● 치료과정

제5장 ● 평가

제6장 ● 추후 발전

제7장 ● 요약

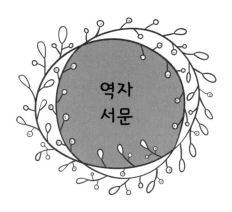

역자
서문

인간은 "이야기하는 동물"임에 틀림이 없다. 우리는 일상의 삶의 모습을 이야기로 표현하길 원하고, 그 이야기들이 모여 우리의 삶이 하나의 의미체계가 되어 이를 통해 나를 해석하고 타인을 이해하기를 바란다. 때론 우리의 슬픔이나 기쁨, 희망을 이야기로 표현하기도 하고 슬픔이나 노여움, 절망을 암울한 음조의 이야기로 표현해내기도 한다. 이처럼 우리는 이야기와 함께 살아가며 '희노애락'의 감정을 표현하고 이웃들과 함께 '우리의 이야기'를 엮어나가는 삶을 산다. 이처럼 우리 안에 내재화된 이야기를 이해하는 것은 인간을 이해하기 위한 전제조건이자 필수적 요인이다. 우리의 살아가는 이야기를 이해하기 위해서는 당연히 한 개인의 개인사와 가족사를 이해해야 하면서 동시에 이야기하기 과정에 침투해 들어온 우리를 둘러싼 사회와 문화의 이야기를 이해하는 것도 필수적이다. 왜냐하면 우리의 이야기는 문화와 상황이라는 맥락 속에서 만들어지기 때문이다. 인간의 이야기는 그 자체로 그 시대의 사회적·역사적 거울이다.

상담자들은 내담자의 이야기 세계에 들어가 진정한 공감으로 함께 들어주고 그 이야기가 내담자의 삶을 새롭게 조명하고 해석해서 의미 있는 이야기로 재구성되도록 그 어두운 밤의 경험을 함께 동행하는 동반자이다. 따라서 라디오 수리 기술자들이 라디오가 만들어지는 구성요인을 잘 이해하고 능숙하게 해체하여 다시 재구성할 수 있는 능력을 가지고 있어야 하듯 치료자는 인간의 이야기 형성 과정에 대해 심도 깊이 이해하고 재구성할 수 있는 능력을 지녀야 된다. 이러한 능력을 가져야만 치료자는 해체적 경청을 통해 치료적 자원을 발견하고 적극적 상상력을 발휘하여 내담자의 흩어진 이야기, 파편화된 이야기, 절망의 이야기에 새로운 은유를 불어넣어 새로운 이야기를 쓸 수 있도록 힘을 북돋아줄 수 있게 되는 것이다. 이 점에서 치료자는 내담자의 이야기 새로 쓰기 과정의 '공동 저자'이다.

이 책은 이야기 세계의 전문가들인 상담자들이 알아야만 하는 이야기의 해체와 재구성에 대한 최근 이야기치료학 분야의 새로운 학문적 결과들을 단순하고 명료하게 설명한 입문서이다. 이 책은 내담자들의 이야기를 치료적으로 들어주는 과정, 내담자의 옛이야기를 해체하는 과정, 파편화되고 부정적이던 이야기를 건설적이면서 희망의 이야기로 재구성해나가는 과정, 내담자들이 발견하지 못했던 자신 속의 치료적 자원의 힘을 발견하도록 돕는 과정 등에 대한 이야기치료의 이론과 실제에 대한 구체적이고 상세한 내용을 다룬다.

이러한 과정을 통해 내담자가 자신과 자신을 둘러싼 환경 가운데서 자신의 삶에 스스로 이름 지을 수 있는 힘을 가질 수 있도록, 그리하여 자신만의 이야기에 주인공이 될 수 있도록 돕는 이야기치료의 핵심 주제를 많은 임상 사례와 더불어 소상하게 설명해주고 있다. 자신의 목소리로 자신의 경험을 이야기할 수 있다는 것은 프로이트가 말한 건강한 삶의 핵심 과제인 '일과 관계'의 균형 잡힌 삶의 핵심 요소이다. 동시에 단순히 일과 관계의 영역뿐만이 아니라 "나는 누구인가?"의 문제에 내 목소리로 내 삶의 노래를 부를 수 있는 창조적 작업이 곧 이야기치료의 핵심과정임을 이 책은 구체적으로 밝히고 있다. 건강한 이야기는 '과거'를 억압으로부터 구출해내서 단순히 현재의 기억 속에 담고 있는 것으로 역할이 끝나는 것이 아니라 미래를 지향하는 삶의 자원으로서 이해되고 활용될 때 진정한 치료적 이야기로서의 기능을 다할 수 있다. 이 책의 진정한 의도는 내담자들을 자신의 삶의 무대에 주인공으로 올려놓고 있다는 데 있다.

이야기치료의 창시자인 M. White 이후 부부치료를 비롯한 가족치료 분야와 개인상담, 특히 청소년 상담 등의 분야에서 이야기치료는 획기적이며 의미 있는 치료 효과를 제공하고 있다. 이 책은 이야기치료의 발생지라 할 수 있는 오스트레일리아 애들레이드의 덜위치센터에서 수학하고, 자신의 치료 현장인 캐나다 밴쿠버에서 수많은 사례를 이야기치료적 접근으로 적용한 Madigan이 이론과 실제를 적절히 접목시킨 체험을 기술한 책으로, 치료 현장이나 이야기치료에 관심을 두는 학자와 학생들에게 커다란 도움을 줄 것으로 확신한다. 특별히 이 책은 미국심리학회의 심리치료학에 대한 총서 시리즈 중 하나로 선정되어 집필되었고 많은 임상가들과 심리치료 및 상담가로서 훈련받는 예비 상담가들에게 이야기치료에 대한 입문서로 활용되고 있다는 점에서 국내에 소개될 충분한 이유가 있다고 생각된다.

이 책은 필자가 강의한 연세대학교 연합신학대학원 상담코칭학과의 '이야기심리학과 상담'이란 과목에서 조별 발표로 다루어진 교재의 하나이다. 그 수업을 듣고 발표한 원고를 김선영, 박경은, 현채승 박사가 함께 다듬어 이렇게 훌륭한 책으로 만들었다. 그분들의 모든 수고와 애정에 깊은 감사를 드린다.

2017년 2월
연세대학교 연합신학대학원 상담코칭학 주임교수
대표역자 정석환

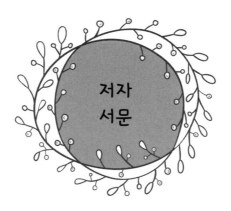

저자
서문

20대 초반이었던 1980년대 초, 나는 심리치료 이론에 이상하리만큼 큰 흥미와 관심을 느꼈다(특히 이 시기의 가족치료 이론에 푹 빠졌다).[1] 비록 충분히 이해하는 것처럼 보이지는 않았지만, 어렸을 때 뼈가 부러지고 상처만 남은 남성성을 대표하는 스포츠인 캐나다 하키 선수였음에도 불구하고, 사람들의 어려운 시기와 복잡한 대인관계를

---

1) 나는 정신연구소(Jay Haley, Paul Watzlawick, John Weakland 등) Milton Erickson, R. D. Laing, Irving Goffman, Boscolo의 Milan 팀, Cechin, Palazoli 그리고 Prata에서 헌신적으로 일하고 있었다. 뉴욕에 소재한 Virginia Goldner, Olga Silverstein, Peggy Papp, Peggy Penn과 같은 여성들의 애커먼연구소와 관심사가 같았다. 여기에 Sal Minuchin, Lynn Hoffman, Monica McGoldrick, Murray Bowen, Harry Goolishian, Carl Whitaker, 그리고 Virginia Satir를 더할 수 있다. Paul Dell, Heinz Von Forester 그리고 Bradford Keeney[Brad의 책 *The Aesthetics of Change*(Keeney, 1983)은 Gregory Bateson의 관계성에 푹 빠지게 했다]와 같은 2세대 사이버네틱 저작물과도 상호작업을 할 수 있었다. 나 스스로도 페미니스적 치료사와 Imelda McCarthy와 Nollaig Byrne 그리고 페미니스트의 영웅 Rachel Hare-Mustin(처음으로 가족치료 영역에서 페미니스트 논문을 출간했고, 그 분야에서 멘토 역할을 했다)의 아일랜드 팀의 '제5영역'의 사회정의 저작물 사이에서 혼란스러웠다. 또한 프랑스/알제리의 심리학자인 Franz Fanon의 저작물에도 열광했고, Ken과 Mary Gergen, Rom Hare, Michael Billig, John Shotter, Erica Berman, 그리고 Ian Parker의 사회구성주의 캠프에도 함께했다.

다루는 치료 이야기에 엄청난 매력을 느낀 것이다.[2] 다행히도 나중에 이 두 가지 상반된 세계를 연결할 수 있었다.

1984년경, 나는 운 좋게도 매우 저명한 캐나다 정신과 의사이자 세계적으로 유명한 캘거리대학교 가족 상담 프로그램(Family Therapy Program) 담당자였던 Karl Tomm 박사(1984a, 1984b, 1986, 1987a, 1987b, 1988)를 만날 수 있었다. 그때부터 시작해 몇 십 년 동안, Karl은 나에게 심리치료라는 분야에서 상담사가 어떻게 어려운 치료적·정치적 문제들 사이에서 버틸 수 있는지를 보여주었다. 중재적 상담(interventive interviewing)을 다룬 그의 논문 3개는 치료적 문제를 향한 나의 관심과 사랑에 큰 동기를 부여하기도 했다.[3][4]

심리치료에 관심을 갖기 시작하면서 나는 될 수 있는 한 많은 책과 논문을 읽었다. 당시 새로운 이론을 말하는 저자들이 무슨 말을 하는지 잘 이해하지 못했지만, 본능적으로 매혹적인 내용이란 것을 알 수 있었다. 그리고 무엇보다도 내가 읽었던 내용은 학부생 시절 배웠던 심리학 내

---

2)   그러나 돌아보면 아일랜드 이민자였던 우리 부모님(Frank Madigan과 Theresa Madigan)이 일생 동안 가난하고 궁핍한 사람들을 위해 무보수로 캐나다 토론토에서 일한 경험이 떠올랐다. 나는 부모님이 35년 동안 매주 월요일 저녁 선배들을 방문하는 것을 보고 자랐고 저소득층 청소년들을 위해 여름 캠프를 하고, 가난한 자들을 위해 투쟁하는 사람들을 규칙적으로 방문하고 다양한 종류의 관용을 베푸는 **무료급식소**(soup kitchen)라 불렸던 활동을 위해 피곤함을 잊고 일하는 것도 지켜보았다.

3)   Karl Tomm의 중재적 상담은 세 논문으로 다음과 같다. '1단원 치료사를 위한 네 번째 지도적 전략', '2단원 자가 치료를 가능하게 하는 방법을 위한 반영적 질문', 그리고 '3단원 직면적·우회적·반영적 그리고 전략적 질문을 위한 전략적 기법'.

4)   Karl Tomm 또한 나(그리고 북아메리카에서 온 다른 사람들)에게 칠레의 생태학자 Humberto Maturana와 Francesco Varela의 복잡한 관계적 사고에 대해 소개했다. 나는 그들의 논문 8편을 10~12번 읽어야 했고 심혈을 기울여 세밀한 필기를 하면서 내가 읽은 바 모든 것을 이해하려고 노력하였다. 결국 나는 스터디 집단에 참여해서 새로운 그리고 기존의 심리치료 이론과 실제적 사고를 함께 나누기도 했다. Karl Tomm은 내게 치료의 방향키와도 같은 도움을 주었다.

용보다 훨씬 더 심오하고 어려웠다. 지금 와서 알아가는 것과 읽기에 미쳐 있던 그때를 떠올려보면, 1980년 중반과 1990년 초반은 나에게 있어서 놀라운 혼돈과 있는 그대로의 흥분의 시기였던 것 같다. 하지만 그 어떤 경험도 전설적 치료사인 David Epston과 Michael White를 만난 것에 비교할 수는 없다.

이야기치료를 향한 나의 모험은 1986년 가을 캘거리에서 열린 Michael White의 가족 상담 발표에 참석하면서 시작됐다(이때가 북미에서 열린 Michael의 첫 번째 공식적 워크숍이었다).5) 그는 문화인류학자 그레고리 베이트슨의 생각을 통해 자신의 치료 접근법을 설명했고, Karl Tomm은 옆에서 칠레 태생의 생물학자 Humberto Maturana를 통해 자신의 치료 이론을 소개하고 있었다.

워크숍이 끝난 날, Michael White는 복잡한 연회장 건너편에서 걸어와 나에게 자신을 소개했다. 나는 밴쿠버에서부터 캘거리까지 오려고 힘들게 여행 경비를 모은 이야기를 하면서, 그 돈을 다른 곳에 썼다면 어떠했을지 농담을 하며 즐거운 대화를 했다. 함께 많이 웃었다.

그러다가 Michael은 나에게 위층으로 올라가서 유분증을 앓고 있는 열 살짜리 남자아이의 심리치료를 지켜보지 않겠느냐고 제안했다.6) 참가자들 중 눈에 띄게 어린데다가, 찢어진 청바지에 닐 영 티셔츠를 입고

---

5) 1986년 워크숍에서 Michael White와 David Epston은 이야기적 접근의 기원자였지만 이야기치료라는 명명을 하진 않았다(이 명칭은 1990년 그들의 세미나 책 *Narrative Means to Therapeutic Ends*에서 언급하기 시작했다).

6) *DSM-IV* 스펙트럼에서는 변비와 찔끔찔끔 변을 실수하는 것과 반대로 이 증상이 없는 두 가지 하위 유형으로 설명하고 있다. 변비의 하위 유형에서 변이 소량으로 배설되고 이런 배설물이 수면 중이거나 깨어 있을 때 지속적으로 나온다. 변비 증상 없이 변은 대개 잘 배설되는데, 간헐적으로 넘치고 눈에 띄는 장소에 배설을 한다. 이 유형은 품행장애나 적대적 반항장애가 동반되며 혹은 항문 자위 행위의 결과일 수도 있다.

있던 나로서는 놀라웠지만 반가운 초대였다.

　그날 밤, 나는 일방경 뒤에 앉아 내 생애 처음으로 상담치료를 하는 Michael White의 모습을 관찰했다. 워크숍 주최자였던 Karl Tomm을 비롯해 4명의 다른 상담사들과 함께한 자리였다. Michael의 진료는 믿을 수 없을 만큼 놀라웠고, 다른 사람들도 우리가 보고 있던 특이하고 색다른 상담치료에 넋을 놓은 모습이었다.

　이미 상담치료를 공부했음에도 불구하고, 나는 Michael의 진료를 비교할 대상이 없었다. 예를 들면, Michael과 어린 내담자는 유분증의 문제에 '응가'[7]라는 새로운 이름을 붙였다(그리고 외재화[8]시켰다). White와 그의 동료 Epston은 상담사와 내담자가 문제를 더 관계적이고 맥락과 연관된 방식으로 이야기할 수 있을 때 치료가 성공할 확률이 높다는 것을 발견했다. 유분증이 소년의 몸 안에 있는 개인화된 문제가 아니라 다른 이름을 붙임으로써 소년과 관계적으로 거리 있는 구분된 대상이라고 생각하는 방법이다(따라서 아이는 자신의 정체성이 전체적으로 문제 있다고 생각하지 않는다). Epston과 White는 이러한 문제의 관계적 재배치(relational repositioning)를 문제의 외재화(externalizing)라고 불렀다.

　문제를 외재화하려면 상담자는 내면화된 문제를 겉으로 드러내기

---

7)　역자 주 : 어린아이의 몸을 잘 달래고 조절하여 배변시킬 때 쓰는 말

8)　외재화는 David Epston과 Michael White에 의해 1980년대 초에 가족치료 분야에서 처음으로 소개된 개념이다. 처음엔 어린이들과 작업하면서 발달되었으나 유머러스하고 농담(물론 사려 깊고 조심스러운 상황에서)처럼 느껴지면서 다른 관계에서도 외재화가 자리하게 되었다. 외재화를 설명하는 방법은 여러 가지가 있으나 "사람이 문제가 아니라, 문제가 문제이다."라는 명제가 가장 잘 설명하고 있는 것 같다. 문제를 외재화하는 것은 문제를 기존의 틀로 설명하는 것이 아니다. 외재화는 문제를 재정의하고 내담자로 하여금 스스로 재배치할 기회를 제공한다. 외재화는 이야기치료의 '필수'수단이고 이야기 실제 범주에서 대표적인 표현수단이다.

위한 방법으로, 문제와 대상이 산만하게 서로 연결된 상태에서 관계적으로 재배치하기 위해 자기(self)의 정립과 관련된 후기구조주의적(poststructural) 설명을 이용한다(Madigan, 1996).[9] 예를 들면, White는 유분증과 관련해 소년과 함께 응가라는 새로운 단어를 만들어서, 아이에게 외부적인 관계 대상으로서 이를 의인화했다.

White는 나아가 "너를 곤란하게 하는 더러운 걸 뭐라고 부르지?", "노느라 바쁠 때 갑자기 바지 안에 나타나서 널 놀라게 하는 걸 뭐라고 해?"와 같은 외재화된 질문(Epston, 1988; Tomm, 1989; White, 1986)도 많이 이용했다. 이 문제에 아이가 "예"라고 답하면, 그때부터는 불안감, 불편함, 가족 문제, 좌절감에 관련된 구체적인 결과에 대해 이야기하기 시작했다(White, 1986).

White는 또한 아이의 유분증 증세가 가족과 친척에게 미치는 영향도 알아보기 위해 그들에게도 상담을 실시했다. "아이가 응가에 의해서 더러워지면, 당신에게는 무슨 일이 일어나나요?", "아이의 증세에 대해 당신은 어떤 조치를 취하나요?"와 같은 질문을 통해서 문제가 가족 전체에 미치는 영향이 점진적으로 (그리고 유머러스하게) 파악되기 시작했다. 이야기치료의 이러한 관계적 측면은 가족의 능력과 희망을 회복시켜주는 역할을 했다.

이 상담이 이뤄질 때 나는 '관계적 방법으로 문제를 외재화시키는 데 필요한 복잡성과 치료적 노력'에 대해 완벽히 이해하지 못했지만, 1986년

---

9) 자기 배려, 규범, 이해 그리고 성적 정체성에 대해 어떤 이론가들은 도덕적으로 무제한적 조정과 신속한 변화에 제재를 받아 깨지기 쉽게 이루어져 있다고 주장한다. 이에 대해 푸코(1980)는 자기 배려는 완전히 중심에서 벗어나야 하고 단호히 결정해야 한다고 주장한다.

일방경 뒤에 있던 사람들 모두가 마찬가지였을 것이다. Michael의 상담과 외재화를 통한 치료방식은 매우 획기적이었고, 더 배우고 싶었다.

이야기치료를 구성하는 구조와 이론은 보편적인 심리학 학파, 사회복지 업무, 심리치료에서 사용하는 것과 다르기 때문에, 기법을 배우는 것이 때로는 짜증스러울 수 있다. 이야기치료에서 다루는 내용은 자기의 개인화 원칙에 기초해 있지도 않고, 체계적이거나 정신역동적이지도, 구조적이거나 본질적이지도 않다. 나아가 이야기치료는 발전 모델, 개인화된 자기 이론, 심리학적 실험을 사용하지 않으며, **정신질환의 진단 및 통계 편람**(*Diagnostic and Statistical Manual of Mental Disorders, DSM;* 이야기치료의 정보나 설명의 기반으로 사용되지 않는다)을 참고하지도 않는다. 물론 약학에 의지하는 경우도 거의 없다.[10]

젊은 상담가이자 학생이었던 나에게 남은 일은 이야기치료가 기초된 기본적 후기구조주의적 관념을 이해하고, 심리학과 심리치료에 던지는 시사점을 알아보는 것이었다. 이 과정은 나 홀로 작업이었다(David와 Michael을 포함해 많은 포스트모던 저자들의 책을 읽으면서 도움을 받기도 했다).

이야기치료는 결국 내가 기존에 가지고 있던 치료에 대한 사고와 탈개인주의적(anti-individualist) 심리치료에 대한 생각을 급진적으로 바꿈으로써 나를 매료시켰다. 플로리다에서 박사 학위를 마치면서 이야기치료와 후기구조주의에 대한 논문을 쓰던 도중(그리고 캐나다 국가대표 얼티미트 프리스비 팀의 일원으로 훈련하고 있을 때), 나는 이야기치료에 전념해 더 배우고 실행해야겠다는 목표를 세우게 되었다. 그러기 위해서는 빠

---

10) 이야기치료에서 약의 처방은 확실히 필요한 순간에 필요한 사람에게는 하지만 치료 자체에서는 약의 과용을 지지하지 않는다.

른 시간 내에 논문을 완성하고 캐나다 팀을 탈퇴해야만 했다(미국 팀과의 경기에서 전방 십자인대가 파열되었고 이야기치료와 후기구조주의에 관심이 많았던 학과장 Ron Chenail 박사가 결정에 도움을 주었다).

처음에 나는 Michael White와 David Epston의 모든 저서를 읽으려고 했지만, 그들은 너무 다양한 사회과학 이론을 다루었고, 둘 다 너무 열성적인 학자였기 때문에 거의 불가능한 일이었다.[11] 그럼에도 불구하고 나는 심리치료, 심리학, 사회복지 분야의 주류를 이룬 중요한 새로운 학자들[12]의 책과 논문을 지속적으로 읽었다.

Michael과 Cheryl이 오스트레일리아 남부의 애들레이드로 나를 초대한 1991년, 배움의 전환점이 찾아왔다. 1991년에 몇 개월, 그리고 1992년에 다시 이어진 이 '홈스테이'는 실제 치료적 견습의 본격적인 시작이 되었다. 그들과 함께 지내면서 나는 Michael의 이야기치료와 Cheryl의 페미니스트 이론을 깊게 이해하고 배울 수 있는 좋은 기회를 가졌다.

White 부부와 지내며 나는 당시 애들레이드에 거주하던 Alan Jenkins 와도 만나게 되어서 폭력과 학대, 트라우마에 관한 그의 이야기치료 연구도 알게 되었다(Jenkins, 1990, 2009). 또한 Michael의 심리치료 조교였

---

11) 이야기치료의 전통에서 David Epston이 수천의 논문을 읽었다면, Michael White는 한 논문을 수천 번 읽었다고 전해진다. 이런 조화가 그들의 노력과 상상에 주요한 보고가 되었다.

12) 문화인류학자인 바바라 마이어호프, 빅터 터너, 클리포드 기어츠를 포함해서, 롤랑 바르트, 피에르 부르디외, 질 들뢰즈, 자크 데리다, 미셸 푸코 그리고 Julia Kristiva 등을 통해 후기구조주의를 배웠다. 가야트리 스피박, Bell Hooks 그리고 에드워드 사이드는 후기식민주의 작가들의 영향을 받았고, Bahktin, 부르너, 거겐, Sampson, 그리고 Shotter 또한 내가 지속적으로 탐독하던 책의 저자들이다. 동성애와 정체성 등은 주디스 버틀러의 작품을 통해서 알게 되었다. 이러한 학자들의 사상과 연결시키지 않고서 이야기치료의 실제는 제한적일 수밖에 없다고 생각한다.

던 Vanessa Swan과 Ian Law[13]와도 좋은 우정을 쌓았다.

　이 기간 동안 나는 또한 뉴질랜드 웰링턴에서 Charles Waldegrave 와 Taimalie Kiwi Tamasese와 함께 지내면서 연구에 참여하기도 했다 (Waldegrave, 1990). 그리고 1991년에는 뉴질랜드 오클랜드에서 창의적 천재 David Epston과 같이 생활하며 연구하는 영광을 누리기도 했다.[14] 자극적이면서도 흥분되는 시기였다.

　나는 이러한 '이야기치료 견습 기간'에 매우 진지하게 임했다. Michael White와 David Epston의 치료과정을 관찰하면서(하루에 보통 6~7사례 치료과정에 참여했다), 공책에 모든 치료 관련 질문을 다 적었다. 저녁 때는 그들이 했던 질문에 관해서 Michael과 David에게 궁금한 점을 물어봤는데, 그렇게 해서 일종의 '질문 계보'(genealogy of each question)[15]를 만들려는 목적이었다. 특정 질문을 할 때의 배경, 과거, 현재, 미래를 잇는 시간성 사용의 의도, 특별한 표현이나 단어를 사용한 이유, 각 질문에 해당되는 이론과 학자, 대신해서 할 수 있는 다른 질문이나 다른 질문을 사용하지 않는 이유 등을 모두 물어보았다.

　위대한 교사들이 모두 그렇듯, Michael과 David는 나의 끊임없는 질문과 배움에 대한 욕망을 관대하게 이해해주었다. 노력 끝에 나는 치료 상담의 특정 구조를 쉽게 파악하고, 경험과 질문이 속하는 특정 시간성

---

13) 1996년에 Ian과 Vanessa는 작업하기 위해 밴쿠버로 옮겨왔고 예일가족치료와 Vancouver School for Narrative Therapy에서 우리를 가르쳤다. 이 당시 함께 작업한 책이 *PRAXIS: Situating Discourse, Feminism and Politics in Narrative Therapies*이다.

14) 수년간(지금까지) David와 나는 이메일 서신을 통해 새로운 생각과 이야기치료 실제에 대해 논문과 잡담을 주고받았다. 값진 시간이었다!

15) 푸코의 계보 개념은 역사를 통해 사람들과 사회의 발달 자취(이 경우에는 이야기치료 질문)에 족적을 남기는 주제의 위치를 말한다.

(temporality)[16]에 대해서도 더 잘 알게 되었다. 그리고 특정 단어나 생각, 질문을 이론적으로 이해하고 만드는 것에도 능숙해졌다.

우리는 매일같이 거식증, 밤 공포증(night fears), 폭력, 트라우마, 도벽, 야뇨증 그리고 학대 등의 다양한 증상으로 고생하는 사람들을 보았다. 그리고 새로운 상담을 할 때마다 그들의 질문에 대한 나의 다른 질문으로 새로운 질문들이 생겨났다. 마치 모든 질문을 반성적으로 되돌아보고, 모든 질문에 대한 답을 찾는 문화기술적 이야기치료 배움 실험실 같았다. 힘든 일이었지만 곧 적응됐다. 이야기치료 상담 분야를 마침내 이해했다고 느낄 때마다 Michael과 David는 새로운 학자나 개념을 소개해주곤 했다(나는 오늘날까지 Epston이 말한 개념들을 알아보는 과정에 있다).

오스트레일리아와 뉴질랜드에서의 견습 기간 동안은 물론이고, 퇴직 이후에도 나는 매일 밤 치료과정에서 나온 질문들을 특정 집단으로 분류하는 작업을 했다. 질문들을 기준에 따라 상대적 영향력 질문, 미래 변화 가능성 질문, 경험의 경험 질문 등으로 나누는 식이었다. 이 과정에서 나는 이야기치료에서 사용되는 특이한 언어, 중립적인 상담가의 입장, 사회정의에 갖는 관심, 감사와 존경, 경이로움에 기반을 둔 본질에 큰 매력을 느꼈다. 그리고 질문들을 녹음기로 녹음하고, 각 질문에 주석을 달아 음성으로 저장했다.

거의 20년 동안 Michael과 David는 매우 헌신적이고 관대한 입장으로 나에게 도움을 주었다.[17] 상담 회기를 글로 옮긴 기록에서부터 읽어볼

---

16) 이야기치료 질문에서 시간차원에 대해 좀 더 알고 싶으면 1995년 Michael White와 David Epston과의 인터뷰를 참고하면 된다. http://www.therapeuticconversations.com.
17) 2010년 5월에, 캐나다 밴쿠버에서 개최된 9차 학술대회에 참석했다. 학회 마지막 날 Cheryl White는 Michael White의 500시간 분량(1982~2008)의 치료테이프를 발견했다

만한 최근 논문, 최근의 치료적 발견을 적은 노트, 흥미로운 치료 질문과 일화(새로운 치료 질문들은 정말 많이 보냈다) 등을 끊임없이 보내주었다.

미국에서 박사학위를 취득한 후 캐나다 밴쿠버로 돌아가서 나는 David Epston, Cheryl과 Michael White의 조언을 따라 최소 5년 동안은 연구원이나 대학교에서 일하자는 제안을 모두 거절했다(당시에 제안은 많은 편이었다). 1992년 3월 나는 Vancouver School for Narrative Therapy 를 세웠는데, 돌이켜보면 이것은 위험하고 절망적이면서도 낙관적인 결정[18]이었다.

개인적 관점에서 말하면 David Epston은 이야기치료의 창조적 지도자 (creative director)이고, Michael White는 이야기치료에 힘을 불어넣는 존재이자 권위자(guru─본인은 원하지 않는 타이틀일 수 있지만!)였다. 덜위치센터출판사를 통해 이야기치료의 출판 경로를 찾은 Cheryl White는 비공식적 CEO였으며, Warihi Campbell, Taimalie Kiwi Tamasese, Flora Tuhuka, Charles Waldegrave로 구성된 정의치료 팀(Just Therapy Team) 은 이야기치료의 윤리 고문 역할을 했다. 내부화된 인종차별주의, 계급주의, 성별 문제, 백인우월주의 등의 어려운 주제와 씨름할 때 방향성을 알려주었기 때문이다.

면서 Epston과 내가 오스트레일리아의 애들레이드에 일주일 동안 방문해줄 것을 제안했다. 우리는 초대에 기꺼이 응해서 함께 Michael에 대해 연구했다.

18) 예를 들면, 나의 빈 사무실로 돌아온 10일 뒤에 나는 캐나다의 할리우드 영화사업가로부터 심리치료 계약에 대한 제안을 받았다. 이는 1,500명의 조합원들의 치료를 제안하는 것인데, 처음 계약이라 상당히 긴장되지 않을 수 없었다. 그러나 사무실을 둘러보면서 내가 갖고 있는 거라고는 전화와 취침용 이불 그리고 막 받은 박사학위가 전부라는 걸 깨달았다. 통장 잔고는 1,000달러 남짓이었다. 그래서 친구들을 불러 트럭을 빌리고 그들의 책상, 카펫, 의자, 테이블, 액자 등을 빌려 내 예일가족치료사무실을 치료사무실처럼 꾸미기 시작했다. 다행히 계약은 잘되었고, 한 시간 뒤에 트럭에 짐을 실어 원래 소유주들에게 돌려주었다.

방금 말한 이야기치료의 비공식적 '이사회' 회원들은 이야기치료의 국제적 명성과 성장의 원동력이 되었으며, 나아가 내 가족이 되었다.

Tuhaka와 Michael를 추억하며

2008년 9월 15일, 정의치료 팀의 Flora Tuhaka가 사망했다. 그녀는 뉴질랜드 웰링턴 가족센터에서 20년 넘게 가족 상담사이자 사회복지사로, 마오리 족을 대상으로 일했다. 밴쿠버에서 열린 치료대화학회에서 많은 영감을 주는 워크숍 발표를 하기도 했다. Flora는 뛰어난 교사이자 가수였으며, 태풍이 칠 때 침착하고 차분하게 우리를 이끌어준 동료였다.

이 책에는 내 친구이자 스승인 Michael White가 제안한 많은 아름답고 색다르며 창조적인 생각들이 소개되어 있다. 불행하게도 2008년 4월 4일, Michael은 캘리포니아 샌디에이고에서 진행된 이야기치료 워크숍 중 급성 심부전으로 사망했다. 그의 나이 59세였다. Michael의 지혜는 오늘날 내가 진행하는 치료 회기에도 그대로 이어지고 있으며, 전 세계의 많은 상담사들이 따르고 있다.

그가 많이 보고 싶다.

서론

우리가 어떤 이들의 내면(세계/생활)에 대해 얻는 정보는 그들의 표현을 통해서 획득하는 것이지, 마법을 써서 의식 세계에 침투하는 것이 아니다. 그것은 드러난 것을 통해 다룰 수 있는 문제이다.

(Geertz, 1988, p. 373)

이 책은 이야기치료의 이론과 실제의 신비를 밝히기 위해 독자가 편안하게 이야기치료의 대상, 이론, 실제의 역사를 따라 자연스레 지적 사고를 하도록 돕고 있다. 1980년대 초, 오스트레일리아의 치료사 Michael White, 그리고 캐나다에서 태어나 뉴질랜드로 이주한 David Epston이 새로운 치료 작업을 시작했지만, 1989년도에 이르러서야 이야기치료라는 용어를 사용하기 시작했다. 1990년대 초까지 캐나다와 유럽에 상대적으로 소수의 열성적 지지자들이 있었을 뿐이었다. 2010∼2011년 사이에는 이야기치료가 세계적으로 수천 명의 상담자에게 중요한 이론으로 자리하게 되었다.

미국의 저명한 문화인류학자 클리포드 기어츠(1976)는 다음과 같이 말했다.

서양에서는 인간을 개별적이고 고유하며, 동기와 인지적 세계가 통합
되어 있는 독특한 전체 안에 체계적인 의식과 감정, 판단, 행동이 역
동적으로 이루어진, 사회 및 환경과는 대조를 이루며 사는 존재로 본
다. 이런 사실은 우리 의식에 깊이 뿌리내리고 있지만, 각국의 문화적
맥락에서 보면 독특한 발상으로 보일 뿐이다(p. 229).

기어츠(1973, 1976, 1983)는 인간의 정체성을 관계적 · 맥락적 · 공동체
적 · 탈개인주의적인 개념으로 보았다. 이야기치료 또한 이런 관점으로
인간을 보고 있다. Epston과 White의 치료 핵심은 인간과 관계에 대한
관계적/맥락적/탈개인주의적[1] 치료 관점을 확고히 고수한다는 것이다.
이 관계적/맥락적/탈개인주의적 치료는 피상적인 개인주의적 자아 개념
에 대항하기 위해 고안된 것이다.

Epston과 White의 이야기치료에서는 '자아'에 대한 연구를 제대로 하
려면 독자가 그 자아 개념을 자기 스스로의 자아상과 어떻게 연결시킬
것인지를 이해해야 한다(Madigan, 2004, 2007).[2][3] 이야기치료의 관점은 대
상을 다양한 차원과 각도[4]에서 바라보고 있다. 이야기치료에서 자아에

---

1) 캐나다의 밴쿠버에서 2009년 10월에 열린 학회에서 David Epston은 자신과 Michael
White가 탈개인주의적이고 관계중심적인 이론과 실제를 조직화했다고 역설했다.

2) 산만한 자아 개념은 개인의 의미 해석에 있어 비판적 역할을 한다. 반면 다른 후기구
조주의자들의 견해는 자아에 대한 다양한 견해와 지속적인 자아에 대한 연구가 토론
에 의해 구성되어 간다고 했다(Foucault, 1979).

3) 예를 들면, 맥락분석에 있어 후기구조주의적 접근은 조사대상에 대한 저자를 읽는 독
자로 대체할 수 있다고 본다. 이런 대체에 대한 생각의 기저는 맥락 자체에 저자가 지
대한 영향력을 갖고 있다 하더라도 저자(치료사로도 볼 수 있다)의 약화된 **영향력과 탈
중심성**과 관련이 있다(Derrida, 1991).

4) 미공개된 인터뷰에서 Michael White는 체계의 한계와 관련된 질문을 받자, 체계 사고
를 고려할 때 사람들은 자기, 구조주의, 과학, 개인화 문제, 인종중심적/유럽중심적 백
인 사고, 인종과 종교, 성적 취향, 가족의 가치, 파슨 이론 등과 같은 모더니스트 개념

대한 접근은 인간이 누구인지에 대한 더 대중적이거나 일반적인 설명
(예 : 인간성에 대한 지배적이고 개인화된 분류)과 심리학적 지식을 지닌 전
문가가 한 개인을 진술하고 평가하는 내용을 넘어서는 것이다(Madigan,
1997).

어느 지역 정신병동에 근무하는 직원이 나에게 톰이라는 환자를 상담
해줄 수 있는지 전화로 물어왔다. 톰은 '자살기도 및 우울' 판정을 받았
고, 병원이 '할 수 있는 모든 것은 다 해봤던' 환자라고 했다. 그 모든 것
은 전기충격요법(electroconvulsive therapy, ECT) 40회기, 12개월간의 선택
적 세로토닌 재흡수 억제제(SSRI)[5] 투여, 1년간의 집단 및 개인 인지행동
상담 치료가 포함되었다.

그 병원 직원은 치료진이 톰에게 '모든 것을 다했지만 포기한' 상황이
라고 했다. 톰은 66세 백인이며 중산층이고 신체 건강한 기혼의 이성애
적(heterosexual) 남성이었다. 의료진들은 톰이 병원에서 1년 좀 넘게 '치
료에 실패한 환자'로 사는 삶—주로 실패성향이 짙은—을 '오락가락'
해왔다고 말했다. 그리고 비록 정상으로 회복하기 위한 다양한 형태의
정신의학 기술을 처방했지만, '아무 효과도 없었다'.

의 결과에 대해 자세히 관찰할 필요가 있다고 말했다. 그는 또한 이런 사고방식의 문
제는 많은 (의도는 좋은) 치료과정들이 예전부터 전해져 내려오던 일차적/이차적 체계
사고에서 변함 없이 그대로 적용되었다는 점이라고 말했다. (하지만 대다수의 상담치
료는 베이트슨 이론이 엄청난 반향을 일으켰음에도 불구하고 대부분 일차적 체계 사
고에 기반을 둔 것이 사실이다.) 체계 사고 이론이 Bowenian 이론, Minuchin의 구조치
료 이론, Medical Research Institute의 체계적 사고, 그리고 Milan의 순환성 이론을 통
해 발전했음을 잊으면 안 된다. (이런 치료법들은 보통 두서없이 서로 섞여 '인기 있는
치료 이론'으로 묶이곤 하며, 이런 전통들은 많은 관점에서부터 이미 독립되었음에도
불구하고 치료행위는 계속된다. 문제는 '왜?'이다.) 상담자들은 몇 십 년 동안 "체계 사
고가 그렇게 구식이라면 어떻게 수많은 환자들이 상담에서 도움을 받았을까?"라고 반
문하지만 이건 중요한 문제가 아니다.

5)　역자 주 : 2세대 항우울제로 코카인처럼 비선택적 마약이 아닌 선택적 마약의 일종

12개월간 톰은 병원에서 진행하는 진단기준에 의해 분류되었고, 사회적 기준에 의해 이상행동으로 보이는 톰의 행동을 통제시켰다. (톰과 1년간 함께했던) 직원과의 대화를 통해 톰의 '만성적인' 신체 증상은 (극심하게 우울한 사람이라는) 심리학적 의미가 다분히 포함되어 있는 것으로 판단되었다. 이것으로 인해 톰은 진단기준으로만 판단되는 문서 속의 환자일 뿐이었다. 정보 아카이브에 들어 있는 심리학 역사 중 기억된 순간들에 맞아 들어갔고, 이내 톰이 실제로 누구인지에 대한 전문적 자료들로 바뀌었다는 것을 상상하게 되었다.

내가 처음 톰을 만난 것은 약 2.7kg 정도 나가는 병원 분석 파일에서이다. 외견상 톰은 확실히 만성적 주요우울장애였다. 이것은 문서로 기록된 톰(또는 파일 속의 톰)이 본질주의와 내부적(현대적) 자아 개념 속에 갇힌 관점에서 본 존재라는 것을 시사한다. 분석 파일을 통해 해석된 톰에 대한 병원의 설명과 더불어 우리의 전화 통화는, 톰에 대한 의료진의 전문적 지식[6]이 어떤 맥락을 갖고 있는지를 이해하는 데 도움이 되었다.

병원과 연락하면서 명백한 모순을 발견하게 되었고, 병원이 톰에게 생활 (만성적) 정체성이라는 사형선고를 내렸다는 것을 알게 되었다(만성적이라는 것은 톰에게 손쓸 수 없다는 것을 의미하기 때문이다; Madigan, 1999). 이와 함께 병원은 톰이 정신의학 기술을 통해 '회복'하기를 바랬

---

6) Michael White(1995a)는 "병리화된 학문은 주장을 객관적 사실로 실체화하는 번지르르한 언어로 포장되어 있기 때문에, 정신건강 전문의들이 상담하는 사람들을 표현하고 그들에게 행동하는 것의 진짜 효과나 결과에 직면하지 못하도록 한다."고 말했다. "우리의 일이 사람들로 하여금 '진실'을 직면하게 하는 거라면, 우리가 사람들에게 그들의 인생에 대해서 어떻게 말하고 그들 앞에서 어떻게 행동을 구조화하는지가 중요해진다. 이 '진실'로 하여금 우리는 사람들의 인생을 형상화하는것과 관련해 우리의 구조와 치료적 소통의 의미를 반성하기를 거부할 수 있다."(p. 115)고 말했다.

다. 불행히도 톰은 부적합 판정을 받았다. 의료진을 만족시키지 못했기 때문이다(주된 이유는 심리치료 효과가 없었다는 것이다). 그리고 의료진의 불충분한 설명에서 볼 수 있듯, 톰은 병원의 소모품 내지는 지적 생산품이 되어 버린 것이다(Madigan, 1996).

의학적 모형과 정신병동에서 톰을 정의하는 데 활용한 지식에서, 대상의 몸(이 경우에는 톰의 몸)은 마치 질환들을 새기는(기록하는) 수동적인 석판처럼 여겨졌다. 다시 말해 의료진의 지식은 톰의 몸 위에, 그리고 몸에 관한 병리현상들을 쓰는 데 활용되었다. 톰의 몸에 맞는 적합한 비문을 해석하기 위해서는 질환의 원인을 결정해야 했고, 공인된 진단자료에 들어맞는 증상들을 해석해야 했다.[7]

톰을 정신질환의 진단 및 통계 편람(*Diagnostic and Statistical Manual of Mental Disorders, DSM*)에 맞게 기록하는 절차에서 필요한 것은 훈련받은 (즉 고도로 전문화된), 그리고 질환이 걸린 톰의 몸의 비밀을 풀 수 있는 기회와 특권이 주어진 전문가이다. 합의된 권력 관계의 특정한 설정, 그리고 전문가들에게 주어지는 전문 자격의 후속 단계들을 통해 조정된 이 전문 지식을 가지고 의료전문가가 톰에 대한 유의미한 진술로 제기할 수 있게 된 것이다.

이 능력과 이야기 만들기 권리는 전문 기관과 진단기준을 통해 합의되고 배포된다(Foucault, 1972). 이 지명 절차는 누가 정상이고 누가 정상이 아닌지를 어떤 사람이 말할 권한이 있는지, 또 어떤 권한으로 무엇을

---

7) 사람들이 비정상이라고 규정되는 400가지가 넘는 방법 중에서(Breggin, 1994; Caplan, 1995) 개인의 모든 인생 이야기를 *DSM*의 맥락 내부에서 설명하는 것은 꽤 흔한 편이며 (몇몇에게 있어서는) 그리 어려운 일도 아니다.

처방할지에 대한 통제권을 가진다(Madigan, 1997). (DSM 기술 비평[8]을 포함한) 근대주의 심리학 비평 기반의 핵심은 말하기에 대한 정당한 권한을 누가 가져서는 안 되는지를 분석하는 것이다. 그 이유는 그들이 체계적 사고와 연구를 하지 않은 결과 적절한 이성적 탐구를 하지 못했기 때문이다(Madigan, 2008).

톰은 우리가 의도하는 인식이 없는 사람으로(Madigan, 2003) 맥락 없이 작동하는 것처럼 보인다(그래서 현실을 떠난 상황에서 삶을 사는 것 같다). 대신 톰은 성, 인종, 나이, 능력, 성적 취향, '역기능'으로 분류된다. 내가 병원 직원과 연락한 시점에서부터 보이는 것은 톰이 발화의 정당한 권리를 특정 기관망을 통해서만 획득한다는 것이다. 그 기관망은 톰에 대한(이 경우에는 심리학적·정신의학적) 지식과 권력, 이야기 권한을 제공하고 협상한다.

병원의 의료 전문가들과 연락한 후, 3개월간 여덟 번의 치료를 통해 톰을 만났다. 톰은 7주차이자 5회기 때 병원 치료를 완전히 그만두었다. 톰의 말투는 수차례의 전기치료요법으로 인해 약간 불분명했지만, 톰 자신과 가족들은 그의 복귀에 대해 전반적으로 꽤 성공적이라 보고했다. 톰과의 대화에서 중심축은 톰에게 잘못 적용된 주요우울장애라는 만성적인 정체성 기록으로부터 톰을 분리하는 것이었다. 또한 톰의 삶과 능력에 대한 측면들을 기억하게 도와주는 것이었다. 그 측면들은 톰이 문제의 정체성 판정들로 인해 잊어버린 것들이었다.

여덟 회기의 이야기치료를 진행하는 동안 톰은 어떤 초자연적 마력이

---

8) DSM-IV와 이야기치료의 차이점 중 하나가 실제로 모든 행동이 진단기준과 일치하는 것은 아니라는 것과 다른 삶의 경험의 결과라는 데 있다(Crowe, 2000).

나 의학의 도움으로 우울증에서 벗어나 삶을 되찾은 것이 아니다. 꽤 단순하게 (내가 병원에 보고한 것처럼) 톰은 우리의 대화와 그를 걱정하는 이들의 치료적 편지를 통해 감사와 연민, 경청을 경험했다고 분명히 말했다. 또한 톰은 문제와의 관계, 그리고 문제나 병원에서 내린 정의로는 설명할 수 없는 삶의 국면과 이야기를 어떻게 평가할 것인지에 대한 좀 더 나은 이해를 얻고자 '새로운 관점'에 들어선 방법이 좋았다고 말했다.

치료 12주차에 이르러 톰은 (의사의 감독하에) 모든 정신과 약물 투여를 중단했다. 그리고 이 무렵 에이즈 호스피스에 자원봉사를 하고 채소밭을 가꾸었으며 '매우 즐거운 시간'을 보냈다. 톰은 또 Vancouver School for Narrative Therapy에서 열린 1년간의 이야기치료 프로그램에서 항우울 상담사가 되기도 했다.

이 책에서 말하는 이론에 (그리고 이를 적용한 치료에) 입문하는 것은 처음 접하는 독자들에게 약간 어렵고 버거운 일이 될 수도 있다. 그러나 이 책은 지적 엄중함과 이야기치료가 지닌 후기구조주의 이론과의 관계 코드를 판독해줌으로써, 그리고 이론과 함께 보편적인 일상의 이야기치료 실례들을 제시함으로써 독자의 불편감을 최소화하기 위해 노력했다.

이 책의 이론적 논의들은 정규 심리분석 체계가 길들여진 본질주의적 자아 개념을 구성함으로써 삶에 대한 일반적인 설명이나 인간성에 대한 보편적인 분류를 하는 반면, 이야기치료는 이와 다르다는 것을 보여준다(Madigan, 1992, 1996, 2008). 이야기치료는 한 인간의 삶의 경험을 진단 그리고/또는 명명하기 위한 근거나 원인을 찾지 않는다.

David Epston과 Michael White는 모든 공식적 진단분석이 사건들을 뻔하게 만들기 위해 심리학적 삶에 대해서 평이하고 독백적[9]으로 기술한다고 보았다(J. Bruner, 1986; Parker, 2008; Sampson, 1993). 심리학이 좀 더 형식화된 기술을 통해 인간이 실제로 누구인지를 일반화함으로써 표준을 옹호하는 반면, 이야기의 은유는 대화에 기반을 둔다. 이는 예측 불가능하고 보이지 않으며 독특한 표현을 이끌어냄으로써, 일반화의 오류를 피할 수 있다(M. White, personal communication, 1992[10]).

이 책은 이야기치료 실제에 근본을 제공하는 몇몇 주요 후기구조주의 개념을 깊이 있게 연구하였다. 이 개념들은 권력과 지식 간의 관계, 그리고 구조적 불평등, 대화하는 사람의 맥락상의 정체성, 다중적 인간의 사회적 위치, 지배적 문화의 담론이 미치는 영향을 고려하며, 이는 우리가 인간과 문제를 보는 방식을 형성하고, 또 문제의 기원과 위치를 질문하게 한다.

이 책은 또 수많은 사례를 통해서 어떻게 후기구조주의 이론이 이야기치료의 실제에 잘 들어맞는지를 보여준다. 그리고 이야기치료 상담의 주요 목표가 어떻게 문제 속에 있는 차이점들을 밝혀내는지 탐구한다.

이 책의 강조점은 이야기치료 실제를 구성하는 관련 핵심 질문 몇 가지이다. (1) 치료과정에서 정체성과 문제에 관해 무엇을 이야기할 것인가? (예 : 사람과 문제에 관해, 그리고 다른 기관들, 즉 의료 및 사법 기관, 정

---

9) 전통 심리학에서는 근본적으로 독립적 개인이라는 사상을 지지해왔다. "연금술적이고 자기충족적인 전체로, 각 개인 스스로는 아무것도 뛰어넘을 수 없고, 뭔가를 말할 수도 없는 폐쇄 체계의 부속물로 개인을 이해한다"(Bakhtin, 1981, p. 273).

10) 이 책에서 나는 나의 연구에 영향을 끼쳤던 사람들과 나누었던 특별한 대화를 인용할 것이다. 이러한 대화는 좀 더 대화적 학습의 일부로 친밀한 이해를 도울 것이지만 책이나 논문에 꼭 있는 것은 아니다. 범주를 확장할 수 있는 공공연한 대화들을 보려면 이야기치료에 대한 The History of Change Interviews를 참고해라(http://therapeuticconversations.com/?page_id=60).

신병동, 교육 제도, 가족, 매체 등의 내부) (2) 치료과정에서 누가 사람들과 문제들에 대해 무엇을 이야기할 것인가? (3) 어떤 전문적인 영향을 받을 것인가? 질문 자체를 만드는 것과 더불어 이러한 특정 치료 관련 질문을 탐구하는 것은 후기주조주의 이론을 바탕으로 형성된다.

　마지막으로 내가 이 책에서 제기하려는 핵심 질문은 오히려 간단한 질문에 바탕을 둔다. 누가 이야기의 권리를 갖는가?

역사

비평은 지금이 좋지 않다는 것을 의미하는 것이 아니다. 단지 일상적으로 인정된 행동의 근거가 되는 가정이나 익숙한 개념, 기존의 검토되지 않은 사고 방식이 무엇인지를 살펴보는 것이다. 비평하는 것은 어쩌면 너무 당연시하는 행동들을 다소 어렵게 고찰하게 만드는 것이다.

―미셸 푸코

Epston과 White가 시행하는 이야기치료[1] 실제의 '매력'과 '차별성', '신비'에 대해 언급하는 글이 많이 있다. 이야기치료가 기존의 치료들과 다른 이유는 Epston과 White가 심리학 지식의 전반에 깔려 있는 이데올로기적·정치적·윤리적 편견을 발견하고자 하는 학계의 흐름을 인정하고 그럴 필요를 느꼈기 때문이다.

　　Epston과 White는 이론에 접근하기 위해 당시 지배적이던 개인심리

이 장은 치료적 대화를 위한 워크숍에서 Stephen Madigan이 활용한 부분을 인용한다.

1) 이야기치료라는 용어는 특별한 의미가 있고, 이야기심리학이나 이야기를 사용하는 다른 치료와는 의미가 다르다. 이야기치료는 David Epston과 Michael White의 이론과 실제를 반영한다(전 세계적으로 다국적 동료들이 함께 공헌해서 만든 것이다).

학, 정신의학, 체계 이론과 실제의 관점에서 벗어나 사고하기 시작했다. 그런 이론들을 대체해서 관계적 정체성에 관해 알려주는 특정한 후기구조주의 이론에 관심을 가졌다. 문화인류학, 페미니즘, 탈식민주의, 반독재, 사회정의, 문학 이론, 동성애 등이 후기구조주의 이론을 설명하는 학문들이라 할 수 있다. 또한 Epston과 White는 (대략 1965년에서 현재에 이르는) 프랑스 후기구조주의 철학의 주류 견해에 영향을 받았다.

Epston과 White는 기존 심리학과는 차별된 입장을 고수하면서 후기구조주의를 치료에 유용하게 접목시킴으로써, 세계적 관심과 국제적인 명성을 얻었다.[2] McLeod(1997)는 이야기치료를 첫 번째 (그리고 유일한) 후기심리학[3] 이론이라고 분류하기까지 했다.

이야기치료의 후기구조주의적[4] 견해의 핵심은 우리가 '다층적'이라는

---

2) 학자들과 상담자들은 Epston의 배경이 고작 사회복지학 석사라는 것과 White의 학력이 고작 사회복지학 학사라는 것에 항상 놀라곤 한다.

3) 후기심리학(postpsychological)은 기존 심리학의 지식과 실천에 궁금증을 던지고 심리학의 기본적인 이데올로기적/이론적 실체적 교리를 넘어선 상담 이론을 의미한다.

4) 후기구조주의의 정의는 http://www.philosopher.org.uk/poststr.htm에서 찾을 수 있다. "20세기 중반에 이르자 인간 존재를 다룬 다양한 구조 이론이 생겨났다. 언어학에서 페르디낭 드 소쉬르(1857~1913)의 구조언어학은 "의미는 각 단어의 분석이 아니라 언어 전체의 구조 안에서 찾을 수 있다."고 주장했다. 마르크스주의자들에게 있어서 인간 존재는 경제구조를 분석하면 이해할 수 있는 대상이었다. 심리분석가들은 무의식을 통해 정신의 구조를 설명하려 했다. 1960년대에 프랑스에서 시작된 구조주의 운동은 마르크스, 프로이트, 소쉬르의 아이디어를 통합하려 했다. 이 학파의 사람들은 각 개인은 본인이 의지하는 대로 만들어진다는 실존주의 이론에 반대했다. 구조주의자들에게 있어서 개인은 본인이 통제할 수 없는 사회적·심리적·언어적 구조를 통해서 만들어진다. 본래 구조주의자로 불렸던 프랑스의 철학자 겸 역사가 미셸 푸코는 이 후기구조주의 운동의 가장 대표적인 사람으로 볼 수 있다. 그는 언어와 사회가 규칙과 정치 체계에 의해 만들어진다는 데는 동의했지만, 다음 두 가지 이유로 구조주의 이론에 반대했다. 먼저 그것들이 인간 조건을 설명할 수 있는 한정적이고 기초적인 구조라고 생각하지 않았으며, 또한 학문 밖으로 나가서 상황을 객관적으로 지켜보는 것이 불가능하다고 판단했다. 자크 데리다(1930~2004)는 텍스트를 다양하게 해석하는 방법으로 해체주의(deconstruction)를 제안했다. 하이데거와 니체 영향을 받은 데리다는 "모든 텍스트는 모호함이 있으며, 이 때문에 완전하고 완벽한 해석이란 불가능하다."고 말했다.

것이다(J. Bruner, 1990; Geertz, 1973, 1983). 간단히 말해 이야기치료사들은 치료 상황 속에서 사람과 문제에 대한 수많은 해석이 가능하다는 입장을 취한다(Geertz, 1976; Myerhoff, 1982, 1986). 그리고 치료사들이 제시하는 (사람과 문제에 관한) 다양한 해석은 이 사람들과 문제들이 어떤 관계이고, 문제가 무엇을 의미하는지 구체적으로 들여다보면, 우리의 문화가 지닌 지배적 관점을 통해 조정된다는 것이다(예 : 정상/비정상, 좋음/나쁨, 가치/무가치).

White(1989)의 논문집(1978~1988)과 Epston(1988)의 논문집(1983~1988)에서 이 두 사람의 탁월한 치료 능력이 유감 없이 드러난다.[5] 오스트레일리아 남부의 애들레이드에 있는 덜위치센터 출판사에서 나온 초기 저서들은 만성적인 문제, 치료 편지, 중대한 전기, 독특한 결과, 상대적 영향 질문, 치료 자료, 외재화 대화, 대안적/종속적 이야기, 광범위하고 다양한 호기심과 조사 등에 대한 새로운 접근에 관한 신선한 아이디어들을 독자에게 다량으로 제공한다. 모든 것이 이야기 질문과 편지글로 이루어지며, 새로운 형태의 치료 이론에서 나온 것이다(White & Epston, 1990).

Epston은 1980년대에는 정의예식과 글 속에 드러난 표상에 관한 문제를 포함해(D. Epston, personal communication, 1991) 문화인류학에서 다루는 논쟁들과 관련된 사상에서 영향을 많이 받았다고 말한 바 있다(Geerz, 1973; Myerhoff, 1992; Turner, 1986; Tyler, 1986). David는 여러 장르의 글과 문학작품에서 끌어온 적절한 은유와 이야기 사용의 유용함에

---

5) David Epston과 Michael White는 아이들 치료를 시작으로 치료적 작업을 했다. 그리고 수년이 지난 후에 이야기치료라고 명명했고, 그들이 작업한 아이들의 외재화된 문제를 다루었다. 아이들이 갖고 있는 두려움이 분명 존재함에도 불구하고 치료현장은 재미있고 몰입하게 하고 유쾌하며 그리고 무엇보다 상당히 납득이 되는 시간들이었다.

매료되었다. 이를 통해 문제 있는 현상의 초기 관찰, 현상을 구성하고 있는 방식, 어떤 결과를 가져오는지에 대한 해석하는 틀을 제공받았다 (Epston, 1988, p. 7). David는 애초에 '이성적 보고서'에서 요구하는 '동떨어진 표현'을 배제하고 그 자리에 내담자 자신의 고유한 이해가 주가 되게 하는 방법으로 (내담자의) 목소리를 활용했다.

이 기간에 '고양이 도리의 이야기', '등교 거부에 관한 단편', '꿈 되받아치기', ('벤'과 함께 쓴) '정신 가라데 후보생입니까?', '호랑이 길들이기' 등 Epston(1988)의 주목할 만한 글이 소개된다. 이 출판물들은 Epston의 치료가 (정기적으로) 특정 문제를 해결하는 완전히 새로운 방법을 발명할 뿐 아니라 치료에 사용할 새로운 언어와 사고를 창조하고 있다는 것을 보여준다.

Epston의 치료 작업을 가까이에서 관찰하는 것은 굉장한 경험이다 (1991). 처음 '직접' 보았을 때, 나는 마치 존 콜트래인이나 피카소 이상의 예술을 감상하는 느낌을 받았다. David의 작업을 보면 끊임없이 새로운 치료 방법을 개발하고 만들어낸다는 것을 알게 된다. David의 창의성은 현재의 행동주의와 구조주의적 접근법이 어린이와 성인들이 당면한 문제를 해결하기에는 매우 비효율적이라는 깨달음에서 기인한 것으로 이해된다. 또한 (우리가 주로 치료에서 하는 것처럼) 어떤 방법이 효과가 없다고 불평하기보다 그 비효율적 치료를 새로운 형태의 방법으로 변화시키는 데 도전하여 문제를 해결한다.[6]

---

6) 예를 들면, 그의 비범한 치료적 작업을 느낀 것은 Epston이 첫 기술한 '야경꾼의 사례' (1988; 원래는 1979년에 시작)에서이다. 그는 아이들를 다루면서 완전히 새로운 장르의 치료 작업을 고안한 것이었다. 이것은 섭식장애, 불안, 우울, 천식 등의 문제뿐만을 말하는 것이 아니다.

Epston은 (종종 다양한 치료로 인해 유지되곤 하는[7]) 문제의 생태계를 찾아내고 이를 약화시킬 새로운 치료 방법을 개발했다. 그리고 이 문제의 생태계를 대적할 새로운 치료과정들을 찾아내었다. Epston은 이를 위해 문화의 다양한 현상을 각 체계가 갖는 부분을 정확히 이해하는 것을 통해 전체 체계를 이해해야 한다는 신념을 가졌다. 그 결과, David가 이야기치료 분야에 새로운 치료 편지 및 글을 통해 치료하는 많은 방법들을 소개하게 되었다.[8]

Epston이 초기에 미션으로 삼았던 것은 강등 절차, 즉 한쪽(전문가)이 다른 쪽을 '열등하다'고 느끼게 만드는 치료 형식에 대항하는 것이었다. Epston은 우리가 당연시하는 일상의 가정들을 심도 있게 파헤쳐나갔다.

Epston의 글은 보통 병리적으로 여기는 것들을 용맹, 호기심, 용기로 표현하는 반전을 보여준다(D. Epston, personal communication, 1993). Epston은 인류학의 의례화(ritualization)와 통과의례를 중요시했으며 (Geertz, 1983; Myerhoff, 1982), 치료의 재조직 단계를 강조함으로써 이 개념들을 치료 작업의 중심적인 개념으로 끌어들였다. 그는 장기적 문제를 해결한 내담자를 축하하기 위해 기념, 수상, 학위, 축하파티를 제안했다(Epston, 1988; White, 1988/1989).

한편 Michael White는 유분증으로 어려움을 겪고 있는 아동을 위해 새로운 형식의 치료를 만들어냈다. 이 치료는 32도를 웃도는 오스트레일리아의 열기 속에서 애들레이드 지역 병원의 통풍이 안 되는 지하 상

---

7) Helen Gremillion의 책 *Feeding Anorexia*를 참고하면 문제를 더 크게 만드는 체계구조를 이해하는 데 도움이 될 것이다.

8) 내가 연구차 David와 오클랜드에서 함께했던 1991년 봄에, 그는 이미 수천의 치료적 문서를 작성했다(회기 말에 내담자들에게 쓴 편지).

담실에서 이루어진 것이다. White의 치료법은 1984년 논문 '가짜 유분증 : 사태(沙汰)에서 승리로, 악순환의 연결고리 끊기'[9]를 통해 북아메리카와 유럽 치료사들에 의해 '발견'되었다. 당시 White의 주된 관심사는 사이버네틱스(cybernetics) 이론, 특히 그레고리 베이트슨(1972, 1979)의 변형적 이해(negative explanation), 제어(restraint), 정보처리(news of information and difference) 등이었다.

나는 이야기치료 견습기간 동안 White의 치료 철학을 더 잘 이해하기 위해서 그가 그레고리 베이트슨(1972, 1979)과 어떤 관련이 있는지 알아낼 필요를 깨달았다. 예를 들어 White는 초기에 자신의 외재화 대화에 대한 개념과 실제를 베이트슨의 제어, 정보처리, 중층기술(double description)[10]의 개념을 통해 정리했기 때문이다(M.White, personal communication, 1991).

간단히 말하자면 베이트슨의 제어에 대한 생각은 다음과 같다. 사건, 사람, 생각 등은 그렇게 해야 해서(또는 타고나서) 그런 수순을 밟는 것이 아니라 다른 행로를 택하지 못하도록 제어를 받기 때문이라는 것이다(Bateson, 1979). White(1988/1989)는 베이트슨의 사상을 이렇게 해석했다.

제어는 다양한 형태로 나타나며, 가족 구성원들의 세계관을 구성하는 가정, 전제, 예상의 네트워크를 포함한다. 그리고 제어는 인식 대상 또는 사건들에 대한 정보를 선택하는 규율을 만들어 지각을 제한하는

---

9) White는 1979년에 *Family Process*에 첫 논문을 게재했다. 제목은 '정신역동적 가족치료에 대한 구조적 전략적 접근'이었다.

10) Munro(1987, p. 185)는 중층기술이 첫 번째 기술에 의해 제한되는 것이 아니라 제한된 규칙에 도전하게 하고 그래서 새로운 해결 실마리를 제공하는, 즉 두 번째 기술과 기술의 새로운 개념이 내담자로 하여금 문제를 바라보는 새로운 경험을 하게 해준다고 한다.

데 관여한다(p. 85).

제어에 대한 베이트슨의 이론적 입장을 취함으로써 White는 어떤 내담자의 치료 이야기가 제어 이론을 벗어나면, 보통 그 내담자/가족/커플/집단을 병리적으로 보게 된다고 주장한다(M. White, personal communication, 1990).

이와 대조적으로 좀 더 전통적인 정신내적 관점은, 예를 들어 아동 성폭행을 당한 내담자를 병리 치료 전문가가 '정확한 처방'과 '치료법'을 통해 고칠 수 있는 병을 지닌 존재로 본다(Justice & Justice, 1979). 따라서 그 사람이 누구인지에 대한 이야기와 성폭력 경험에 대한 의미를 다루며 폭행 경험에 대한 일반화된 의미[11] 등을 지식을 지닌 전문가가 말할 권리를 갖게 된다. 그 결과로 형성된 '지식'이 성폭행 경험을 감당해낸 내담자의 말할 권리를 빼앗게 된다.

말할 권리를 가진 폭행 피해자가 오히려 폭행 가해자에 의해 거부되는 경험구조가 지식의 계층구조에서 나타날 수 있다. White의 초기 제자 Amanda Kamsler(1990)는 수많은 아동 성폭력과 관련된 이야기들이 피해 당사자에게 이야기 권한을 주지 않는 것에 대해 다음과 같이 지적했다(A. Kamsler, personal communication, 1991, 1993).

(1) 보통 폭행 가해자는 공공연히 또는 은연중에 폭행에 대한 책임을 피해자에게 돌리는 메시지를 보낸다. (2) 가해자는 적극적으로 그 메시지들을 아동과 젊은 여성에게 강요하고, 이를 통해 가족 구성원들과 분리된다. (3) 그리고 가해자는 다양한 방법으로 아동에게 영향력

---

11) 폭행 경험에 대한 의미와 이러한 폭력에 대한 개인의 반응이 갖는 의미에 대해서 내담자의 지식을 능가하는 전문가의 지식이 종종 특권처럼 가치화되어 있다.

을 행사한다. 이로 인해 피해자는 성인이 되었을 때 친밀한 관계에서
습관적인 두려움과 공포 반응을 보이게 된다(pp. 17-18).

이야기치료의 중심에는 한 사람의 이야기, 이 이야기를 형성하는 데
영향을 주는 것들, 그리고 다양한 관점에서 이 이야기를 말할 수 있는
권리가 있다(Epston & White, 1992; White, 2004). Michael White(personal
communication, 1992, 2006)가 설명하듯, 그는 베이트슨의 제어에 관련된
생각과 권력/지식의 구조적 개념에 대한 푸코의 후기구조주의 사고를
결합했다. 그리고 그는 우리가 가진, 삶과 관계에 대해 말하는 이야기
들이 오로지 (사회정치적·문화적 이야기들로 보이는)[12] 특정 지배 이데올
로기의 상황에서 발전되었다고 주장했다. 이것은 내재화된 문제 대화를
외재화한 White의 치료 방법을 지지하는 이론적 배경이 된다(Madigan,
1992, 1996).

White의 외재화에 관한 획기적인 작업은 150년간의 심리학 이론 및
실제의 지형을 해체시키고자 한다. 외재화는 단지 왜 치료사들이 보편
적으로 내담자의 문제들을 자신의 것으로 끌어들여 개인화시키는지에
대한 맥락과 문화, 담론적 기반─순응적이고, 현실을 떠난, 힘을 빼앗
긴, 무감각한, 관계적 주체를 양산하는─에 대해 질문을 던진 것이다
(Madigan, 1992). 대화의 외재화를 활용하고 이해하는 것은 관계적·상호
적 문화 및 담론 속에 내재된 문제를 재배치한다. 이는 탈맥락화된 내담
자의 사적인 문제를 해결한다.

---

12) 예를 들면, White는 근친상간에서 여성에게 있어서 정체성을 구성하는 데 영향을 주
는 주된 지식은 가부장적인 이데올로기에 내재되어 있음을 강조했다. White는 이러한
이데올로기는 근친상간이 예로부터 정의되고 표현되고 구성되었던 전통적인 언어학적
및 인식론적 맥락 안에 포함되었다고 생각했다.

Karl Tomm은 외재화를 '주요 성과'이자 '역작'으로 표현했다(White & Epston, 1990). 또한 White의 외재화 작업을 단순한 치료 수단이나 방법으로 보는 관점이 순진하고 제한적이라고 경고했다(K. Tomm, personal communication, 1990).

Michael White의 내재화된 문제의 외재화 대화(Madigan, 1991a)는 심리치료 역사상 처음으로 후기구조주의 사고[특히 이 책 후반에 다룰 미셸 푸코의 주체를 대상화하는 세 가지 방법 및 권력과 지식의 불가분성(Madigan, 1992)]의 경향성을 논의의 중심에 놓았다. 미숙한 구조주의적·인본주의적 시각에는 White의 치료가 단순화되거나 허울뿐인 것으로 비칠 수 있다. 그러나 치료사가 내재된 문제 대화에 대한 외재화를 후기구조주의 사고로 이해할 때, 치료의 효능이 놀랍다는 것을 알게 될 것이다.

Michael White(1988/1989)는 미셸 푸코에 대해 정밀하게 연구함으로써 이론적으로 "문제에 대한 대화가 사람에 영향을 미치고 있는가, 아니면 사람이 문제에 대해 영향력을 행사하고 있는가?"라는 치료적 질문을 탐험하게 되었다.

White의 어찌보면 단순해 보이는 이 질문이 보통 문제가 다뤄지는 논의 방식으로 인한 억압 효과뿐 아니라 지식을 기술하고 언어 자체의 구조적 및 예속적 효과를 발견하는 데 기여했다(M. White, personal communication, June 1990). White의 외재화 치료는 주요 대화(문제에 관한 이야기들)를 유지하는 문제 그리고/또는 억압으로부터 사람/내담자를 분리시키고자 한다. Michael White의 치료 세계에서는 문제가 (문제를 가진 이로) 대상화되고 식별되며 구체화된 사람 또는 관계 밖으로 끌어내어 문제 자체를 대상화하면서 그것에 관계적 이름을 부여한다(White, 1989).

문제이해

Epston과 White는 문제 서술에 사람을 총체화시키려는 체계적 유혹에 저항함으로써 문제를 설명했다. 이러한 후기구조주의적인 표현은 개인의 이야기를 부진하게 만드는 과거의 속박을 드러낸다. 그에 따라 새로운 대화의 방법을 구축했다(이중 담론 서술의 탐색, 독특한 결과 등으로). 그들은 푸코의 의견을 이해하는 것을 시작으로 이 결정적인 치료 아이디어를 발전시켰는데, (1) 문화적이고 억제시키는 담론이 무엇인지, (2) 그것이 어떻게 사람들을 움직이고 사람들이 어떻게 그에 반응하는지, (3) 어떤 관습에서 연유하는지, (4) 누가 그리고 무엇이 그것을 지지하는지를 보는 것이다.

이러한 이야기치료적 관점의 출현으로 그들은 내담자와 문제를 바라보는 전문적인 이야기들을 '사실적'이거나 '당연한' 것으로 여기지 않는다. 내담자가 자신의 이야기를 묘사하는 주된 방법은 종교, 미디어, 정신병리, 교육, 법, 과학, 정부와 같은 관습적인 지식과 문화 구조에 의한 것임을 알게 된 것이다. 또한 우리가 알고 있는 심리학적인 생각들도 진실이 아니라 관습적인 지식/힘에 의해 생겨나고 계속해서 재생산되어 당연하게 여겨진 것들이라는 것을 알게 되었다(예 : 심리학).

예를 들면, Epston과 White는 주의력결핍 과잉행동장애(ADHD)라고 불리는 새로운 존재를 얼마나 많은 치료사들이 어린아이들의 내부(어떠한 상황적 요인을 떠나 진단되고 이야기되는)에 주입하고 있는지에 대해 질문

을 던지기 시작했다.[13]

역사적으로 이야기치료는 사람과 문제에는 다중적인 이야기(다중적 의미)가 항상 있음을 논해왔다.[14] 그렇기 때문에 White와 Epston의 치료법은 다소 유동적이고 정해진 틀이 있는 것은 아니다. 전문적이고 지배적인 명령과 심리학 분야에서 다소 동떨어진 그들의 치료는 후기 구조주의적이고, 다중적인 이야기 및 대화적 자기를 규정하는 지도를 그리지는 않는다.

심리학적이고 정신병리학적이며 사회적인 사고(이러한 분야를 뒷받침하는 관습)에서 그들은 스스로를 '밖에' 있다고 표현하면서 포스트모던 시대의 출현과 함께 자유주의적이고 계몽주의적인 틀에 도전했다(Sampson, 1993). 이러한 포스트모던 이데올로기는 동시에 철학, 비평주의 문학, 인문 과학, 인류학, 사회학, 심리학마저 흔들었고, 자기(self), 정체성, 주관성에 대해 엄청난 논의를 불러일으켰다.

이렇게 자기에 대해 지배적이고 고정된 규범에 대한 도전으로 여성주

---

13) Conference on Stimulant Use in the Treatment of ADHD in San Antonio, December 10-12, 1996에서 ADHD의 갑작스럽고 엄청난 증가율에 대한 질문들이 있었다. Office of Diversion Control at the Drug Enforcement Administration의 대표는 다음과 같이 말했다. "오늘, 미국 마약단속국(U.S. Drug Enforcement Administration, 이하 DEA)에 의해 개최된 국제적 회담에서 연구, 약, 공공의 건강, 법 집행 등의 다양한 분야의 전문가들이 모여 학령기 아동에 대한 ADHD 처방에 대해 검토하려 합니다. 이 증상에 대한 완화제로 주로 '리탈린'이라 알려진 메칠페니데이트를 사용합니다. DEA는 최근 이러한 약의 엄청난 처방량에 경각심을 가지게 되었습니다. 1990년 이후 메칠페니데이트 처방이 500% 이상 증가하였고, 같이 쓰는 암페타민의 처방량도 400% 이상 증가하였습니다. 한 국가의 남자아이들 중 7~10%가 이 약을 쓰고 있고 여자아이들의 비율도 증가하고 있습니다. 너무 많은 아이들이 그렇게 강력한 정신활성의 약을 사용하고 있고 이것은 우리에게 무엇이 이렇게 진행되고 있으며, 왜 그런지 이해해야 하는 중대한 문제가 되고 있습니다."

14) 사람과 문제의 정체성을 통합된 정의로 정리하고 그것이 진실임을 믿기 위한 전문가들의 시도가 있어 왔다(예 : DSM).

의 운동[15] 또한 출범했다(여성이 누구이며 누구에 의해 규정될 수 있는지; Speedy, 2004; Swan, 1998). 인종차별의 사회 운동(시민권), 다른 성적 취향 (동성애), 빈곤 퇴치/공공 지원 주택 등의 운동 또한 인간에 대해 당연하 게 여기던 것들에 반발하는 움직임이 있었다. 각기 운동의 구체적인 표어와 목적은 달랐지만, 모두 지배 계층(백인과 권력을 가진 남성들)의 우월한 자기개념(self-celebratory; Sampson, 1993) 설파와 대화의 독백화[16]에 질문을 던지는 데 함께했다. 서양의 역사 속에서 지배 계층은 '정상적' 인 것과 '정상적'인 사람이 누구인지, 자기(self)를 무엇이 구성하는지, 사람과 집단이 응당해야 할 역할 및 다른 사람의 정체성에 대한 관여 등을 완전히 규정해왔다. '다른' 계층('othered' group, 지배 계층에 의해 다르다고 정의 내려진 사람들)의 사람들은 이러한 '다름'에 대해 대화적 대안으로 지지하기 시작했다.

이야기치료는 이 도전들로 엄청난 힘을 얻었다. 시간이 흐름에 따라 계속해서 White와 Epston의 치료는 페미니즘, 동성애 권리와 이론, 후기 식민주의, 인종, 계급, 힘의 정의와 구조적 불평등에 많은 영향을 받았다 (M. White, personal communication, 2004). 이때까지는 아직 힘의 관계에 대한 분석은 표면화되지 않았다(M. White, personal communication, 1990).

힘의 관계에 대한 이슈, 구조적 불평등, 개인의 이야기 소유권에 대한 것은 이야기치료의 핵심이다.[17] 이런 사회정의 기반의 입장과 질문은 뉴

---

15) 정의치료 팀과 Cheryl White는 Epston과 White에 페미니스트적 사고와 비판정신을 불러일으켰다.

16) 독백과 문답체 대화의 다름에 대한 흥미로운 리뷰를 참조하라. Medigan과 Epston, 1995, "From 'Spychiatric Gaze' to Communities of Concern — From Monologue to Dialogues"

17) Epston과 White의 치료 이론은 미국의 인류학자인 클리포드 기어츠, 바바라 마이어호

질랜드 웰링턴의 정의치료 팀(Just Therapy Team)[18]의 이야기치료 실천 이해에 강한 영향을 주었다(Tamasese & Waldegrave, 1990). 정의치료 팀은 이러한 생각들[19]을 공개적으로, 그리고 직접적으로 이야기하고 그에 대해 쓰기도 하고 '다문화 기관'을 만들어 실천하기도 했다(Dulwich Centre's narrative therapy journal; Waldegrave, 1990).

정의치료 팀은 주변 계층이 진짜로 원하는 대안적인 치료적 대화가 무엇인지에 대한 이해를 시도했다. 주변 계층(예 : 여성, 유색인, 빈곤층, 정신건강으로 고통받는 사람, 장애인)의 사람들은 더 이상 자신이 진정 어떠한 사람인지에 대해서 서양 지배 계층을 옹호하는 심리학적 사고로 정의 내려지는 것을 원하지 않는다(T. K. Tamasese & C. Waldegrave, personal communication, 1991, 1996, 2004, 2008). 정의치료 팀의 대화적 도전은 인간의 경험에 대한 독백적이고 상황을 고려하지 않는 정형화된 틀에 반감을 표한다.[20] 이러한 생각들은 White와 Epston으로 하여금 동시대의 심리학 치료의 실제에 저항하고 반대하게 만들었다.

몇 년 동안(1982~1988), White와 Epston은 이런 주변화된 자기(othered self)와 다양한 이야기의 치료적 해석에 대한 새로운 발견을 정리하기 위해 혁신적이고 독창적인 치료 지도를 만들었다(White, 2002). 그 과정은

프, 빅터 터너, 심리학자인 제롬 브루너, 켄 거겐, 프랑스 철학자인 자크 데리다, 미셸 푸코의 영향을 많이 받았다.

18) 정의치료 팀이 워크숍을 통해 이러한 생각들을 이야기치료 캠프 내에서 공론화시킨 최초의 치료자들이다.

19) 1993년 Vancouver School for Narrative Therapy의 지원으로 열린 첫 번째 국제 이야기치료 학회에서 정의치료 팀은 치료에 있어 성, 인종, 힘의 관계를 핵심어로 주장하며 윤곽을 제시했다. http://www.therapeuticconversations.com 참조

20) 예를 들면 정의치료 팀의 연구는 무주택, 폭력, 빈곤과 같은 '현상'에 대한 다양한 문화적 요인에 관심이 있다.

어떻게 (또한 어떤 상황을 통해) 사람이 (사람과 문제 정체성 구조에 대한 모든 추론) 문제 이야기를 말하고 수행하는지에 대해 질문하는 것을 포함한다.

예를 들면, 이야기치료의 개념 중 재진술(re-storying)21)은 트라우마와 학대를 경험한 사람들, 혹은 그런 집단의 사람들이 그 사람이 누구였고, 현재 어떤 사람이고, 앞으로 어떨 것이라는 다른 사람들의 결론짓는 말에 구속되는 것을 피하도록 돕는다(Denborough, 2008). 문제중심의 이야기 방법은 남용에 빠진 사람들의 힘의 관계에 대한 분석과 그 사람(또는 상황)에 대한 좋은 차원의 이야기들을 생략하게 만든다. 트라우마나 학대를 경험한 사람들의 억압된 이야기 내용들은 치료적 · 의학적 · 법적인 담론(Jenkins, 1990, 2009; Wade, 1996)뿐 아니라 미디어, 범죄, 판결문 같은 진술로 더 지지받는다(Wade, 1996).

대안적으로 White와 Epston의 이야기치료는 어떻게 그 사람이 그 남용의 상황에서 반응하고 살아남았는지에 대한 존중과 감사의 이야기와 대화적 이야기를 제공한다(Bird, 2000; Jenkins, 1990; Wade, 1997; White, 2002). 이야기치료는 그런 학대받는 상황(예 : 눈에 보이지 않게 되는, 분노 및 약과 관계된, 회피, 침묵)에서 살아남기 위해 했던 개인의 구체적인 능력을 탐색하는 것, 더 크고 오래되고 강한 가해자의 위협에 고통받던 그들의 힘의 전략을 평가하는 것(Jenkins, 2009), 불균등한 성(gender)적 상황에 대한 평가(Augusta-Scott, 2007), 견뎌내야 했던 고통스러운 삶에서 성취한 것들을 발견하는 대화로 구성된다. 이러한 대화들(이야기치료에

---

21) '재진술'이라는 치료적 개념은 언제나 변화가 가능하다는 가능성을 만들어낸다. 인간에 대해 총체화된 서술(즉 '만성' 같은)은 전문적인 서술로 변화가 가능하지 않다고 여긴다. 삶의 만성적인 서술은 이야기치료와 재진술의 개념에 맞지 않는다(Epston, 1986 참조).

서 **재저작** 대화로 알려진)은 문제/사람, 서술/해석에 대해 대화적인 균형을 가능하게 만들었고 학대받는 상황(수동성, 수치, 부적절감과 같은 문제중심의 이야기로 사람들을 제한하는)에 대해 다시 구성할 수 있게 했다 (Bird, 2000; Epston, 1988; White 1991, 2002).

톰과의 여정

톰을 다시 소개하면 정신과 병동에서 소개받은 이후 톰은 불명확한 언어로 '비정상'에 처해 있었다. 톰은 65세의 은퇴(1년 반 이르다) 이후로 '우울'했고, 그의 말에 의하면 두 번의 '자살' 시도를 했었다(병원에 들어오기 전, 그리고 병원에 있을 때).

첫 상담을 시작할 때 나는 톰에게 우울이란 단어가 그 스스로에게서 나온 것인지 혹은 다른 사람에 의한 것인지 물었다. 그는 그것이 '병원의 언어'라고 답하였고 '진짜로 느끼는 것'은 '지루하고 성취하지 못한' 감정이라고 했다. 첫 회기에서 나는 톰에게 다음과 같은 반대 의견을 제시하면서 의구심을 느꼈다(톰의 대답은 괄호 안에 있다).

톰, 당신은 이 지루하고 성취하지 못한 감정이 당신에 대한 최종적인 서술이라고 생각하나요? (아마도 아니에요.)

톰, 왜 이 지루하고 성취하지 못한 감정이 당신에 대한 최종적인 서술이 아니라고 생각하죠? (아마 충격 요법 때문일 거예요. 그것 때문에 난 느려졌고 많은 걸 기억할 수가 없어요. 일을 그만두고 무엇을 해야 할지 모르겠고 마치 줄 끝에 달린 돌 같은 느낌이에요.)

줄 끝에 달린 돌 같은 건 어떤 느낌이죠? (뭔가 형편없는, 돌아갈 곳은 없고 그냥 여기에 매달려 있는 것 같아요.)

있고 싶은 장소가 있나요? (내 차 범퍼에 붙어 있는 광고 스티커에 있는 문구처럼 정원손질을 하고 싶어요.)

뭘 키우고 싶나요? (병원이 뭔가 키우게 할지 모르겠네요.)

톰, 만약 당신의 삶에서 다시 뭔가 키울 수 있다면 뭘 기르고 싶어요? (가보토마토[22]를 다시 키워보고 싶고 그것들의 특이한 색감, 모양을 보고 싶어요. 그리고 내 손주들이 자라는 것을 보고 싶네요.)

만약 당신 자신을 되돌려 다시 자라게 할 수 있다면, 어떻게 하고 싶나요? (전 이 정신병원을 나가고 싶어요!)

정신병원에서 나가기를 간절히 원하는 특별한 이유가 있나요? (내 자신을 자유롭게 하고 싶어요.)

최근 또는 과거에 당신이 자유를 느꼈던 적이 있었나요? (네, 정원을 가꾸고 내 오랜 친구와 목요일 저녁마다 하키를 하고 심지어 눈을 치우던 때처럼 많은 시간에 그랬어요.)

그 회기는 다음과 같이 계속됐다.

톰, 병원에서 만성적인 우울증 환자라고 하는 설명이 당신을 정확하게 서술하고 있나요? (아니요, 병원은 날 더 안 좋게 만들어요.)

어떤 면에서 병원이 당신을 더 안 좋게 만든다고 생각하나요? [글쎄요, 그들과 일 년을 보냈지만 전혀 나아지지 않았고, 제 생각에는 그들이 절 포기한 것 같아요. 그게 그들이 나를 당신에게 보낸 이유겠죠. (웃음) 당신이 마지막 보루일 테고 그들은 더 이상 도울 방법이 없어요. 하

---

22) 역자 주 : 가보토마토(heirloom tomato)는 바람이나 곤충에 의해 자연적인 요인으로 수분되고 씨가 여러 세대를 걸치면서 형질이 변화된 토마토이다.

지만 당신도 알다시피 그들 대부분은 좋은 사람들이죠.)

톰, 병원 직원들이 나에게 당신을 이야기하는 것을 보면 당신에 대해 좀 혼란스럽지만 희망을 갖고 있는 것 같지 않나요? (글쎄요, 그들은 당신이 나 같은 사람을 많이 도왔다고 했으니 그렇겠죠?)

왜 그 사람들은 내가 당신을 도울 수 있다고 생각하고 희망하면서 자신들은 못 한다고 생각할까요? (내 생각엔 그 사람들은 자기들이 뭘하는지조차 모르고 있어요. 나에게 엄청난 충격을 준게 지금도 화가 나요.)

제인(톰의 40년 된 배우자), 당신도 그들이 톰에게 충격을 준 것에 대해 화가 나나요? (네, 화가 나요, 그래서 전 우리가 이곳에 온 게 기뻐요. 제 언니의 딸이 언니에게 당신은 다르다고 했다고 들었어요.)

톰, 제인은 당신이 성취하지 못한 이 지루함에서 극복하는 데 희망이 있다고 생각하는 것 같나요? (네.)

혹시 최근에 제인이 사실을 믿고 있다는 것을 당신이 믿게끔 하거나 말했던 적이 있었나요? (제인은 항상 제가 더 나아질 것이라고 했고, 다른 사람들도 제가 그럴 것이라고 한다고 말해요. 근데 전 사실 잘 모르겠어요.)

삶에서 당신이 이 지루함을 이겨낼 것이라고 믿는 그 다른 사람들은 누군가요? (아, 별로 없어요. 제 생각엔.)

별로 없어도 그 희망적인 사람들의 이름을 좀 이야기해주실래요? (글쎄요, 제 아이들, 이웃들, 그리고 모르겠어요. 제인, 그리고 치료사요.)

당신은 이 사람들이 당신에 대해 기억하고 목격한 것이나 최근에 당신이 어떻게 자신에 대해 잊었는지 이야기해줄 수 있다고 생각해요? (그 충격이 날 잊어먹게 만들어요. 하지만 아마 그 사람들은 한두 가지 정도 말해줄 수 있을 거예요.)

톰, 당신에 대한 것들, 그러니까 남자, 남편, 아버지, 고용주, 친구, 노동자, 정원사 중에 언젠가의 모습이긴 했지만 지금은 아닌 것 같은 모습이 있나요? (네. 아마도. 근데 숨겨진 것 같아요.)[23]

문제로 가득 찬 병원에서의 진단에 대한 일련의 질문들이 톰이 구성해온 이야기를 중단하는 것과 다른 가능성을 찾는 수단이 되었다. 톰과 제인, 그리고 나 사이의 치료적인 재저작 대화는 관습적인 담론의 실마리를 잡고 톰의 몸에 놓인 만성적인 결론을 흔들어놓았다. 병원의 전문가들의 지식을 치워버리면서 수행되고 재진술되고 우위를 점할 수 있게 될 다른 대안적인 지식들(예 : 톰, 제인, 그들의 가족들)을 확장시켜나갔다.

회기를 통해 톰과 제인은 은퇴한 사람들에 대한 문화적 담론, 전문적인 담론, 문제 속에서 잃었던 지역적 · 역사적 · 문화적 · 사회적 지식들을 새겨나가기 시작했다. 이들을 인도하면서 나는 가장 압력적인 상황에서도 전복 가능한 반응을 목격할 수 있었다. 우리의 대화는 시간의 흐름 속에 거대 담론에 저항하고 변화될 수 있었다. 다양한 담론에 대해 분석하고 반대 의견을 내면서 은퇴, 충격 치료, 남성의 정체성, 정신병리, 아버지의 역할, 관계에 대한 추론의 실마리를 잡아갔다.

푸코는 힘의 관계가 고통스럽지만 문화와 주관성을 새롭게 형성할 수 있고 변화할 수 있는 새로운 기회를 제공한다고 주장했다. 힘이 있는 곳에 저항 또한 있다(Dreyfus & Rabinow, 1983). 지배적인 지식과 그것을 지지하는 관습은 주변부에서 점점 발전하고 모아지는 힘에 의한 지식과 가치, 스타일로 계속해서 통찰되고 재구성된다.

---

23) 독자들은 반대의견 질문과정 속에서 아무것도 외재화되지 않았다는 것을 알 것이다. 사실, 치료의 전체 회기에서 때때로 관계적인 외재화 대화가 진행되지 않을 때가 있다.

우리(톰, 제인, 나, 그리고 다른 이들)의 지배적/규범적인 이야기들을 읽을수록 통용되고 당연시되고 만성적인 것에 반(反)하는 자리에 위치하는 것을 보게 된다. 은퇴하여 우울하거나/병원에 입원한 사람으로서의 삶, 그 획일화된 삶에서 벗어나 톰은 은퇴라는 '충격'으로 잊고 있었던 자신의 모습, 그에 따른 지루함(열세 살 이후로 그는 직업 정체성을 갖고 있었다), 성취되지 못한 삶이라는 강한 느낌으로 대체되어 대안적인 자기(self)의 기억을 점점 되찾아가게 되었다.

톰의 재발견[24]은 반대의견 이야기 상담과 열정적인 30명의 치료적인 편지 쓰기 운동(제4장 참조)으로 도움을 받았다. 또한 병원의 규정에 대한 반대의견 질문으로 추론하는 것, 다른 가능성들을 찾아가고 톰의 정해진 이야기 구성을 중단하는 것으로 재발견을 이뤄나갔다.

톰과 제인, 그리고 나 사이의 치료적인 대화는 관습적인 담론의 실마리를 잡고 톰의 몸에 쌓인 진부한 결론을 흔들어놓았다. 앞서 이야기했듯이 병원의 전문가들의 지식을 치워버리는 것으로써 수행되고 재진술되며 우위를 점할 수 있게 될 다른 대안적인 지식들을 확장시켜나갔다.

어느 날(정신과 병동에서 퇴원한 뒤 6개월 정도 지났을 때), 톰이 이야기치료를 위한 Vancouver School for Narrative Therapy를 위해 만든 선물을 들고 찾아왔다. "부정적인 상상은 부정적인 사건만 기억하게 한다."라고 쓰인 목탄화였다. 톰은 계속해서 가보토마토를 가꾸고 있고 지금은 특별히 살사 양념을 재배하고 있다.

---

24) 재발견이란 단어는 밴쿠버반거식증/폭식증연맹에서 내가 배운 것이다. 그들은 자신들만의 용어를 다시 만들기 위해 시도했는데, 회복이라는 단어에서 좀 더 덜 방해되고 깨끗한 언어로 대체한 것이 재발견이었다.

이론

지식의 질서를 따르지 않는 권력이 없듯이, 권력의 질서를 따르지 않는 지식 또한 없다.
- 미셸 푸코(감시와 처벌 : 감옥의 역사)

삶의 다양한 이야기

후기구조주의적 관점에서 Epston과 White는 우리가 삶을 어떻게 살아가는지, 곧 삶의 복잡성에 대해 다음과 같이 말한다. 삶의 복잡성은 우리가 말하는 다양한 이야기의 표현을 통해 성찰해볼 수 있다. 이 이야기들은 우리를 둘러싼 문화적 상황에 영향을 받아 완성된다. 곧 어떤 이야기들은 우리가 살아온 오랜 삶의 명성으로 드러나는가 하면, (때때로 좀 더 선호되는) 어떤 이야기들은 우리 자신이 누구인가를 드러내주는 이야기로 (때로는 그러한 이야기로 만들어져 가지만) 이내 우리가 기억하는 경험의 경계를 넘어 밀려나거나 억압된다(Madigan, 1992, 2008). 하지만 우

이 장은 치료적 대화를 위한 워크숍에서 Stephen Madigan이 활용한 부분을 인용한다.

리가 말하는 (말하지 않기도 하는) 이야기가 무엇이든지 간에 그것은 실행되고 우리를 통해 살게 되며 우리의 삶을 동시에 억압하기도 하고 자유롭게도 해주기도 한다(Epston, 2009; Parker, 2008; Turner, 1986; White, 1995a, 2002).

White와 Epston은 많은 의미를 품고 있는 이야기로 이루어진 인생 형태(무언가에 대한 이야기 또는 문제에 대한 이야기가 의미할 수 있는 것)에 착안해서 치료 팀을 구성했다. 이 치료 개념은 사람들과 문제를 고정되지 않고 정형화되지 않게 또는 어떤 단편적 이야기, 이론, 표식으로 보지 않도록 유연한 관성을 제공해주었다(White & Epston, 1990; White, 2002). 문제를 가지고 있는 사람에게 다양한 차원의 이야기들을 생각해보도록 하는 방식은 한 개인의 소외되고 정형화된 이야기를 재점검하고, 그러한 이야기에 저항할 수 있는 힘을 부여해준다.[1]

Epston과 White의 이야기치료는 한 개인의 이야기 또는 문제를 새롭게 해석할 수 있는 유연성을 제공해준다(McCarthy, personal communication, 1998; Meyerhoff, 1986; White, 1979). 내담자와 치료사 모두가 경험으로 돌아가 경쟁적인 다양한 관점의 정보를 다시 모으고, 새롭게 기억할 수 있는 기회를 제공한다(Madigan, 1996; Madigan & Epston, 1995; White 2005). 관계적ㆍ재저작 대화가 이야기치료에서 변화를 이끌어낸다(Dickerson & Zimmerman, 1996).

Epston과 White는 또한 삶의 다층적 구조가 사람과/또는 집단의 과

---

1) 치료에 오는 사람들의 공통된 이야기 속에는 과도하게 참견하는 엄마, 무관심한 아빠, 낙담한 이민 노동자, 거식증 걸린 소녀, 우울한 한 부모, 반항하는 청소년이 등장한다. 그리고 이들의 이야기 속에는 대개 이야기될 수 있고(있거나) 말할 거리가 존재한다.

거, 현재, 미래에 대한 새롭게 수정된 재진술을 포함할 수 있다고 믿었다(Denborough, 2008). 예를 들어, 1974년에 수백만 미국인들이 미국 정신의학회(American Psychiatric Association, APA)의 *DSM*에서 범주가 사라지자 **동성애**가 진단 하룻밤 사이에 건강해졌다고 여겼다. 그 시기에 APA는 동성애가 더 이상 정신장애가 아님을 발표하면서 뉴스의 헤드라인을 장식했었다. 그 결정은 동성애 활동가들이 벌인 APA 컨벤션 앞에서의 시위에 영향을 받은 것이었다. *DSM*에서 장애로 다루지 않는 것에 대한 1974년 투표에서 협회 회원들 중 5,854명이 지지했고 3,810명이 반대했다.

　이야기치료의 관점에서 보면 동성애가 정신장애를 구성하는지에 대한 투표 실시는 단지 치료상 우스꽝스러운 것만이 아니라 말할 필요도 없이 매우 비과학적이며 정치적 산물이라 하겠다(J. Tilsen, personal communication, 2006). 이야기치료사들은 동성애 정체성에 대한 정신장애 여부를 결정하는 투표를 권력을 가진 전문가들이 다른 사람들의 정신건강에 대한 임의적 결정을 허용하는 것 자체가 비논리적이라고 본다(Caplan, 1995; Nylund, Tilsen, & Grieves, 2007). 그럼에도 불구하고 한때 정신의학, 종교, 법률 등의 전문가로부터 병리적이거나 도덕적으로 죄악시되었던 동성애자로 밝혀진 사람들은 강력한 정치적 기준으로 건강한가, 건강하지 않은가를 결정하면서 어쨌든 한쪽으로 치우치는 결정을 하게 된 것이다(하지만 종교기관이나 제도권에서는 동성애자를 여전히 범법자 취급을 하고 수치스럽게 본다).

　이러한 정체성에 대한 정상/비정상을 구분하는 정신·심리적 결정이 정신건강 분야에서 의도적으로 만들어지고 있음을 보여준다. 정신의학 기준 자체가 정치적 산물이며 이러한 지식 자체도 자주 바뀌는 것이라 그것에 의존하는 것은 온전하지 못하다.

심리학 역사의 발자취를 따라가다 보면, 우리는 병리적 기준을 이루는 다른 범주들이 어떻게 생겨났는지에 관심을 기울일 수 있다. 예를 들어, 우리는 소위 건강한 사람이 이른바 건강하지 않은 사람으로, 그리고 사회의 '일반적'이지 않은 구성원으로 뒤바뀌는 데 있어 어떤 기관적 절차가 관여되었는지에 대해 질문할 수 있다(Nylund & Corsiglia, 1993, 1994, 1996). 정체성을 판단하는 이 질문에 대한 대답은 이 이야기를 말하고 있는 사람이 어떤 윤리적 믿음을 가지고 어떤 권한으로 말하냐에 따라 달라질 수 있다. 결론은 종종 언급된 모든 이야기가 똑같지 않다는 우리의 자각에서 비롯된다. 하지만 누군가에게 충고를 하거나 분류의 기준을 제시(이 절차를 통해 누가 정상이고 누가 정상이지 않은지가 결정된다)하는 권력은 종종 전문가나 우리의 도움을 찾는 사람들 모두에게 의심 없이 받아들여지는 권한과 특혜의 원천이다.

그러한 판단에서 이야기치료는 이야기에 있어 문제의 판단기준과 이야기 주체를 인정하는 데 어떤 영양하에 체제를 구축해나가는지 연구했다(M. White, personal communication, 1990). 새로운 가정의와 15분의 물리 진단 동안 자신이 어떻게 '우울증' 환자라고 알게 되었는지에 대해 말한 이민자 미망인의 이야기를 예로 들어보도록 하자. 그녀는 뜻밖의 진단에도 불구하고 저항 없이 처방된 의약품인 선택적 세로토닌 재흡수억제제(SSRI)를 복용하며 문화적으로 용인된 의료/정신심리학적 전문지식의 견해를 따랐다. 그녀가 자신의 원래 모습(건강하고 잘 작동하는 것)에 대해 질문하기 시작한 것은 이 (어느 정도는 공통적인) 권력관계적 의료정보 교환의 중재를 통해서이다. 요즘 자신을 어떻게 보느냐고 질문하자 그녀는 스스로를 우울증 환자처럼 취급하기 시작했다고 대답했다.

우울증 환자로서 전문가의 견해를 다시 만들어내면서(그녀가 누구인가에 대해 보다 적절하고 완전한 이야기로서) 그녀는 자신이 속한 문화공동체 안에서 지역 리더로서, 가족 내의 강한 생존자로서, 자식들에게 있어 사랑스러운 부모로서, 고용주에게 있어 기술 좋은 근로자로서 자신의 평판을 의심하기 시작했다. 불행하게도 이런 이야기들이 15분의 문제중심 우울증 상담에서는 의사에게 설명되지 않았다.

개성의 **상호 교차성**[2]에 대한 전문의의 탐구 없이는—우울증의 빈껍데기만 남은 범주의 얽매임과 그 경계 밖에 살고 있는—우울증과 사람 사이의 관계성의 아주 많은 부분이 고려되지 않았다. 그녀의 경험을 **우울증**이라 이름 짓고 그녀의 몸에 개별적으로 새겨진 전문가들의 이야기를 그대로 받아들이는 것은 성별, 인종, 성적 취향, 지위 등과 같은 다른 관련 이슈들의 관계적이고 맥락적 탐구를 절대 설명할 수 없도록 만든다. 이야기치료사들에게 앞뒤 맥락이 없는 이런 종류의 치료 상담은 비윤리적으로 보일 것이다.

재저작 대화

심리학자 제롬 브루너[3](1990)는 이야기를 선택해서 표현할 때 그 이야기

---

2)   상호교차성(intersectionality)은 차별의 다양한 사회적 · 문화적 범주가 서로 같은, 혹은 다른 차원에서 소통하여 구조적인 사회적 불공정성을 가져오는지를 연구하는 사회학 이론이다. 상호교차성은 사회에 내재된 원론적인 핍박 모델(인종, 성별, 종교, 국민성, 성적 취향, 소득 계층, 장애 등)들이 상호적으로 영향이 있다고 생각한다. 이러한 핍박의 형태는 서로 소통하면서 차별의 다양한 형태를 교차적으로 만들어낸다.

3)   브루너는 사고에는 근본적인 두 가지 원리가 있다고 말했다. 이 두 가지 원리는 이야기

중심에 있는 감정과 삶의 경험을 자칫 간과할 수 있다고 말한다. 사람들이 자신의 삶에 부여하는 의미를 결정하며 그들의 인생을 말하고 담아낼 수 있는 것이 이야기라는 발상에서 이야기치료는 텍스트 유추를 통해 구성된다. 그러므로 표현된다는 것은 우리가 말하는 이야기로부터 무엇이 의미 있는 것인지를 골라낸다는 것을 뜻한다. 예를 들어, 운전 시험에서 80%라는 등급은 80%라는 합격 기준을 넘기 위해 기억력을 잘 발휘해낸 것에 대해 평가하는 이야기를 통해 표현될 수도 있다. 또는 기준을 넘지 못하게 된 것에 대해 나름의 설명을 덧붙이는 것으로 표현될 수도 있다. 2개의 묘사와 이들 묘사를 이야기하는 데 있어서 매우 다른 경험들이 있을 수 있다.

Epston과 White는 치료차 그들을 찾아온 사람들과의 재저작 대화(re-authoring conversations)4)를 탐구하는 방법으로 텍스트 유추(J. Bruner, 1990)에 크게 의존한다. 재저작 대화는 이야기치료 이론의 철학적 토대는 물론 임상현장에서도 매우 중요한 부분을 차지한다. White와 Epston은 사람들이 말하고 있는 (또는 어떻게든 결부된) 이야기가 인생 경험을 잘 나타내지 못할 때나 그것에 반대되는 경험이 두드러질 때 치료를 받으려는 경향이 있다는 것을 발견했다(D. Epston, personal communication, 1991). 그들은 문제를 외재화하는 과정을 통해 이들을 문제로부터 분리시켜 사람들을 도울 수 있다는 것을 발견했다. 그런 이후, 사람들은 자

적 원리와 전형적 원리를 뜻한다. 이야기적 사고 안에서 마음은 연쇄적이고 행동 중심적이며 세밀한 과정에 이끌린 생각들을 만들어낸다. 전형적 원리를 따르는 사고 안에서 마음은 시스템적이고 정형화된 조건들을 획득하기 위하여 특별함을 넘어선다. 앞선 살계에서 생각은 이야기적 형태를 갖추고 '마음을 사로잡는 드라마'를 연출해냈다.

4) 텍스트를 유추할 때 경험을 말하는 것에서 의미를 찾지 말 것을 제안한다. 그리고 삶에서 스스로 의미를 두고 있다고 말하는 것이 이야기이다.

신의 인생 경험(발화된 주된 이야기에 반대되는)에서 이전에는 소홀하게 여겼던 부분들을 알아차리기 시작했다.

Epston과 White는 재저작 대화를 통해 사람들이 일상적으로 하는 것, 다시 말해 시간을 거쳐 삶의 사건들을 어떤 주제나 특정 줄거리(plot)에 연속적으로 연결시킨다는 것을 또한 발견했다(J. Bruner, 1990). 이야기 치료에서 인생에서 좀 더 소홀했던 사건들을 알아차리도록 도움을 받는 이야기치료에서 **독특한 결과**(unique outcome)[5](Goffman, 1961)라고 이름 붙여진 이것은 사람들이 자신의 이야기를 말하거나 수행하는 활동 속에서 이루어진다. 사람들은 이 독특한 결과를 **독특한 설명**(unique account)이라고 부르는 대안적 이야기를 통해 전개시켜나갈 용기를 얻는다. 예를 들어 톰(제2장 참조)이 나와 함께 처음으로 치료를 시작할 당시, 자신을 '실패한' 사람으로 규정했었다. 몇몇 이야기치료 과정의 질문을 던지자 그제서야 그는 자기 자신을 자랑스러운 아버지, 공평한 마음을 가진 고용주, 재능 있는 정원사 등으로 표현하여 대단히 흥미롭게 재진술을 시작했다. 이전의 이야기는 정신병동에 장기 투숙하는 문제가 많은 사람으로서의 이야기였다.

White와 Epston(1990)은 독특한 결과가 문제로 가득한 이야기의 규범 밖에서 진행된 재저작 대화의 시작점이 될 수 있다고 생각했다. 독특한 결과는 치료적 대화의 발단으로서 사람들이 자신의 삶을 대체해나가는 새로운 이야기 전개를 가능하게 하였고, 많은 여지와 모호함으로 가득 찬 메마른 자신의 모습을 드러낼 수 있도록 도와주었다. 이들과의 대화

---

5) 독특한 결과를 예외적 상황이라고도 한다. 이러한 독특한 결과에 대한 독특한 설명은 또한 대안적인 이야기나 부수적인 이야기가 되기도 한다.

가 진행되면서 치료사들은 드러난 부수적인 이야기들이 새롭게 조명될 수 있는 기회를 마련해준다(M. White, personal communication, 1991).

독특한 결과가 드러나면서 이야기치료 대화는 그것이 인생 경험에 관한 대안적 이야기 전개 속에 포함되도록 이끈다. 독특한 결과는 이야기 치료사들이 내담자의 독특한 설명으로 가득 찬―그리고 보다 많고 감각적인―대안적 (그리고 선호되는) 이야기들이 전개될 수 있도록 돕는 질문을 통해 만들어진다(White, 1988/1989).

Epston과 White는 질문을 통해 이야기 속에 전개되는 새로운 발달이 그 사람과 그 또는 그녀의 관계(그 사람, 가족 구성원, 또는 전문가에 의해 이야기되고 있었던 주된 문제 이야기 밖에 놓여 있는 이야기들)에 어떤 의미를 부여할지를 연구하였다. 그다음 이 부수적 이야기에 대한 치료적 대화가 보다 두텁게 기술(記述), 즉 중층 기술되고(Geertz, 1983) 그 사람의 인생에 대한 대안적 이야기가 전개될 수 있도록 돕는 것이 중요했다.

그 사람과 자신의 관계에 새로운 발전이 무엇을 반영할 수 있는가를 연구하기 위해 White와 Epston(1990)은 독특한 재진술 질문(unique redescription question)[6]을 개발했다. 이를 통해 보다 많은 질문이 만들어 질 수 있었다. 이 질문들은 이야기가 더욱 잘 진행될 수 있도록 돕기 위하여 피경험자들의 경험, 선호되는 것 그리고 역사적 지위를 포함하는 이야기의 독특한 결과, 독특한 설명, 독특한 가능성, 독특한 순환을 발견하기 위한 목적을 갖고 있었다(이 질문들에 대해서는 제4장 참조).

(1) 그들 삶에 일어난 일은 무엇인가? (2) 일어난 일은 무엇을 나타내

---

6) 독특한 재진술을 돕는 질문은 제4장 참조

는가? (3) 그것은 어떻게 발생했는가? (4) 이 모든 것이 의미하는 것은 무엇인가? 위의 질문을 이해하기 위해 Epston과 White가 설계한 이야기 치료의 재저작 대화 방법들이 활용되었다. 이런 방법으로 치료적 대화 (therapeutic conversation)는 인생과 역사, 그리고 개인의 삶과 그들의 관계성을 완전히 억압해왔던 것을 해소할 수 있도록 도와주었다.

Epston과 White는 재저작 대화의 기술과 문학적 가치[7]의 텍스트를 생산하는 데 요구되는 기술 사이에서 어떤 유사점들이 있다는 것을 알게 되었다. 문학적 가치의 텍스트들은 고유의 인생 경험과 함께 드라마 같은 재참여(reengagement)를 고취시킨다. 이 드라마 같은 재참여 사이에서 이야기 전개의 간격들이 채워지면 그 사람은 그 이야기를 자신의 것으로 넘겨받으며 그 이야기에 머물게 된다.

문학적 가치의 텍스트를 구축하는 기술을 통하여 White와 Epston은 사람들이 자신의 경험들을 새롭게 비춰볼 수 있도록 했다(Epston, 1998). White와 Epston의 이야기치료적 질문들은 그 주제[8]와의 익숙함으로 생겼던 지루함도, 생소함으로 생긴 긴장감도 모두 포용하도록 했다.[9]

재저작 대화가 전개되면서 그들은 사람들이 삶의 행위의 관점을 통해 미래로 나아갈 수 있는 가능성을 제시하는 조건들을 제공했다(Epston & Roth, 1995). 질문을 받은 사람은 (1) 행동을 위해 새로운 제안을 하고, (2)

---

7) White와 Epston의 책 *Narrative Means to Therapeutic Ends*는 1990년에 간행될 당시 제목이 *Literary Means to Therapeutic Ends*였다.

8) 이야기 치료사들은 치료할 때, 내담자들과 새로우면서도 소설 같은 대화를 갖는 것에 흥미를 갖고 있다. 이러한 것은 사람/문제에 대한 새로운 재진술을 포함하며, 사람/문제의 관계에 대해 전문가나 다른 사람에 의해 마치 앵무새처럼 반복적으로 되새기는 것을 지양한다.

9) 지속적이며 부단한 연습을 통해서 비계설정 질문 등의 표현이 익숙해진다.

행동을 위한 제안에 호의적일 수 있는 정황을 설명하면서, (3) 이 제안의 결과들을 예측할 수 있도록 하였다.

　　Epston과 White는 사람들이 잘 알려진 구조주의 정체성 범주에 속한 정보를 통해 정체성을 형성하는 가운데 질문들에 대답할 가능성이 크다는 사실을 발견했다. 이들 범주에는 요구, 동기, 속성, 특성, 내구력, 결손, 자원, 재산, 특징, 충동 등이 있다. 이들 구조주의적 정체성은 삶이 어떻게 이루어지고 있는지에 대해 설명할 수 있는 근거를 거의 갖고 있지 않다. 대화가 더 진행되면서 사람들은 의도, 목적, 가치, 믿음, 기대, 꿈, 비전, 인생의 항로에 대한 전념 등(M. White, personal communication, 1992, Adelaide, South Australia)과 같이 정체성을 둘러싼 비구조주의적 범주들에 의해 자신의 정체성을 또 다르게 정의할 수 있는 기회들을 엿보게 되었다.

　　사람들이 문제가 되는 삶으로부터 점진적으로 멀어질 수 있는 기회를 발견한 것은 비구조주의 정체성 발달을 통해 가능했으며, 이러한 거리(distance)를 통해 문제를 바라보고 다루게 된다(D. Epston, personal communication, 2009). 또한 이 거리로부터 사람들은 그들 나름대로 삶의 의미를 주는 드라마틱한 변화를 경험하게 된다. 또한 인생의 범위 안에서 보다 발전할 기회를 찾게 되었다.[10]

---

10) 이 부분에 대한 자료는 White에 의해 저술된 *Workshop Notes*(September 21, 2005)로, http://www.dulwichcentre.com.au/michael-white-workshop-notes.pdf에 저작권이 있으며 허가하에 인용되었다.

기술(記述)의 두 유형

미국 심리학자 제롬 브루너[11](1986, 1990)는 사회과학에는 두 유형의 대조적인 사상이 있다고 하였다. 이는 실증주의 과학에 의해 잘 알려진 생각과 사고의 서술적 유형에 의해 잘 알려진 생각을 뜻한다. 이 두 유형의 인지기능과 생각이 경험을 정리하고 현실을 구성하는 방법이 된다고 했다. 브루너는 좋은 이야기와 잘 정리된 논리는 본질적으로 다른 종류이며, 각각은 다른 목적을 갖고 있다고 하였다. 곧 근본적인 것에서 차이가 난다는 것이다. 논거는 진리나 생생한 이야기를 위해 쓰인다. 그중 하나는 형태적이고 선험적인 진리를 구축하기 위한 절차에 알맞게 입증되기도 하고, 진리는 아니지만 그럴듯하게 인정되기도 한다(J. Bruner, 1986, p. 11).

철학자 폴 리쾨르(1984)는 이야기하려는 속성을 지닌 인간이라는 전제조건을 말하고 있다. 이와 같은 사고를 중심으로 J. 브루너(1986)는 선험적인 과학적 논리와 관계된 어떤 '무심함(heartlessness)'이 있다고 주장했다. 그러기에 어떤 사람은 항상 그 사람의 전제, 결론, 그리고 그것을 취하는 관찰이 있는 방향으로만 움직이도록 적용되어 있기 때문에 상호작용의 어떤 친밀한 독특함들을 간과할 수 있다고 하였다. J. 브루너(1990)는 대신 좋은 줄거리로 감동을 주는 극적인 이야기는 "이야기적 방식의

---

11) 브루너는 인지행동치료의 기반을 닦는 데 도움을 주기는 했지만, 이후에는 사고의 이야기적 모드에 더 집중했다. 브루너는 현재 마음이 '정보 처리자'로 인식하고 있는 인지혁명 때문에 심리학이 '마음을 의미의 창시자'로 이해하게끔 하는 더 깊은 목적에서 벗어났다고 주장했다. 마음이 기계적으로 계산하는 한계에서 벗어나야지만 마음이 만드는 문화와 그에 의해 만들어지는 마음 간의 특별한 소통을 이해할 수 있다는 것이다. 브루너의 생각은 David Epston과 Michael White의 이야기치료 발전에 지대한 영향을 미쳤다.

상상력이 풍부한 응용"과 "인간의 의도적이든 그렇지 않든 여러 행동과 우여곡절을 거친 결과"라고 하였다(p. 13).

그것은 사회과학 전반에 걸친 것일 뿐만 아니라 과학 관련 분야에서도 타당하게 고려되는 논리과학적 생각이다. 이 패러다임은 "질서 정연한 가설에 의해 설명된 선험적 발견의 습득에 기초하고, 진리 조건의 극단에 위치한 보편적 진리(universal truth)를 향한다"(J. Bruner, 1990, p. 14). 이 특별한 믿음은 무엇이, 그리고 누가 심리정신적 주제를 구성하는가라는 서구식 사상(version)에 의해 서술되면서 대중화되었다(Sampson, 1989).

심리정신 범주 내에서 사람들은 경험에 의해 학습하는 능력을 가진 개인으로 간주되고 그에 따라 개인의 '본질(essence)'에 관련된 법칙들이 발견되며 다수에 의해 보편화될 수 있었다. 그다음 기술과 범주에 의해 여러 모델과 이론이 일관성을 유지하게 된다(K. Tomm, personal communication, 1996; Caplan, 1991).

텍스트로서 인간

종종 이야기적 은유(narrative metaphor; E. M. Bruner, 1986; J. Bruner, 1991; White & Epston, 1990)라고도 부르는 텍스트 유추를 통해 사회 '과학자'들은 그들이 접한 일차적 지식을 가치화시켰다. 대신 그들은 사람들이 살아 있는 경험에 대한 이야기를 통해 인생을 이해하는 데 유연하고 유동적인 사고를 하도록 돕는다(J. Bruner, 1986, 1990; Geertz, 1973, 1976; Myerhoff, 1982; Turner, 1974, 1986). 이런 과정을 통해 인생 이야기는 언어규칙들 또는 '게임'(Wittgenstein, 1960, 1953)의 집합에서 소개된다(Turner, 1981). 결국 경험에 의미를 붙이는 것은 이야기(사회정치적 · 문화적 맥락을 통해 모양이 잡히고 발화된 담화)[12]를 통해서이다(Butler, 1997; Said, 2003; Spivak, 1996).

사람[13]의 텍스트적 정체성(textual identity)은 자기(self)라 불리는 한 객체를 묘사하는 어휘로부터 자신을 사회적 변화를 양산하는 교류로 묘사하는 어휘로 치료적 이동을 촉발시킨다. 사람의 텍스트적 정체성은 다음을 지양한다.

- 원시적 충동과 전투 중인 심층 자원인 내적 재산으로서의 자기(self)의 개념
- 미스터리(과학적 발견물)에 대한 이성적 이해만을 추구하거나 지나친 감정적 애착(낭만적인 사랑)을 추구하게 하는 경험세계, 환경들로부터 동떨어졌다고 보는 자기(self)에 대한 생각
- 지속적이고 인식 가능하며 정체성을 오래 간직할 수 있는 존재로 자신을 보는 감각. 그러나 그 정체성은 획일적으로 평가되는 데 익숙해 제한되어 왔다.
- 자신에 대한 역사적(예 : 정신분석) 또는 환경적(예 : 행동주의, 체계)

---

12) Edward Bruner는 담론(discourse)과 행동(performance) 간의 반복적이고 반성적인 관계에 대해서 연구했다. 그는 "참가자들은 본인의 진정성에 있어서 자신감을 가져야 하는데, 이는 곧 문화가 시작되는 기반이기도 하다. 단순히 주장만으로는 안 되며 행동으로 이루어져야 한다. 이야기는 행동으로 실천될 때 비로소 변화적 힘을 가진다."고 말했다.

13) 케네스 거겐은 왜 우리가 계속적으로 텍스트에 숨겨진 근원점(point of origin)을 마음속에 있다고 생각하는지에 대한 질문을 던졌다. "만약 텍스트를 이해하는 것이 계속 일어나는 문화적 관습에 참여하는 것의 문제라면, 쓰기(혹은 말하기)가 비슷한 과정이 아닌 이유는 무엇인가? 그렇다면 말하거나 쓰는 것은 내적 세계를 표현하는 것이 아니라, 사람들이 또 다른 청중에서 재생하기 위해서 가능한 것 중 말하고 쓰는 행위에 불과하다"(K. Gergen, 1991, p. 105).

진리 찾기에 초점을 맞추어 자신을 새로운 방향으로 향하여 스스
로를 밀쳐버리도록 함

White와 Epston의 치료적 추론은 해석의 초점을 텍스트에서 해석자
의 해석적 전략으로 이동시켰다(Madigan, 1991a). 그 이동은 하나의 대안
적 위치를 제공했다. 곧 의미를 상정하는 모든 진술은 해석 가능하다는
것이다. 그들은 또 다음과 같이 덧붙이고 있다. "사회과학자들은 행동에
새겨진 의미가 시간을 가로질러 살아남는다."는 관찰 결과에 관심을 갖
고 텍스트를 유추했다(White & Epston, 1990, p. 9).

이런 생각을 적용하려는 시도로 Epston과 White는 사람들의 상호작
용을 특별한 텍스트 주변에 있는 사람들의 상호작용으로 여겨지게 하면
서 텍스트 유추를 언급하기 시작했다. 그 유추는 또한 삶의 여정이 텍스
트 자체와 어떤 관계가 있을지 상상하는 것을 가능하게 한다. 텍스트를
새로 읽을 때마다 해석이 새로워지고 쓰기 또한 달라지기 때문이다.

사람의 텍스트적 정체성은 모든 의미의 주장이 특정한 문화적 담론
에 내포되어 있는 해석의 결과라는 것과 모든 치료적 구축이 문화적
특성이라는 생각을 지지한다(Waldegrave, 1990; C. Waldegrave, personal
communication, 1991). 문학비평가 Stanley Fish(1980)는 "문학적 해석에
있어 태생적으로 목적과 우려를 타고난 해석체(interpreting entity)(또는 에
이전트)는 그것의 대단한 조작 덕분에 관찰된 사실로 무엇을 계산에 넣는
지를 결정하는 것"이라고 제안했다(p. 8). 그러므로 사람과 문제에 관한
확실성과 진리에 대한 주장들을 해체하는 것은 다름 아닌 해석적 행위
인 것이다. 예를 들어, *DSM*을 신뢰할 수 없는 두 치료사가 한 사람에게
같은 진단(심지어는 그다지 독특하지도 않은 범주에서 개괄적으로)을 내리

지 않을 것이라는 사실은 자명하다(Breggin, 1994a; Caplan, 1995). 따라서 *DSM* 연구 신뢰도는 상담사에 의해 관찰된 내담자가 전문가의 해석 아래에 좌지우지될 수 있다는 점을 나타내준다.

　White와 Epston(1990)은 "우리가 쓰는 유추는 세상에 대한 우리의 테스트에 결정적 요소이다. 사건에 대한 우리의 질문과 우리가 구축하는 현실 … 그것은 우리가 세상으로부터 비춰지는 아주 뚜렷한 대조를 결정한다."고 말한다(p. 5). 그들의 입장은 데리다(1991)의 선험적인 틀의 개념과 Madigan(1991a)의 해석자의 해석적 전략을 지지한다. 그리고 유추, 예상, 규제, 문화적 지식, 그리고 다른 역사적 진리들은 전문가적인 지위를 점유한다. 곧 심리학자들은 내담자들에게 자신이 영향을 받은 제도적 사고의 잣대를 들이밀며, 결국에는 제도 안에서 규정된 한 개인의 삶, 관계와 문제에 대한 이해를 끝으로 하는 결론에 도달할 뿐이다.

미셸 푸코

이야기치료의 기본적 이론 근거는 미셸 푸코의 사상[14]을 통해 이해될 수 있다. Epston과 White는 푸코의 아이디어의 많은 부분을 접목, 개정하였고, 이야기치료 이해에 있어 이론적 근거로 삼았다(Madigan, 1992; White, 2005; White & Epston, 1990; Winslade, Crocket, Epston, & Monk, 1996).

---

14) 나는 푸코의 작품에서 이야기치료사에게 중요한 참고가 될 자료를 Epston이 오스트레일리아의 브리즈번에서 1983년 9월 24일 개최된 오스트레일리아 가족치료학회 때 처음으로 접했다.

푸코는 역사학자이자 철학자[15]로 다음의 것을 격렬하게 비판했다. 사람(주체)을 물건(객체)으로 취급하는 어떤 정치적이고 과학적인 이론들의 조직화와 보편화에 대항했던 것이다. 그는 한 사상의 지상주의(supremacy)를 주장하는 담론을 사회 통제의 담론으로 규정했다. 푸코의 방대한 논총은 개인/시민의 공동체 사이에서 무엇이 우리를 정상적이냐 비정상적이냐로 사회를 보는 관점을 통해 형성된 문화적 담론과 표현들을 해체시켰다(Foucault, 1989, 1994b; Harstock, 1990; Madigan & Law, 1998; Parker 2008).

푸코는 어떤 기관이 과학적·심리적·종교적·도덕적 법률로 특정 믿음을 갖도록 하기 위해 어떤 실행과 구조를 도입하는지에 관심이 있었다(Foucault, 1997). 그는 정신병원, 감옥, 치료소 같은 기관에서 공부했고 섹스, 성생활, 범죄 그리고 정신질환의 범주에 부합한 '도덕적 강박'(moral hygiene)을 해체시켰다. 푸코는 주제(subject)만 상대하지 않고 지식과 권력의 관계를 수반하는 실천(practice)에도 상응하는 기틀을 세우고, 표현을 찾아내는 데 노력했다. 달리 말해, 그의 목표는 서구 문화에서 인류가 객체화되는 방식을 타파하는 새로운 역사를 써나가는 것이었다(Foucault, 1984a).

범주화시킨 실행

푸코는 주제의 객관화를 위해 여러 방식으로 설명하고 있는데, 그것

---

15) 대다수 사회과학도들은 푸코의 작품을 연구와 후기구조주의를 설명하는 데 많이 이용한다.

의 처음 방식을 범주화시킨 실행(dividing practice)이라고 불렀다(Foucault, 1965, 1977). 범주화시킨 실행은 사회적이며 대개는 공간적이다. 사회적이란 그 안에서 차이를 드러내는 특정 사회적 집단의 사람들이 객관화된 어떤 의미에 종속될 수 있는 것을 말하고, 공간적이란 그것에 의해 한번 확인된 차이를 드러내기 위해 사회 집단으로부터 분리되는 것을 말한다. 범주화시킨 실행의 행위들은 과학(또는 과학적으로 보이려고 꾸며진 과학)의 중재와 사회 집단이 지지하는 과학적 주장의 힘을 통해 용인되고 정당화된다. 이런 사회적 객관화와 범주의 절차 안에서 인류는 사회적으로 될 뿐만 아니라 개인적 정체성이 주어진다. 나환자 수용소가 이러한 구분을 설명해줄 수 있는 좋은 역사적 예가 될 수 있다.

푸코는 비정상적이라고 규정된 사람들이 공간적으로 그리고 사회적으로 격리되었던 많은 역사적 상황의 예들을 조사 연구하였다. 한 가지 예가 1656년의 파리에 있었던 'catch-all' 종합병원의 빈곤자, 정신병자, 부랑자들의 감금 사건이다. 푸코는 이 시기부터 질병의 범주화—그리고 임상의학과 관련된 행위들—가 19세기 초 프랑스에 영향을 끼쳤고 19~20세기에 걸쳐 병원, 감옥, 치료소에 근대 정신의학의 발전을 초래했다. 게다가 근대 유럽의 '이상' 성욕(sexual deviance)의 치료, 낙인찍기 그리고 표준화는 이들 실행의 범주 밖에서 태어났고 생활, 법, 정책 입안의 근대적 형태로 모양을 갖추도록 도와주었다(Foucault, 1965, 1973, 1979). 범주화시킨 실행의 오늘날 예로는 소수민족, 장애인, 에이즈 환자들과 같은 소외 집단의 객관화, 격리 그리고 강제수용(ghettoization)을 포함할 수 있다(Hardy, 2004).

과학적 범주화

푸코(1983)는 인류를 객관화된 주제로 돌리는 것에 대한 두 번째 유형을 과학적 범주화(scientific classification)라고 불렀다. 그리고 과학적 범주화의 예를 심리질환 진단 테스트의 사용을 통한 몸체 만들기로 설명하였다. *DSM* 기술(다른 것들 사이에서)이 범주화의 도구로 사용되었고 이는 '과학적'인 행동으로 대화를 통해 나타난다(Foucault, 1983).

푸코는 역사적 과정에서 인간의 사회적 삶에 특권을 부여하기도 한 과학적 보편성을 증명한다. 이런 특권을 가진 상태를 통해 특정 과학적 범주화는 사회규범을 명시하도록 했다(Foucault, 1984b). 이런 이유로 사회적으로 생산된 정상 그리고 비정상으로 보이는 개인적 특질이 구체적으로 명시되고, 이 범주를 통해 푸코가 전체주의 기술(totalization technique, 개인적 특질의 명시화에 대해 문화적으로 생산된 개념; Foucault, 1983)이라고 불렀던 것으로 진화되며 고착되었다. '보통의 고용인' 또는 푸코(1983)가 썼던 '노동하는 주체'를 구성하는 문화적 실천은 사회적으로 생산된 명시화의 한 예이다. 다른 예는 합법적 결혼을 조건으로 국가가 승인한 유일한 관계로서 이성애규범성(heteronormativity)의 특권화를 둘러싼 논쟁이 현재 진행 중이다(Simons, 1995; Tilsen & Nylund, 2009).

범주화의 또 다른 예시로는 파일의 발명(예 : 의료검진, 보험, 회사, 학교)을 통해 가능해진 삶의 문서화가 있다. 파일은 기록하는 것을 통해 개인이 시간 안에 '갇혀' 고정되게 하였으며, 통계를 모으고 표준을 정하는 것을 용이하게 하는 데 사용되었다. 파일은 또한 사람들의 통일된 포괄적인 지식의 구축을 촉진하는 하나의 도구로 사용되었다. 이러한 실생활 쓰기로의 전환을 푸코는 사회 통제의 메커니즘으로 보았다.

주관화

푸코(1983)는 객관화의 세 번째 유형으로 인류가 스스로 주체로 전환하는 방법을 분석하였다. 그는 이 세 번째 유형을 주관화(subjectification)라고 불렀다. 이 주체의 객관화는 그 안에서 개인이 보다 수동적인, 통제된 위치를 취하는 것으로 다른 두 유형의 객관화와는 상당히 다른 절차를 따른다.

　푸코는 주관화가 사람들이 활동적인 자아를 형성(self-formation)하게 하고, 그러한 정체성을 형성할 수 있도록 돕는 절차를 수반한다고 제안했다. 그는 주로 이를 통해 사람들이 자신의 활발한 자아형성을 하게 유발하는 기술을 분별해내는 것에 관심이 있었다. 내재화된 문화적 담론(Madigan 2003, 2004, 2007 참조)의 영향 아래, 주관화는 푸코에게 자기통제(self-control)의 행위 그리고 사회기준에 의해 인도된 행위로 보였다(Foucault, 1983). 푸코는 사람들이 스스로를 문화 규범 집합의 해석에 따라 감시하고 행동하며 또한 더 많은 지도를 받기 위해 종교 지도자나 정신분석가 같은 외부의 권력자들을 찾아낸다고 하였다(Foucault, 1983, 1994b). 문화적으로 생산된 이러한 요인들과 이전(transference) 해석들이 도움이 될 수 있을지는 모르지만 그것들이 단지 만연하는 문화적 담론에 의해 형성되었다는 것을 그는 명확히 했다.

　푸코는 우리의 자아형성이 수행적(performative)이라고 주장했다. 이 수행적인 자아형성은 사람들 자신의 몸, 생각, 행동상의 다양한 작용들을 통해 일어나듯 길고 복잡한 역사를 가지고 있다(Foucault, 1980; Turner, 1969, 1986). 이들 작용은 특질적으로 자아관찰을 통한 자아이해의 절차(Madigan, 2007)와 만연하는 외부 문화규범을 통해 중재된 내재화된 문화적 담론으로의 활동 관계적 참여를 수반한다(Foucault, 1980; Madigan, 2004, 2007, 2009). 푸코의 입장은 우리가 참가하는 행위가 문화 밖에 놓이는 것은 사실상 불가능하다는 것을 시사한다.

건축가 제레미 벤담의 17세기 판옵티콘[16]에 대한 그의 묘사는 주체통제(subject control)을 통해 주체를 통제하려는 정부에 의한 시도의 한 예이다(Foucault, 1979; O'Farrell, 2005). 여기 판옵티콘의 구조와 기능은 주체에 의해 내재화되고 그 주체를 권력의 문화가 바람직하게 간주하는 육체의 행위로 이동하게 한 외재화된 문화적(규범적) 실천을 촉진하는 데 사용되었다(Prado, 1995).

자기감시(self-surveillance)의 성과(문화규범 집합과의 관계 안에서의 자신을 감시하는 자신; Madigan, 2004 참조)는 자신에 대한 보기, 감시, 판단의 성과로 설명될 수 있다(Foucault 1965, 1979 참조).[17] 자신에 대한 감시는 그 자체에 대한 엿듣기, 다른 곳에 산만하게 위치한 능동적 청중과의 대화적 관계성 안에 함께 얽매여 있다. 우리를 보고 감시하고 판단하는 사람이 상상하고 재창조하는 생각에 대한 우리의 경험은 구성요소와 같고 이를 통해 문화적 규범성을 재생산하고 있다(Foucault, 1973, 1989;

---

16) 판옵티콘(panopticon)은 1785년 영국의 철학자 겸 사회학자 제레미 벤담에 의해 지어진 일종의 감옥 건물이다. 소수의 감독자가 자신을 노출시키지 않은 채 모든(pan-) 수용자를 감시하는(-opticon) 형태이다. 한 건축가는 이를 '보이지 않는 전지(invisible omniscience)'라고 불렀다. 벤담은 판옵티콘을 권력을 얻는 새로운 방식이라고 설명했다.

17) 대상의 자기감시를 바라보는 이야기치료적 해석은 Madigan, 1992 참조

Madigan, 1996, 1997; White, 1995a).

주체화의 푸코주의(Foucauldian) 개념에 근거하여 Michael White(1997)는 다음과 같이 정체의 대중적 인문주의 설명에 관한 불경스러운 삼위일체를 설명했다. (1) 우리 존재, 본질 또는 인간 본성에 관한 사상들을 지지하는 진실에 대한 의지, (2) 탄압으로부터 벗어나려 애쓰는 해체 이야기, (3) 어떻게 탄압이 우리의 본질적 본성을 감추고 자아실현(self-actualization)을 억제하는지의 윤곽을 보여주는 탄압적 가정이 그것이다.

힘과 지식의 불가분성

모두 합쳐서 주체를 객관화시키는 세 가지 유형 —(1) 범주화하고 배포하고 다루는 것, (2) 우리 자신을 과학적으로 이해하게끔 하는 것, (3) 우리 스스로를 의미를 주는 존재로 만드는 데 쓰이는 것 —은 푸코 연구의 조망을 지정하고 이야기치료 연구의 기초를 세웠다.

주체의 정체성 주위에 단단히 무리를 지은 것들이 지식과 권력[18]이란 쌍둥이 용어이다. 푸코가 끊임없이 되돌아왔던 부분으로 그곳에는 진실도 없고 오직 진실의 해석만 있다는 생각이었다. 보편적 진실을 만드는 지식은 근대 과학의 지식을 통해 지지받는다고 명시하였다. 푸코(1980)는 그것을 다음과 같이 기록했다.

"지식을 통한 이 권력의 주체와 참가자 모두에게 우리는, 우리의 동의 하에 살거나 죽는 어떤 유형에 운명이 정해진, 권력을 행사하는 전달

---

18) 간단히 말하면 푸코는 사람들이 권력을 절대적으로 '소유'하는 것이 아니라 개인이 소유할 수 있는 기술이나 행동이 권력이라고 설명하고 있다.

자인 진짜 담론의 기능으로서 판정받았고 선고받았고 분류되고 결정
되었다"(p. 94).

푸코는 권력/지식의 관계적이고 구성요소적 차원을 옹호했다
(Foucault, 1980; McHoul & Grace, 1993). 이것은 모든 논리실증적 실천(한
문화가 사회적이고 심리적인 실제를 만드는 모든 방법)이 그 안에서 주체가
문화적 담론에 의해 창조되는, 그리고 창조하고 있는, 특정 문화적 담론
안에 내포된 해석이라는 것을 시사한다. 푸코(1984a)의 권력/지식의 불
가분성 개념은 다른 것들 위에 걸쳐 있는 지식의 특별한 유형(brand)의
영향력을 행사할 수 있는 위치를 찬성하는 사람들에 대한 대립이 반영
되었다. 예를 들어, 정신건강에 관련된 약물의학의 담론은 강력한 산업
로비에 의해 지지되었고, 시간이 흐르면서 언어 치료(talk therapy)의 실천
과 가치에 그늘을 드리우기 시작했다.

우세한 사상과 실천들이 낮은 평가를 통해 사장되었다는 질문이 있었
다. 푸코는 낮게 평가된 지식을 **국지적 지식**이라고 불렀다. 국지적 지식은
종종 굴하지 않고 살아남는 문화적 지식과 대조되는 특별한 논증적 실천
을 뜻한다. 후자를 그는 **포괄적 지식**(global knowledge, 국지적 지식과 포괄적
지식의 관계적 교환 사이의 복잡성과 호기심을 논하는 것은 이야기치료 상담의
주요한 기본 전제이다)이라고 불렀다. 다른 것들에 특정 문화적 실천의 특
혜를 주는 것은 또한 문화에 의해 그들의 행동이 '다르다'고 보이는 사람
들 전체 집단을 낮게 평가하게 한다. 다른 성적(sexual) 또는 정신적 방향,
정치적 믿음 등을 실천할 수도 있는 집단은 정상적이지 않게 분류되고
비주류로 구분될 수 있으며, 이를 통해 사회에 의해 정상적으로 여겨지는
다른 사람들에게 주어진 동일한 권리를 제공받지 못할 수 있다.

다른 사상이나 실천을 넘어서는 절대우위적 사상 또는 실천적 영
향력이 갖는 지위는 이것들의 근거를 이루는 수사적 표현들로 드러
난다(Miller, 1993). 푸코(1980)는 다음과 같이 말한다.

> 이러한 연합을 통해 그리고 이러한 경쟁적 가치에 대한 논의 없이 권력
> 은 행사될 수 없다. 우리는 권력의 행사를 통해 통용되는 진실을 따르
> 고 있으며, 이러한 진실 없이 권력이 행사되도록 놔두지 않는다(p. 73).

푸코의 통찰은 그것을 부정적으로 보는 권력의 전통적 통찰과는 다르
다(권력의 하향식 형태). 그는 권력이 위에서 내려오기보다는 문화적 지식
권리가 모든 사회적 상호작용에서 내면화되고 생산되는(그리고 재생산되
는) 아래(주체)에서 온다고 주장했다. 따라서 문화적 지식은 밖으로부터
부정적으로 행사되지 않으며 권력은 부정과 탄압의 힘 가운데 하나이다.

예를 들어, 만일 당신이 심리학 수업이나 워크숍에 참석하고 있다면
주변을 둘러보고 사람들이 어떻게 비슷한 패션으로 옷을 입었는지를 살
펴볼 수 있다. 대다수의 참석자들은 드레스코드에 대한 안내를 받지 않
았지만 정장을 입고 왔으며 어느 누구도 집에서 입던 파자마를 걸치고
오지는 않았다. 그들은 어떻게 알았을까? 그곳에 있는 사람들은 모두
비슷한 휴대전화나 스마트폰, 아이팟 그리고 이메일을 보내기 위한 컴
퓨터를 가지고 있다. 이들이 사용하는 이러한 물건은 대중의 재생산을
가능하게 하며 산업, 경제, 사회적 문맥에 의해 계속되어 왔다.

문화적 담론 사이에서 진실로 여겨지는 지식에 대한 실천은 지식을
둘러싼 사람들의 인생에 표준화된 방식을 따른다(Foucault, 1984a). 한 개
인이 사회적 담론에 의해 자신의 삶을 살아간다면, 특정 문화적 진실은
다른 대안을 선택할 여지를 주지 않음으로써 우위를 차지한다(Breggin &

Breggin, 1997). 이들의 우위를 지속적으로 지켜나가기 위해, 이 진실보다 덜 지배적이며 덜 과학적인 진실은 배척되며, 더 우위적인 진실들에 예측되고 말 것이다. 나는 1991년 5월 오스트레일리아 남부[19]의 애들레이드에서 Michel White와 가졌던 권력 관계를 주제로 녹화한 토론에서 다음의 사실을 지적했다. 만일 치료사가 스스로를 권력의 위치에 놓고자 한다면, 그 뒤에 남겨진 것들은 사람들의 삶과 관계를 형성하고 있는 많은 사회적 힘과 구조적 불평등성일 것이다.

백인 우월주의 문화적 건설로 인해 오스트레일리아 원주민들의 역사를 우리사회가 얼마나 왜곡할 수 있었는지 보여주는 참혹한 예가 바로 구조적 불평등의 사상을 묵인하는 지식을 통한 권력의 한 형태이다. 글을 통해, 시각적 또는 언어적 표현을 통해 우리가 북아메리카나, 유럽 학교에서 배운 역사는 (명백히) 승리자가 우위를 정한다는 편향적 역사의 해석을 드러내준다(Ken Hardy, keynote address, Therapeutic Conversations Conference,[20] 2004, Toronto, Ontario, Canada). 미국 도처에서 발생한 역사적 사건들의 패배자(전쟁/영토/문화/언어를 잃은 자)의 이야기는 역사적 기록에 (그리고 대부분 아직 남아) 침묵하고 있으며 고통을 받은 현실을 드러내준다. 이 말살의 슬픈 역사의 여파(영국, 스페인, 프랑스 권력/지식의 작용으로)는 캐나다와 미국 대륙을 넘어 신생국가로까지 확산되었다. 이들 문화에서는 높은 비율의 HIV, 에이즈, 논란, 폐결핵, 투옥, 자살, 약물 사용 등이 모든 순위에서 최상위를 점하고 있다.

---

19) 이 비디오대화는 http://www.narrativetherapy.tv 참조

20) 치료적 대화를 위한 세미나는 매년 예일가족치료와 밴쿠버, 캐나다, 영국 등지의 Vancouver School for Narrative Therapy에 의해서 개최된다. 이야기치료를 위한 풍부한 자료는 http://www.therapeuticconversations.com 참조

푸코는 진실에 대해 설명할 때 어떤 객관적 사실이 실제 존재한다고 말하지 않았다. 그 대신에 '진실의 지위'를 얻는 구축된 사상을 언급하였다. 이러한 진실은 표준화의 기준을 제시했고 사람들이 어떻게 자신의 삶을 형성하고 스스로를 보는지에 영향을 끼쳤다(Szasz, 2001). 캐나다에서는 통계적으로 한 집단에 빈곤층의 인구가 훨씬 많을 때 여성을 어떻게 보고 그들의 가치를 인정하는지에 대한 문화적 이야기가 강조된다.

진실을 통한 힘과 힘을 통한 진실의 예속 현상은 개별 속성을 형성하고, 힘을 행사하는 수단이 된다(Parker, 1989). 푸코는 힘의 문화적 구축은 억압적이지 않고 오히려 다른 대안적 지식을 예속시키는 방법이 된다고 하였다. 그는 다음과 같이 말한다. "힘이 부정 거절, 배제 메커니즘의 총체가 아니라는 것을 기억해야 한다. 그러나 힘은 그것들을 효율적으로 생산한다. 자기 자신에게 권리를 행사하도록 내어주는 것이다"(O'Farrell, 2005, p. 113). 그는 인간이 유순한 몸체가 되어 포괄적 지식과 힘의 기술이 확산되는 데 기여하게 된다고 보았다(Foucault, 1989). 푸코는 보편적으로 진실이라고 여겨질 포괄적 지식은 없다고 주장했다.

개인적 실패를 복원하는 것과 관련된 그의 가장 호평받는(내 견해에서) 문서가 있다. 여기서 Michael White(2002)는 힘의 전통적 개념을 비판했다. 그는 힘의 이슈가 치료적 문맥 안에서 제기될 때 변함없이 전통적 힘에 대한 고전적 분석을 불러일으킨다고 하였다. 이 고전적 분석은 힘은 (1) 어떤 개인과 집단에 의해 행사되고, (2) 같은 관심의 방향에 따라 개인과 집단을 통해 계속된다는 것이다. 이것은 중심에 존재하는 것으로 이해되는, 즉 독점권을 갖는 사람들에 의해 행사된 힘을 나타낸다. 그것은 기능상 주로 부정적으로 특징지어지는 힘이다. 말하자면 그것은

탄압하고 억누르고 제한하고 금지하고 강요하고 강제하려고 작용하는
힘인 것이다. 이것은 사람들이 일반적으로 실행에 옮기는 것이 아닌, 주
로 지배를 받게 되는 힘이다. 동시대에 이 힘의 형태는 사실상 그 밖에
있는 시스템과 동급으로 여겨졌다. 삶을 위치시키는 데 있어 사람들은
삶이 계층, 인종, 경제, 사회적 이점으로 인해 얻은 특혜는 보지 않고 이
힘의 외부에 있는 지위를 강요하기 일쑤이다(White, 2002).

　White는 (푸코의 사상을 정독함으로써) 힘은 사람들이 모인 단체를 통
해 능동적 참여를 이끌어내고, 그 참여 안에 종속된다고 보았다. 그렇기
때문에 이러한 힘의 지배적 사상을 문제시하였다(Michael White, personal
conversation, 1991).[21] 따라서 힘이 가진 효력에도 불구하고 우리는 현대
힘의 논리에 저항하고 도전하는 독특한 상황에 놓이게 되었다. 현대 권
력에 의해 빚어진 삶의 특성과 관습에 도전하면서 사람들은 이 권력이
가진 효력을 부정하는 한 부분에 기여할 수 있다(White, 2005).

담론 공동체

우리가 살아가는 데 있어 옳은 길과 그릇된 길의 항목은 무궁무진하다.
어떤 항목은 제한적이고 어떤 항목은 자유로우며 어떤 항목은 고립된
것으로 보인다(Hoakwood, 1993). 각각의 항목들은 우리의 개인적 가치
를 테스트, 평가, 결정하며, 지금 우리가 살아가고 있는 인류의 정상적
범위 안에서 비교의 기준이 된다. 우리는 스스로 우리가 '안' 또는 '밖'

---

21) 힘의 재분배를 위한 이러한 대화에 대해 더 자료는 White와의 1992년 인터뷰 http://
　　www.narrativetherapy.tv 참조

에 있는지 또는 우리가 '맞는지' 묻는다. 우리는 담론 공동체와 복잡한
관계성을 맺은 채, 이들 담론을 지지하는 지배적인 서구 이데올로기를
통해 어떻게 우리가 우리 삶을 살아야 하는지, 살지 말아야 하는지에
대한 믿음을 형성한다(Caplan & Cosgrove, 2004).

우리의 담론 공동체(Madigan, 1992)는 문화적 창조물이다. 우리의 담
론 공동체는 진실에 기초하지는 않지만 정상적이기 위해 무엇을 믿을
수 있고 무엇이 그렇지 않은지를 가늠하는 데 있어 우리가 구성하는 모
든 규칙을 수반한다. 우리의 담론 공동체는 사회규범이 권력 관계의 다
양한 형태를 통해 들어온 사회적 교류의 복잡한 그물망을 통해 영향을
받는다(Hare-Mustin & Maracek, 1995; Law & Madigan, 1994; Shotter, 1989;
Shotter & Gergen, 1989; Spivac, 1996). 우리가 행하는 공동체 담론은 그 어
떤 담론도 사람들의 삶과 창조자의 공동체에서 문제들을 직시하지 못
하는 한계를 가지고 있기 때문에 중립적이라고 볼 수 없다(Horkeimer &
Adorno, 1972).

예를 들어, 단순히 키-몸무게 비율로 표현되는 체질량지수(BMI)는
'건강' 몸무게에 대한 보편적 측정으로 옛날 보험표를 바꿔 놓았다. 예
전에는 건강했던 수백의 사람들이 갑자기 몸무게 초과로 재정의되는 결
과를 가져오면서, 이 지수는 1998년 한 의사 팀에 의해 재구성되었다. 이
새로운 측정 기준을 사용하면 183cm의 남자는 83.5kg에 과체중, 100kg
에 비만, 134kg에 병적 비만으로 진단된다. 만일 현재 BMI로 본다면 50
대의 북아메리카인 대부분은 너무 뚱뚱한 것이다.

다른 공동체 담론을 *DSM*에 포함시킬 것인지 말 것인지에 대한 결정
을 위해 '선별된' 여러 학문 분야 공동 팀에서 논의되었다. 이 특정한 지

배적 담론은 한 작은 전문가 집단이 공동체에 어떻게 거대한 영향력을
행사할 수 있는지를 보여준다(Breggin, 1994a; Caplan, 1994). *DSM* 집단은
누가 그리고 무엇이 정상이고 누가 그리고 무엇이 정상이 아닌지[22]를 알
아내는 임무를 수행한다(Caplan, 1991, 1995). 이 집단은 인류 생활에 고
정된 범주에 부합된 행동을 하도록 표결된 방식에 따라 이를 수행하였
다. 예를 들어, 고문(advisor)은 자신의 *DSM*에 성욕장애를 이해의 매뉴
얼 안에 포함시킬 것인지 그리고 카페인 관련 장애를 범주에서 뺄 것인
지를 결정할 권력을 가졌다.

투표[23]가 범주화를 결정한 이후, 전문가 공동체는 그렇게 결정된
DSM 항목들을 설정했고, 그것들이 실제(예 : 법리 논쟁, 정신 상태 측정,
자녀 양육권 합의)인 것처럼 고유의 다양한 영역에서 그 결정들이 반복되
도록 하였다. 이 정신심리학적 이론들의 재생산은 *DSM* 기반 연구들이
반복되어 신뢰도를 낮췄고, 타당성에 문제가 있다는 사실에도 불구하고
그 위치를 확고히 하였다. 2005년 인터뷰에서 *DSM*의 설계자인 Robert
Spitzer는 "우리가 신뢰도 문제를 해결했다고 하는 것은 사실이 아니다.
단지 개선되었을 뿐이다. 하지만 만일 당신이 일반 임상의의 위치에 있
다면 그것은 확실히 매우 좋지 않은 징조를 나타낸다."라고 솔직히 고백
했다(Zur & Nordmarken, 2007, p. 2).

*DSM*은 어떻게 우리의 담론 공동체가 공통적으로 수용한 믿음과 진

---

22) 행동이 정상적인지 비정상적인지를 결정하는 *DSM* 진단기준에 백인 전문직 남성은 영
  향력 있는 집단이다.

23) *DSM*은 과학적인 문서라기보다는 정치적 문서라고 볼 수 있다. 장애를 포함하거나
  제외시키는 결정에 있어 과학적 자료를 근거로 하기보다는 다수의 의견에 의해 결정
  된다.

실을 사회적으로 **구축시켜[24]** 나아갔는지를 보여준다. 전반적으로 지식의 내면화는 우리가 무엇을 결정할지를 알려준다. 예를 들어 우리는 아일랜드 록그룹 U2의 음악이나 힙합 음악이 유행할지, 전쟁 중인 나라 사이에서 누구를 지지할지, 아픈 사람을 **환자, 고객** 또는 그냥 **사람**이라고 부를지를 내면화된 지식을 통해 결정하게 된다. 지배적인 공동체 담론은 종종 자본주의, 유대-기독교, 그리고 가부장제 같이 많은 위대한 이야기(narrative)에 의해 형성된다(Armstrong, 1989; Jameson, 1991). 각각의 이야기는 한 사상의 정당성에 대해 끊임없이 논쟁을 벌이는 각자의 반대자와 추종자가 있기 마련이다. 하지만 담론이 진실을 유지하기 위해서는 음악 또는 정치적 문제가 지속된다. 또한 담론이 진실을 유지하기 위해 국제적 · 민족적 · 정신의학적 그리고 내부의 전쟁과 투쟁은 지속된다.

우리의 담론 공동체는 화자들의 진정한 섞임을 포함한다. 두서없는 논변적 영향—지그문트 프로이트, CNN, NPR, G8, 칼 마르크스, 예수, 모하메드, 일라이 릴리, 디즈니, 백악관, UN을 포함하여—인 모든 것은 복잡하고 의례적인 힘의 놀이를 통해 형태가 된다. 또한 이 모든 것은 그 담론을 통제하기 위해 마련된다. 이 공동체 상황 안에서 모든 '지식'은 상호적으로 공유되며 그 형태가 이루어진다(Madigan, 1996). 이런 이

---

24) 사회구성주의(social constructionism)와 사회적 구성주의(social constructivism)는 사회적 현상이 사회적 맥락 안에서 어떻게 발전되는지를 연구하는 사회학적 이론이다. 구조주의 이론에서 사회적 구성(social construct)은 특정 집단의 창조를 말하는 개념 혹은 행동이다. 사회적 구성은 보통 신의 뜻이나 자연적으로 생기는 법칙보다는 수많은 인간 선택에 의한 부산물로 여겨진다. 사회구성주의는 실체의 범주적 구성을 결정하는 의식적 개체와 독립적인 초역사적 근원보다는 특정 현상을 결정짓는 본질주의와는 반대된다.

유로 나는 당신을 만들고 당신은 나를 만든다. 정부가 우리 형태를 만들고 우리가 우리 정부의 형태를 만든다.

예외 없이 우리 이전에 있었던 우리 공동체의 모든 대화들은 우리이고 우리에게 영향을 미치며 우리에 의해 그 안에 참여한다. 그리고 우리 언어의 구조(우리의 명사, 동사 등의 사용) 때문에 사람들은 수사적[25] 위치들을 말하거나 말하지 않거나 하지 않을 수 없다(Keeney, 1983; Tyler, 1986). 화자는 정부의 헌법 창시자로부터 미국심리협회(APA), 국립여성협회, 그린피스, 펑크 음악가들, 애플 컴퓨터 CEO 같은 보다 현재의 화자들까지 다양하며 담론을 특정 방향으로 이끌며, 자신들이 담론에 영향을 받아 이끌리기도 한다.

미셸 푸코(1965, 1980)는 지식 습득의 과정에서 진실로 삶에 대한 진실은 없고, 오로지 수사적(rhetorical) 윤리에 적합한 진실의 해석만 있다고 말했다(Goldstein, 1981; Madigan, 1992). 푸코는 먹는 것부터 옷 입기, 일하기까지 우리의 모든 행위는 지배적인 담론을 이루는 특정 공동체에 묶여 영향을 받는다고 주장했다(Gutting, 1994). 그러므로 우리의 모든 행위는 누군가의 문화와 담론의 영향 밖에 놓일 수 있다. 또한 치료의 정치적 논쟁과/투쟁 사이 동안에 보인 것들은 중립적일 수 있다(Butler, 1997). 그리고 우리는 결국 논변적 영향의 공동체를 벗어날 수 없다. 즉 이야기치료사로서 우리는 치료사인 우리들, 문제들, 그리고 바로 치료적 현장에서 수행되는 우리의 모든 관계적 상태들을 논변적 공동체와

---

25) 현대 수사학자(rhetorician)는 학문과 지식 간의 가까운 관계를 강조하면서 학문을 지식 만들기에 중심적인 (반대되지 않는) 것으로 보는 많은 철학적·사회과학적 이론과 연결지었다.

함께 상관적으로 형성해나가는 것이다(Nylund, 2006b).

이야기치료는 치료에서 우리가 취하는 어떠한 치료적 위치도, 그 어떤 담론도 중립적이지 않다고 본다(Shotter, 1990a). 우리가 취하는 치료적 위치는 오히려 정치적 구조를 통해 지지되고, 정신건강 시스템(그리고 의료, 과학, 사법부 등 같은 다른 시스템)에 의해 도입된 문화적 전통을 따른다. 이 제도화된 언어규칙 집합의 구조는 모든 방법에서 치료 언어에 영향을 미친다(Bruyn, 1990; K. Gergen, 1991, 2009). 예를 들어, 세팅된 정신건강 절차와 전문가적 지식 전통은 어떤 개인이 의료 활동과 사례연구를 진행하는 데 영향을 미친다. 그리고 이러한 활동에서 이러한 전통은 누가 발표하게 되었는지 그리고 논평에서 참석자들과 논의할 때 어떤 심리적 사상이 우위를 정하게 되는지, 누가 그 표준을 결정하게 되는지를 확정한다(Law & Madigan, 1994).

치료사로서 우리는 우리 자신을 아주 많은 다른 매체와 기관을 통해 허용된 셀 수 없이 많은 심리 모델의 다양성 사이에 위치시킨다. 그리고 우리는 우리가 내리는 결정을 철저하게 설명해내고 책임지도록 요구받는다. 별개의 치료적 대화에 수반된 담론은 치료사가 가진 임상적 목표와 전략[26]에 영향을 미치고, 이것은 곧 이데올로기적 산물로 여겨질 수 있다(Bakhtin, 1986; Freedman & Coombs, 1996; Madigan, 1991a).

---

26) 나는 치료자가 문제를 만드는 구조나 치료에세 공동체의 영향력을 간과한다면, Epston과 White의 이야기치료 작업은 의미가 없다고 생각한다(Madigan,1996).

텍스트로서의 이야기

우리의 치료 이론, 질문, 만남, 그리고 우리가 말하고 있는 것, 예를 들면, 우리의 사례 기록들을 구성하는 방법에서 공동체 영향을 인식해볼 수 있다. 이것은 우리가 치료적 결정을 단축으로 내리거나 혼자 활동하는 치료사로 여기지 않도록 했다. 오히려 치료에 있어 우리가 실제로 실행하며 기록하는 것은 문화적이고 반문화적인 학습과 전통에 따른다. 즉 우리는 드넓은 영역에서 회자되는 무수히 많은 대화들에 영향을 받는다(Madigan, 1991a). 이야기치료의 관점에서 이루어지는 치료는 텍스트[27] 담론[28]으로 설명될 수 있다.

예를 들어, 자신을 '기준 미달'로 보는 한 토착민과 치료에 있어, 치료사는 적절한 치료를 위한 과정을 진행할 수 있고, 그 사람에게 약물에 대한 안내와 자존감 향상 집단을 추천해줄 수도 있다. 그 밖에 이야기치료사는 문제-사람 관계에서 더 나아가 폭넓은 범위를 포함하는 치료적 관계를 고려할 수 있다(Freedman & Coombs, 2002). 문제(가치가 있다고는 할 수 없는)에 대해 후자의 위치를 취할 때 이야기치료사는 이 사람이 스스로를 기준 미달의 방식으로 어떻게 관계하여 상호작용하는지를 물을 수 있다(Golan & White, 1995). 이러한 현상은 토착민의 식민지화, 인종차별, 대가족 학대, 성직자 학대, 그리고 그들의 문화적 언어와 유산이 남

---

27) Roland Barthes(Madigan, 1991a)는 문화와 텍스트가 그들에게 주어진 구조, 전통에서 받아들여질 수 없다고 제안했다.

28) 나는 텍스트의 의미가 맥락에서 제대로 되살아날 때까지 아무 의미가 없다고 지지해 왔고 계속 주장할 수 있다. 그것이 사용되는 맥락에서 관계 있는 텍스트와 상호작용할 때 이를 담론이라 한다. 달리 표현하면 텍스트의 맥락화가 작가(혹은 화자)가 의도한 의미를 독자(혹은 청자)가 재구조화하는 것이다.

겨놓은 현실 상실에 대한 경험으로 나타날 수 있다.

치료사가 문제-사람 문맥에서 드러난 관계적 상하 관계를 간과할 때, 그들이 자신을 통해 드러내려고 하는 노력 속에서 문제와 사람을 분별하기 어려워진다는 사실이 드러난다. 이야기치료의 핵심 원리는 한 개인의 정체성이 어떤 권력 안에서 형성되며, 어떤 상황과 문맥 속에서 드러나는지를 이해하며, 논쟁적 가치의 갈등을 통해 치료적 변화가 공통적으로 일어난다는 데 있다.

언어가 아니라 이야기인 이유

담론은 말하기의 체계적이고 제도화된 방식을 나타낸다. 언어와 달리 담론은 추상적인 구조나 절차보다는 행동이나 논증적 실천의 특정 집합을 강조한다(Anderson, 1990; Law & Madigan, 1994, Madigan, 1992). 특정 종류의 담론을 진행할 때 우리는 어떤 종류의 독립체의 존재에 전념한다[예 : 한 심리학자는 가족의 경계의 침범, 어머니의 과도한 참견, 또는 같은 학교 지구로부터 주의력결핍장애(ADD)를 가진 높은 청소년 비율을 '증명' 하기 시작할 수 있다].

담론은 사회정치적 맥락에 의해 형성되기도 하고, 동시에 역으로 맥락 형성에 영향을 끼치기도 한다. 이러한 사상은 사회구성주의자/심리학자인 켄 거겐(1991)에 의해 다음과 같이 표현되었다.

담론이 사실에 근거해 있지는 않지만 한번 받아들여진다면 그들은 그것을 사실로 만들어버린다. 따라서 이들 담론에 대한 보다 비판적 시각이 우선되어야 한다. 이들 담론은 다양한 구조의 힘과 특혜를 지지하고 뒷받침하기 때문에 어떤 사람은 소외되거나 탄압받는다. 비판적 문학은 권력자의 목소리를 이해하기 쉽게 만들고, 힘의 성역 안에서 더 큰 목소리를 내도록 만든다(p. 96).

미셸 푸코(1984b)에 의하면 담론은 실제하는 세상과 그들 자신의 상태를 근거로 삼는다. 뿐만 아니라 어떤 주어진 상황에 만연해 있으면서 의견을 제기하는 것을 제한한다. 또한 사회와 권력 관계의 복잡성을 근거로 담론이 이루어져 나간다. 이런 방식으로 발화된 담론은 누가, 어떤 말을, 어떤 권리로 할 수 있는지를 결정할 뿐만 아니라, 무엇을 말하고 생각될 수 있는지를 결정한다(Foucault, 1994b; Parker, 1998). 이들 논증적 차원의 담론에는 정부, 교육기관, 치료, 병원 병동, 가족 이야기를 포함하는 관계적 대화의 모든 형태가 있다.

이 후기구조주의적 관점에서 의미는 언어 그 자체로 발생하기보다는 그 사용을 제한하고 형성하며 대체하고, 의미를 선별하는 제도화된 논증적 행위로부터 생성된다(M. White, personal communication, 1992). 이런 이유로 담론은 관계를 이루는 데 필수 구성요소인 사회와 권력 관계의 지배적인 구조를 반영하는 것처럼 보인다(Michael White, personal communication, 1990). 어떤 의미에서는 지배적인 문화적 담론에 머물면서 그런 담론들을 불러 모으고 수행하면서 존재를 향해 우리 스스로를 함께 말하고 있다(Bakhtin, 1986; Nylund, 2004c; Turner, 1986).

푸코에게 자아가 담론에 종속된 것처럼 주관성은 담론의 산물이다(Parker, 1989, 2008). 예를 들어, 어떤 고객이 자신의 '주요' 관계의 의미에 대해 말하는 방식은 어떻게 우리가 훈도를 받았는지를 나타내준다. 즉 문화적 범위 안에서 만들어져서 결론적으로는 관계에 대한 우리의 관점을 구축한다. 푸코는 담론의 영역 안에 있기 위해 고려되는 것이 담론의 구성요소라고 말한다(Parker, 1989, 2008). 그는 그것에 관해 무엇을 말할 수 있는지 그리고 누가 말할 수 있는지가 권력 관계의 이슈라고 말한다. 예를 들어, 어떤 치료 회기를 설정하는 데 있어 누가 계획에서 일반적 규칙을 설정하는지, 얼마나 오랫동안 하게 될지, 그리고 누가 초대되는지가 이 이슈의 핵심 논제가 될 수 있다.

담론은 발견되어야 할 아무런 기초적 · 구조적 현실이 없다(Foucault, 1994b). 그러므로 제도화된 담론의 수사적 방식 말고는 지식 또는 진실에 대해 주장할 아무런 근거가 없다(Rosen, 1987). 이 관점으로부터 심리학을 논의하는 것은 심리적 모델이나 패러다임이 아닌 심리적 담론의 교묘함을 권장한다. 이야기치료는 본질은 없고 담론만 존재한다는 사실을 근거로 치료에서 나온 이야기를 다룬다(Law & Madigan, 1994).

영국의 사회구성주의자이자 심리학자인 John Shotter(1990b)는 우리를 둘러싼 다른 사람들과 만나볼 수 있게 하는 주요 보철 장치는 담론이라고 말한다. 아직 현대 구조/심리/과학적 전통의 세상은 마치 문장이 현실을 나타내는 그림인 것처럼 발언을 이해한다(Wittgenstein, 1953). 모더니스트/구조주의자 관점은 문장의 구조를 하나의 물건으로 보고, 그것을 치료사들이 많은 면에서 잘못된 방향으로 이끌도록 할 수 있다. 예를 들어, Wittgenstein(1953, 1960)은 말하는 방식에 편견 없이 '사실'(즉 사용에서의 실천과 절차)을 직시하는 것을 제한한다고 말한다. 담론에 있어 모더니스트/구조주의자의 생각을 지지하는 사람들은 개인과 외부 환경을 담론과 의미(signification)[29]의 근원이라기보다는 산출물로 여긴다

---

29) 소쉬르는 표시를 한 쌍 혹은 두 부분의 모형으로 제안하고 있다. 즉 '표현하는 사람

(Derrida, 1991).

구조주의자들은 또한 행동이 마음의 구조를 반영한다고 말한다(M. White, personal communication, 1997). 예를 들어, 인류학 분야 중 레비 스트로스에서 구조주의 운동의 절정을 발견할 수 있다. 단순한 설명을 넘어 그의 현장연구는 두 가지의 다른 문화에 관심을 보였다. 그리고 그가 찾은 것은 그들의 의식이 비슷하다는 것이었다. 이 비교문화 연구로부터 그는 의식 절차 안에 유사성이 있기 때문에 각각의 문화가 두뇌와 같은 구조적 표현을 갖추고 있다고 본다.

유사하게 상담 분야의 다양성(예 : 원가족, 인지적 습성, 정신분석) 사이에 각기 다른 개인이 표현하는 행동(surface behavior)이 존재한다는 근거가 있다(Breggin & Breggin, 1994; K. Gergen, 2009). 그리고 이 외부적 표현 밑에서 진실을 캐는 심리학자는 많은 고민과 고뇌 끝에서 사람의 행동을 움직이는 원리를 '찾아낼' 것이다. 이런 관점은 내담자가 말하는 것을 내용물로 보고 치료사가 이를 읽고 해석하는 절차를 따른다. 하지만 후기구조주의자들은 이러한 관점에 동의하지 않는다.

후기구조주의 이론은 내용물-절차라는 언어화 과정에서 떨어져 담론 쪽으로 주의를 돌린다. 영국 심리학자 Rom Harre(Davies & Harre, 1990)에 따르면 담론은 언어 사용 연구를 역사적인 일로 만들기도 하고 정치적 문제로 만들기도 한다. 언어와 달리 담론은 특정 행동들과 논증 가능한 실천에 중점을 두지만, 추상적 구조와 절차에는 큰 무게를 싣지 않는다(Rose, 1989). 담론의 이러한 관점은 담론을 통해 무엇을 말했고 무

(signifier)', 즉 의미를 갖고 있는 주체와 '표현된 것(signified), 즉 표현된 개념으로 구성되어 있다는 것이다.

엇이 묵인되었는지 보여준다. 시대적 구별을 표현하는 것으로 보이는 후기모더니즘과 후기구조주의(특히 미셸 푸코의 작업; 예 : Foucault, 1979, 1980, 1984a, 1984b)와 관련이 있다(Tyler, 1990).

　Davies와 Harre(1990)는 어떤 것을 알려는 것은 하나 또는 그 이상의 담론을 알려는 것이라고 제안했다. 어떤 특정 담론을 억누르면서 어떤 존재와 어떤 상태를 진실로 받아들이는 것에 보다 열성적이게 된다. 미국 철학자 Richard Rotry(1979)에 의하면 우리는 관습으로부터 연구하는 방향의 스펙트럼을 따라 움직이기 시작하고 "새로운 진실-가치 후보자들을 향한 자세를 취하게 된다."(p. 94)고 하였다. 담론을 억제하는 것은 우리가 말을 하는 동안 보통 이미 우리를 기다리고 있다는 착각으로 당연하고 명백하게 가야 하는 것으로 여겨지는 우리들 앞에 놓인 의미 있는 길을 펼치는 것과 같다. 이들 진실의 후보는 재저작의 틀 다시 짜기 과정의 직물로 짜넣을 수 있는 다른 대안적 진실로 간주된다(Epston & White, 1992).

　이야기치료사들은 담론이 말하기의 모든 제도화된 방법들을 표현한다는 사상을 지지한다(Jenkins, 2009; Nylund, 2004b, 2006a; Reynolds, 2010; Sanders, 1998). 말하기의 이 제도화는 모든 수준의 사회적 · 정치적 · 문화적 · 심리적 · 가족 담론을 거쳐 발생한다. 다양한 종류의 특정 담론이 만들어지고 역사 도처에서 진화를 계속해왔다(Parker, 2008; Sampson, 1993). 이들의 예로 대단히 폭넓은 정신심리적 사상과 모든 다른 말 특유의 담론이 포함된다. 이것은 스포츠(Nylund, 2007a), 약물 사용(Sanders, 1998), 주의력결핍/과잉행동장애(ADHD; Law & Madigan, 1994), 춤(H. Nanning, personal communication, 2009), HIV와 에이즈(E. Mills, personal communication, 2007), 이데올로기와 교육(P. Orlowski, personal communication, 2003), 미술(D. O'Connor, personal communication, 2010), 정치(Jameson, 1991), 음악(A. Cash, personal communication, 2002), 사회행동(V. Reynolds, 2004), 영화(N. Jordan, personal communication, 2000), 그리고 문학 이론(Eagleton, 1991)의 언어처럼 다양한 말을 포함한다.

이 상이한 문구들[30]은 문화적 담론들과의 경쟁을 통해 현재의 견해로 만들어졌다. 이 문구들은 구분되거나 양립하는 가운데 특정한 실체를 분리하거나 단일화시키지 않았다(Madigan, 1997). Shotter(1989)에 의하면 이러한 특정 고려사항들을 고려하는 데 있어 화자가 단일 견해를 지지하는 것은 믿음의 시스템을 유지하는 효과를 가져왔다.

보통 유지된 믿음은 힘, 지식, 그리고 수사학의 특정 범주 속에서 특혜를 받은 (담론의) 현재의 (특정) 상황을 나타내준다. 모든 대화와 연구의 문제는 오류(즉 과학적 경험, 치료 진단)를 수정하는 데 열려 있기 때문에 이러한 견해를 충분히 고려하지 않는 것은 수단의 오류를 가져온다. 하지만 아주 가끔 생각의 지배적인 프레임에 반대하는 것은 지적이지 않은 상태로 비난받거나 견해를 완전히 뒤바꾸도록 만든다.

---

30) 빅터 터너(1986)는 행동은 사회적 현상에 걸쳐 있는 의미를 드러낼 수 있는 보편적인 기표가 된다고 한다. 한 가지 사상은 우리가 '인간은 행동하는 동물'이라는 생각을 할 때 더욱 힘을 얻게 된다. 터너는 우리 자신을 호모사피엔스로 보는 대신 **호모퍼포마스**(Homo performas)로 보는 것이 더욱 낫다고 제안했다. 우리가 이러한 사실을 받아들인다면 생존을 위해 반드시 어떠한 행동을 해야만 하는 것이다.

인식론이 아닌 이데올로기

데리다(1991)에 의하면 주제는 바로 그 본질이 많은 다른 것으로부터 절대 분리될 수 없다고 하였다. 그는 이데올로기와 인식론(epistemology) 사이에(어떻게 아이디어/의미가 만들어졌는지에 대한 연구를 할 때) 중요한 구분을 가져왔다. 이데올로기 이론은 사회적 사상과 정치, 권력, 실천 사이의 연결을 강조한다(Eagleton, 1991). 인식론의 이론은 아이디어, 관찰, 설명 사이의 관계들을 포함하기 때문에 연구에 있어 추정할 수 있게 만든다.

이 구분은 우리 심리학 영역 안에서 메타이론적 논쟁과 실천 방향에는 없는 결정적인 요소에 주목한다(Nylund, 2004a). 이 논의에서 빠진 것은 어떻게 인식론적 결정들이 이데올로기적 약속에 의해 형성되었는가에 대한 것이다(Kearney & Rainwater, 1996).

이데올로기적 어법은 다른 것들을 모호하게 하는 동안 어떤 의미를 적법화하는 특정 역사적 환경에 떠오르는 사회적 맥락처럼 늘 존중되지는 않는다(Madson, 2007). 예를 들어, 기회 균등의 이데올로기에 대한 약속은 가부장적인 사회 조직 안에서 발생하겠지만 균등의 의미는 공정성이라는 사상에 의해 조절된다. 용어 그 자체가 역사와 함께 가부장적 맥락에 의해 형성되었고 힘의 불균등적 작용을 나타내고 있다(Goldstein, 1981).

White와 Epston(1990)은 이데올로기에 대해 다음과 같이 말했다.

> 다른 사람들과의 어떤 유사성에 대한 우리의 선호는 이데올로기적 요소와 문화적 실천에 의한 것을 포함하여 다중결정적이다. 한 유사성에 다른 것을 점유하는 특혜를 주면서 그 속성이 어떠한 유사성에 대해서도 구축될 수 없기에 우리는 결함 없음 또는 정확도 같은 기준에 기댈 수

없다. 하지만 우리는 최소한 하나의 규모에서는 사회적 사고의 역사 안에 우리 고유의 실천을 위치시키며 그리고 이들 실천의 효과들을 검사하고 비판하면서 우리의 삶을 비추어 유사성을 살펴볼 수 있다(p. 5).

요약하면 이데올로기는 많은 문화적 제도에 의해 적법화되는 힘의 관계를 재생산하기 때문에 임의적인 어법으로 보일 수 없다.

이야기에서의 '나'의 문제 위치

치료의 구조적 관점에서 후기구조적 관점으로의 이동에 대해 Epston과 White이 주장한 핵심은 정신건강 언어의 중심주의를 '개편(retool)'하는 일이었다(McLeod, 2004; White, 1997). 사람과 문제 사이의 관계적 맥락을 거론해야 하는 것이 그 중심 과제였다.

뉴질랜드 오클랜드의 이야기치료사 Johnella Bird(2000, 2004)는 정신건강 언어 안에 나(I)란 단어의 이슈를 거론하는 도전 과제를 던졌다. 그녀는 영어 사용의 관습에서 경험이 사람들(고객; 예 : "I'm sad") 사이에 위치된다는 점을 지적했다. 위의 예에서 언어 실행("I'm sad")은 나의 몸 안에 슬픔이 있다는 것을 생각해보도록 화자와 청자를 고취시킨다.

Bird(2000, 2004)는 정신건강 언어가 갖는 문제가 경험의 고정된 표현에 있다고 보았다. 즉 인생 경험 및 환경들과 싸우고 있는 사람들(고객)에 대해 극단적인 결론을 내리게 되는 것이다. 관습적인 영어 전략은 그 안에서 내(I)가 보여지고, 경험되고, 알게 되고 그리고/또는 자주적인, 자발적인, 독특한, 독립적인 조건들을 만들어내는 것이다.[31]

---

31) 임상 장면에서 우리가 전통적으로 영어라는 언어를 사용할 때마다 우리는 자동적으로

많은 사회과학 영역은 '나(I)'를 몸 밖에 그리고 관계적 · 논증적 맥락 안에 놓는 검증을 했다(Taylor, 1989). 한참 거슬러올라가 1930년대 러시아의 심리학자이자 언어학자인 Mikhail Bakhtin(1986)은 다음과 같이 주장했다.

> 언어 단어들의 중립적 사전적 정의는 그들의 일반적 특질을 보장하고 주어진 언어의 모든 화자들이 서로 이해할 것을 기대한다. 하지만 살아 있는 구두 커뮤니케이션에서 단어들의 사용은 사실상 항상 개인적이고 맥락적이다. … 단어는 표현적이지만 이 표현은 단어 그 자체에 귀속되어 있지 않다(p. 88).

John Shotter(personal communication, October 1991)는 한 단어의 의미(이 경우엔 '나'라는 단어)는 단어 그 자체에 귀속되어 있지 않고, 사용된 단어와 그 단어가 사용되는 조건 안에서 그들이 이루고자 하는 목적에 부합되도록 완성된다.[32]

반면 치료에서 고객이 누구인가를 정확히 묘사하기 위해 사용하는 단어들은 중립적이지 않고 편파적이다(Crapanzano, 1990). 우리가 사용하는 단어들은 오히려 논증적 맥락에 놓여 있고 현재의 관계성과 혜택을 받는 전문적 힘과 지식 사이에 연결되어 있다.

예를 들어, 이야기치료는 거식증(anorexia)의 문제로 고통받는 사람을 묘사하는 데 그 단어의 사용을 선천적인 것으로 여기지는 않는다(즉 그녀는 거식증이다; Borden, 2007; Grieves, 1998; Madigan & Epston, 1995;

객체된 사람(즉 내담자)에게 '자기(self)'와 '타인'의 평가, 범주 그리고 진단에 해당하는 사항들을 대입해보고 있다는 사실을 인식할 필요가 있다.

32) 여기 이 지점, 즉 Clarke와 Holquist(1984)가 매우 적절하게 '세계의 전투 지역'(p. 307)이라고 부르는 곳에 Shotter(1990)는 화자의 권리 문제에 대한 우리의 투쟁과 권한(청자의 권한과 비교)이 발생한다는 것을 제안했다.

Madigan & Goldner, 1998; Maisel, Epston, & Borden, 2004; Nylund, 2002a; Tinker & Ramer, 1983). 그보다 고통받는 사람이 거식증과의 복잡한 논증적 관계성, 즉 우리 문화의 모든 그런 기여 양상에 의해 정의된 관계성 안에서 있다는 점을 드러낸다(Gremillion, 2003). 이야기치료 과정은 거식증을 생물학적 설명(거식증을 사람 뇌의 전두엽 안에 위치시키려는 시도)으로 해명하려는 심리적 연구에서 폭넓은 전면적인 시도를 하지 않을 것이다. 이야기치료는 규정하기 힘든 거식증 유전자(아마도 아직 규정되지 않은 알코올 유전자 옆에 숨어 있는)를 찾으려는 수백만 달러의 연구 프로젝트를 수용하지도 않을 것이다. 이야기치료 의사에게 한 사람의 거식증과의 관계는 공동체 담론의 사회-정치-문화적 영역 안에 놓여 있다(Madigan & Goldner, 1998).

이야기치료의 관점에서 거식증은 부분적으로 정치적 통일체(body politic)를 불러일으킨 후기자본주의에 대한 대답으로 여겨진다(Bordo, 1989, 1993). 다른 말로 관계성은 거식증으로 그 사람을 통해 드러난 현시대의 문화적 요구에 대한 답을 나타낸 것일 수 있다(Diamond & Quinby, 1988). 몸을 통해 대응한 이 특별한 관계적 표현은 문화를 비롯해 방대한 성별 기대의 제도 및 여자들에게(점점 남자들에게) 요구되는 완벽 추구에 대한 반박일 수 있다.

이야기치료는 거식증을 신체의 개인적인 문제로 일축시키는 대신 논증적 문화 속의 문제로 바꿔놓는다. 이야기치료사는 거식증을 둘러싼 유명한 공동체 담론을 묻고 어떻게 그리고 어떤 수단을 통해 정신건강이 거식증으로 괴로워하는 여성의 신체에 놓여 병리학에 기여하는지를 연구한다. 이야기치료는 사람이 거식증에 결부된 처방을 자기 발의로 내세우지 않았다는 견해를 지지한다(이것은 또한 거식증의 감정적인 · 의료상의 · 재정적인 부담이 싸우고 있는 사람의 외로운 투쟁에 놓여서도 안 된다는 믿음을 지지한다; Dickerson & Zimmerman, 1992; Madigan & Goldner, 1998).

거식증 문제의 명백한 상호 관련적 · 사회적 형체화에도 불구하고 섭식장애와 싸우고 있는 사람들에 대한 지배적인 치료는 그 주요한 치료적 포커스를 섭식과 개인의 관계성 위에 둔다("Shari", personal communication, 2003, Vancouver Anti-Anorexia/Bulimia League and weight; Grieves, 1998; Madigan, 1996; Madigan & Goldner, 1998). 개인의 정신건강에 관한 전문가의 견해가 어떤가에 더하여(Gremillion, 2003) 섭식장애 치료에 영향을 주는 전문 사상들은 거식증에 관한 공동체 담론을 통해 지지받는다. 비록 전문가 담론이 종종 그 사안을 어떤 맥락적 설명 또는 연구로부터 거식증을 지지하는 담론의 공동체로 나눌지라도 말이다.

이러한 치료과정에 들어옴으로써 그 사람은 논란의 여지도 없는 날씬함에 대한 문화적 압력, 신체에 대한 끊임없는 주변시선, 성 역할의 중압감을 의심하게 된다. 또한 문화 안에 그토록 많은 사람들이 어떻게 기준 미달이라고 느끼는지, 통제 불능 및 일탈에 대한 느낌을 스스로 탐구하는 데 시간적 여유를 가지게 된다(D. Epston, personal communication, 1991).

무지개 같은 이야기

후기구조주의, 그리고 정체성에 대한 논쟁에서 이야기치료사는 치료 회기를 형성하는 관계적 대화와 논증을 고려한다. 우리는 누구인가 그리고 우리는 삶을 어떻게 실천하는가를 고민하는 많은 논증적 영향력 때문에(K. Gergen, 1989, 2009) 치료사는 그저 중립적인 대화 공간에서 한 사람의 외로운 개인 그리고/또는 가족과 대화를 나누는 것이 아니다 (Madigan, 1996, 2007, 2008; Nylund, 2002a, 2003).

치료사는 내담자들을 둘러싼 자기 자신, 문화, 다른 사람들과 관련지은 그들이 누구인가에 대한 특정 사상을 지지하는 다양한 담론(다른 담론들과 유사한 그리고 다른 다양성도 함께 '앉힌 채')과의 대화를 시도한다 (White, 1991). 따라서 우리는 치료실로 우리를 보러 온 사람들과 절대 홀로 있지 않는다. 우리(내담자나 치료사)가 많은 모바일 담론 장치로 무겁게 눌려 있지만 말이다.

이 사실을 지지하기 위해 우리는 무지개를 잠깐 보는 것을 생각해볼 수 있겠다. 나의 비전문가적 관점에서 무지개는 색, 빛, 그리고 공간의 관계성이고, 그 공간 안에서 색, 빛, 공간의 관계성이 반복되는 관계 속에 존재한다. 달리 말해 특정 맥락 안에서 모든 것이 다른 모든 것에 영향을 미치고 있다(자신의 꼬리를 자르는 뱀처럼).

복잡한 상호작용 체계 대신에 우리는 하늘을 쳐다보는 것을 계속해서 말한다. "와, 무지개의 저 사랑스러운 초록색을 봐요." 우리는 초록색만 본다고 믿지만 실제로는 색 스펙트럼, 오염 상황, 무지개와 관련된 물리적 위치, 무지개의 사회적 구축, 색 등의 농도(초록색에 대한 파란색과 노란색의 영향)와 상호작용 중인 초록색을 보고 있다는 것이다.

이 초록색을 한 가지로 단일화시키는 것은 우리에게 물리적이고 건설적인 맥락에 의해 영향을 받지 않은 단일 색에 대한 착각을 불러일으킨다. 하지만 우리는 실제로 초록색을 보는 것이 아니다. 우리가 우리 자

신과 다른 사람들에게 초록색을 관계 스펙트럼으로부터 분리해내서 초
록색을 초록색으로 규정하는 것처럼, 우리는 단지 색깔이 있는 맥락의
농도를 보는 것이다. 이 무지개 은유를 치료의 특정 문제에 대입하기 위
해(예 : 꼬마 조니의 학교에서 조바심 내기), 한 치료사는 우리가 무지개에
서 초록색을 본다고 믿는 것과 같은 방식으로 문제의 자세한 사실들을
구성하는 데 휘말릴 수 있다는 점을 지적한다. 조바심 문제에 있어 이
특별한 임상적 위치를 취하는 것은, 비록 모더니스트일지라도 대중적인
실천 이데올로기와 협력한다.

　초록색을 보는 것에 대한 모더니스트의 입장이 갖는 어려움은 무지개
라는 맥락을 둘러싼 환경에 초록색을 다시 가져와야 한다는 사실을 잊
어버리는 것이다. 이런 이유로 조바심을 내는 꼬마 조니는 종종 고립된
존재로 취급되고(Goffman, 1961) 관계적 · 언어적 · 정치적 · 경험적 맥락
에서 구별된다. 상당수의 조바심을 내는 '조니'들과 일해본 바에 의하면
나를 보러 오기 전에 종종 선행되는 것은 다음과 같다. 조니의 몸은 전
문적으로 문제와 함께 읽히고 새겨지고 공론화되어 ADD와 ADHD라는
개별화된 병리학에서 널리 채택된 믿음에 맞추어 라벨이 붙는다. 이 검
증되지 않은 이론과 ADD와 ADHD 진료의 방대한 남용(Breggin, 1994;
Nylund, 2000, 2002b), 그리고 이론으로부터 수백만의 꼬마 조니의 몸으
로 흘러가는 그다음의 약물 사용은 대개 초록색을 무지개의 맥락으로부
터 분리하여 보는 치료사와 같다.

　교육 정책, 교육위원회 자금, 부모의 스케줄, 맞벌이 부부의 아이들, 콩
나물 교실, 저임금 교사, 학교의 증가된 폭력과 공포, 당이 배제되지 않
은 다이어트, 수면과 운동 부족 등을 수반하는 보다 폭넓은 관계적 맥락

이 조니의 맥락적 무지개에 대한 고려가 된다.

'현실' 구축

프랑스의 해체주의자(deconstructionist)인 자크 데리다(1991)에 의하면 화자는 오로지 미리 존재하는 프레임 또는 선이해(preunderstanding)의 집합으로 간주될 수 있다. 달리 말해 우리의 발화는 예상의 발판을 기반으로 형성된다(Madigan, 1991a). 즉 우리의 생명이 있는 경험에서 우리가 아는 것은 공동체 담론의 문화적 직조(weave)를 통해 형성된다는 것이다. 예를 들어, 정신의학, 심리학, 사회복지, 인지행동, 정신역학 치료 교육기관에서 교육받는 치료사들은 문제, 가족, 커플, 개인에 대해 그들이 보고 들은 방식으로 '형성'된다.

한스 게오르그 가다머는 우리가 우리의 그림자를 넘어설 수 없다고 하였다(Moules, 2007). 그는 사람들이 과거, 전통, 선조와 계속 이어지는 가닥(thread)으로 연결되었다고 말한다. 우리가 역사적 존재이고 다른 사람들이 물려주었던 전통 밖에 살기 때문에 이것은 인식론적 탐구가 아니다. 그리고 많은 다른 방법으로 전통을 전승할 수 있고, 그것은 또한 우리가 누구인지, 우리가 우리 삶을 어떻게 형성하고 살아야 하는지에 대한 근거를 마련해준다. 이 역사의 메아리는 무심코 그리고 의도적으로 과거와 현재에 있는 새로운 길 둘 다로 우리를 불러들인다. 우리는 과거로 점점 물러나 미래로 확장하는 세상에 살고 있으며, 역사에 대항해 싸우기보다 그것을 기억하고 회상할 필요가 있다. 전통의 위치는 단지 이전으로부터 아치 쌓기가 아니라 우리가 전통 안에 있기 위한 것이다(Moules, 2007).

따라서 치료사가 갖는 각각의 모든 조우는 그들의 인생 속에 존재하는 것의 영향을 받는다(예 : 가족, 학교, 국가, 문화, 인종, 계층, 성생활, 성별). 우리는 우리가 살아가는 관계적 기대의 세부사항을 바꿀 수 있지만 우리가 기대하는 역사와 전통으로부터 완전히 자유롭게 그들의 구속(Bateson, 1979; Watzlawick, 1984)으로부터 절대 완전히 벗어날 수 없다. 우리를 치료사의 상황적 지식으로 향하게 하는 것은 이 상황적 지식이 우리 치료적 대화의 의미론적 의도를 중재함으로써 가능하고, 이는 해석자의 해석상의 전략이라 할 수 있다(즉 Michael White의 '응가'의 공동구축이 무엇이었는지와 이 공동구축이 고객이나 지켜보는 다른 치료사에게 의미하는 것은 아주 다른 것이다).

이야기치료는 그 문제의 현장을 사람/문화/담론/힘의 관계적 행위 안에 둠으로써, 결과적으로 문제를 사람 몸 안에 두지 않는다. 문제에 대한 이야기 접근은 부동산 구매의 황금률과 같다. 위치, 위치, 위치이다! 이야기치료사가 문제를 사람의 몸 안에 두지 않기 위해 후기구조주의적 움직임을 취했을 때 그 사람, 문제, 그리고 치료상의 해결은 관계적으로 매우 다르게 보이기 시작한다.

Epston과 White가 사람을 문제로부터 분리(Epston, 1988)한 것은 치료사와 고객을 전형적으로 심리학적 '과학'의 150년 영역 밖으로 옮겼기에 결코 사소한 걸음이 아니다. 예를 들어, 정신건강 영역에서 읽고 말하고 실천하는 것을 따라 우리가 대학원에서 가르쳤던 많은 것들이 개인의 요구에 맞춘 관점에서 비롯되었다. 이 관점은 자기 자신과 문제의 현장을 사람의 몸 안에 위치시키는 관점을 표한다(Madigan, 1999). Johnella

Bird(2000)는 "관계적 대화는 그 무엇이었던 것 또는 뭔가 주관적인 것을 사람(고객)과 관련된 물체의 상태로 언어화한다."라고 기술했다(p. 43).

　관계적 언어화의 주의(tenet)을 고려한 치료상의 행위는 그 초점을 개인적 자아로부터 항상 관계 안에 있는 자아로 멀리 이동시켰다(Caplan, 1984). 그러므로 우리가 알고 있는 나는 절대 그 자체에 의거하지 않는다. 나는 (항상) 관계[33]의 상황에 놓인 맥락에 있는 존재와 관련되고 알려지며, 경험되어 놓인다.

정체성에 대한 논증

페미니스트인 Jill Johnston은 '정체성'은 "당신이 누구라고 말할 수 있는 무엇, 그들이 무엇이라 말하는 것에 따라 당신이 될 수 있는 것"이라 했다(Foucault, 1989, p. 71). 그녀가 드러낸 정체성은 자유롭게 만들어진 자기 성찰의 산물이 아니고 개인의 내적 자아가 여실히 드러난 것도 아니다(Spivak, 1996). 서구식 정체성에 대한 이해는 제도, 담론, 과학적 증명을 통해 유지되고 형성되어 자유로운 개인주의 프레임워크에 아주 부합한다(Law & Madigan, 1994).

　17세기부터 과학은 몸 연구를 시작했다. 정신의학, 심리학, 그리고 사회복지, 가정치료와 같이 도움을 주는 직업들이 이 과학 프로젝트에 참

---

33) 이 패러다임 시프트를 더 잘 이해하기 위해서는 이야기적 차이점(narrative difference)를 아는 것이 중요하다. "차이를 만드는 것은 바로 차이이다." 일단 차이를 제대로 이해하기 위해서는, 당신이 이미 대학원과 전문 과정에서 배웠던 것과 관련된 '비교적' 실체를 잠시 접어두는 것이 좋다. 이 책을 읽다가 "CBT 수업에서 배웠던 내용이네." 혹은 "동기강화상담에서 했던 훈련과 비슷하네."라는 생각을 한다면 우리가 지금 여행하고 있는 후기구조주의적 필드를 떠난 것이라는 사실을 알아야 한다.

여했다. 왜냐하면 몸에 대한 '타이틀'을 얻으려는 (과학적으로 보이려는) 과학 분야는 몸의 의미가 완전히 투명하게 그리고 자격을 갖춘 전문가에게 접근이 가능하도록 했다. 그리고 내담자와 다른 것을 지지하며 공동체에게는 어느 정도 모호해지도록 했다.

이야기치료의 견지에서 정체성의 개념은 문화적 · 논증적이며 많은 곳에 회자되어 이야기되는 맥락적 · 관계적 특성을 갖는다. 이야기치료는 정체성을 '누군가에게 고유한 것'으로 간주하지 않고 계몽주의적 이해를 적용해서 통합적 원리를 갖는 게 특징이다. 이야기치료가 지지하는 대안적 견해는 어떤 정체성이라도 다른 정체성과의 관계에 기초하여 '자기동질성'이 구성되는 관계의 종류를 고려하지 않고는 아무것도 될 수 없다는 것이다(Sampson, 1993).

이야기치료는 특수한 관심사를 유지하기 위한 수단으로서 지배적인 사회 질서에 의해 구축된 어떤 대화적, 이데올로기적 틀 안에서 정체성이 잉태된다는 사상을 구조화한다(M. M. Gergen & Gergen, 1984). 예를 들어, 정체성과 여자의 지위에 관한 특정한 오랜 종교적 개념들은 사회질서에 대한 신념과 관심을 점유하고 있는 지배적 남성 집단의 환상을 대표한다. 결국, 여자들은 남성 지배적인 구조에서 자신의 정체성을 받아들이고 수행하며, 만일 저항하게 되면 문화적 상충과 직면하게 된다(Caplan, 1995 참조). 예를 들어, 몇 백 년 전에 수천 수만의 여자들이 악마로 간주되었고 가톨릭 교회를 운영하는 동정남들을 위협하는 것으로 간주되었다. 그 위협은 여자들이 마녀로 만들어졌을 때 하나의 의미가 되었다. 그리고 그 여성들은 교회의 질서를 지킨다는 자들에 의해 다양하면서도 악랄한 방법을 통해 살해되었다.

정체성과 우리의 정체성에 대한 우리의 기억은 그 근원과 영향에서 둘 다 매우 정치적이다(Madigan, 1993a, 1993b, 1996). 우리에게 편안하게 협상된 자아들(K. Tomm, personal communication, 1986), 그리고 우리가 일반적으로 기억하는 자아들은 문화적으로 그리고 제도적 규범에 의해 영향을 받았고 재생산된다. 이 정체성과 담론 공동체의 구성원으로 공헌하면서 우리는 이들 지배적인 규범(우리가 안에 있는지 밖에 있는지, 우리가 정상인지 비정상인지, 우리가 규격에 맞는지 맞지 않는지, 우리가 자격이 있는 시민, 부모, 근로자, 연인 등으로 받아들여질지 아닐지)의 관계적 정치 사이의 우리 자신을 체험하게 된다.

후기구조주의자들은 후기인문주의자와 정체성의 분산된 관점을 주장한다(Butler, 1997; Hoagwood, 1993; Huyssen, 1990). 이 입장은 어떠한 고정된 자율인격, 원작자(대화 또는 다른 문제의) 또는 자아를 구성하는 것의 주어진 현실(Spivak, 1996)로 보는 기존의 심리학 개념을 흔들어놓았다.

세기가 바뀌는 가운데 출현한 러시아 심리학자 비고츠키에 따르면(Daniels & Wertsch, 2007), 모든 고등 정신 과정들은 두 번 존재한다. 한 번은 적절한 집단 안에서, 문화와 역사에 의해 영향을 받는다. 그리고 다음은 개인의 마음속에 존재한다. 그러므로 개인의 발전은 개인적인 성숙[34]인 만큼 대인관계에 종속적이다. 비고츠키는 1920년대 후반부터 1930년대 초반까지 모든 배움은 사회적이라고 주장한다. 그의 이론들은 그 당시 아동발달에 관한 지배적인 이론들에 직접적인 반박(피아제 같은

---

34) Michael White에 의하면 비고츠키는 다음의 범주를 '근접발달 영역'으로 명명하였다. 즉 임상현장에서 우리는 치료적 대화 속에서 사람들이 주어진 한계(친숙하고 잘 알려진 영역에 국한된)를 넘어설 수 있도록 한 것이다(M. White, personal conversation, 2004).

발달 이론가에 차별을 두면서)이었다. 비고츠키(1978)의 유명한 구절은 다음과 같다.

> 아이들의 문화적 발달에 모든 기능은 두 번 나타난다. 처음은 사회적 단계이고 두 번째는 개인적 단계이다. 처음은 개인 간(inter-psychological)이고 다음은 개인 내(intra-psychological)이다. 이것은 자발적인 주의, 논리적 기억, 그리고 개념의 형성에 똑같이 적용된다. 모든 고등 기능들은 개인들 사이의 현재 관계에서 비롯된다(p. 57).

1930년대 초반 러시아 심리학자이자 언어학자였던 Mikhail Bakhtin 은 우리는 다른 사람들의 정체성을 이루는 직접적인 공헌자라고 제안했다. Bakhtin은 다음을 말하면서 자아의 관계적 관점을 설명했다. "나(I) 는 내가 볼 수 있고 내가 이해할 수 있고 나에 대한 다른 사람들의 이미지로부터 도용된 범주 속의 나의 다른 보이지 않는(이해할 수 없는, 쓸모없는) 자아를 입는다." Bakhtin의 믿음은 다른 사람이 개인적 자아를 구성하는 데 중심적 역할을 한다는 것이다. 그리고 다른 사람과 진행 중인 관계가 없다면 우리 자신은 보이지 않고 이해할 수 없고 쓸모없을 수 있다. 다른 사람은 우리가 사회적 세계에서 가능한 제대로 작용할 수 있도록 우리에게 의미와 자신에 대한 이해를 가져다준다(Liapunov & Holquist, 1993). 우리가 갖는 우리 자신에 대한 지식은 사회 실천을 통해 나타난다. 상호작용, 대화(dialogue), 그리고 다른 사람들의 반응에 대한 대답(conversation)[35]이 그것이다.

Bakhtin은 다음과 같이 말한다.

---

35) 이러한 상호작용은 우리가 수동적이게 하지도, 수사학적인 표현 없이 이뤄지는 대화를 하도록 이끌지도 않는다(Billing, 1990; Sampson, 1993).

우리는 현재 수반되어 있는 실제 다른 사람의 대답을 예상하면서 우
리 자신의 행동을 본다. 상상된 다른 것, 우리와 현재 수반된 사람들
의 성격을 포함한 것, 역사적인 다른 것, 우리 자신의 과거뿐만 아니
라 문화적 이야기의 성격을 포함한 것, 일반화된 다른 것, 주어진 공
동체가 그것의 지각과 그 구성원이 이해를 체계화하는 것에 의해 보
통 언어 형태로 가져온, 우리를 우리에게 다시 반영하며 활용하는 것
을 배운다(Sampson, 1993, p. 106).

우리는 그러므로 서로 다른 사람의 정체성 발현에 공동 공헌자들이다.

이 관점에서 사람들이 맞닥뜨리는 문제는 대화적 맥락에 놓일 수 있
고 개인적 자주권 아래에는 놓일 수 없다. 실천의 이야기치료 방식에
서 우리 삶의 문제로 포화 상태인 이야기들은 보다 선호되는, 대체적
인, 또는 종종 소외된 담론 속에 위치한 부수적인 이야기들을 잃어가며
그들의 권력을 얻으려는 것처럼 보인다. 이 소외된 담론은 문화적 이야
기를 안내하면서 그들의 동의를 통해 지배적 명성을 얻은 담론에 의해
밀려난다. 또한 '보이지 않게 된' 지식과 실천의 한 형태를 드러내준다
(Spivak, 1996). 이들 예속화와 정상화 이야기의 예들은 자본주의, 공산주
의, 정신의학/심리학, 가부장제, 기독교, 이성애규범성[36], 유럽중심주의
이다.

또한 흔히 채택되는 건강한/건강하지 못한, 정상적인/비정상적인, 기
능적인/기능을 못 하는 것과 같은 이분법적 기술어는 사람이 주어진 맥

---

36) 이성애규범성(heteronormativity)이란 (1) 사람들은 남성/여성으로만 구분하고 반대의 성
    별을 가진 사람과만 사랑에 빠지며, (2) 이성애만이 유일한 성적 방향성이며, 성적인
    관계는 오로지 반대의 성과 이어질 때만 가능하다고 생각하거나 추측하는 일련의 생
    각과 규율을 말한다. 따라서 이성애규범적인 관점은 생물학적 성별, 성 정체성, 성 역
    할을 두 가지 성별에만 나눠서 생각하는 태도를 의미한다.

（제3 장 | 이론 ----- 83）

락에서 경험에 새겨질 수도 있는 개인적 그리고 문화적 의미만큼이나 살아 있는 경험의 복잡성을 모두 무시한다(Foucault, 1965, 1994a, 1994b; Madigan, 1992, 1996, 2007; Madigan & Law, 1998; Nylund, 2007b; Nylund, Tilsen, & Grieves, 2007; Tilsen & Nylund, 2008, 2009 참조). 예를 들면 다음 과 같다(Madigan, 2008 참조).

> 많은 심리치료 서비스의 중심은 고객의 삶의 문서화와 이름 적기(고객 은 누구인지) 및 쓰기 실행의 이중 프로세스이다. 우리가 무엇을 어떻 게 확인하고 문서화하는지 제도적 · 정치적 · 경제적 구조의 집합을 통 해 체계화된다(p. 89).

우리 문화의 지배적인 인문주의자 심리 운동의 중심은 자기결정(self-determination)과 자아의 독립적 초월(transcendence)을 통한 성장에 있다 (Spivak, 1996). 푸코는 우리의 모든 행동, 즉 먹기부터 입기, 일하기는 우 리의 지배적인 규범적 문화적 담론에 묶여 있고, 이를 통해 영향을 받기 때문에 달성하기 어려울 것이라고 말했다.

인문주의에 병행하는 비평에서 이야기치료사 Michel White(1997)는 상당히 '제한적'이어야 하는 치료 문화의 식별된 자아의 인문주의 개념 아래에 놓인 본질주의(essentialism)를 고려했다. White(1997, 2004, 2007) 는 이야기치료의 실천이 '심리 해방의 담론'을 수반하는 '재활용된 구조 주의자/인문주의자 심리 실천'이라고 믿지 않는다고 했다. 그는 이야기 치료가 사람을 도전하게 하고 탄압의 힘을 뒤집도록 도와주며 그들이 '진정한 그들'이 되도록 자유롭게 만든다고 하였다. 그래서 그들이 '진 짜임'을 식별하고 이것에 진짜 표현을 줄 수 있게 하는 하나의 진동 접 근이 아닌 것을 사실로 받아들였다(White, 1997, p. 217). 이야기치료는 사람에게 그 자신 또는 그녀 자신을 그리고 다양한 관점으로 문제들을 보도록 관계적 맥락을 제공한다.

이야기치료는 사람을 문제의 정체성 사이에 고정된 것으로 보지 않는다. 한 사람의 정체성은 정치와 문화적으로 만들어지고 구성된 자아의 권력 놀이 사이에 놓인다(Foucault, 1973, 1977; M. White, personal communication, 2004). 예를 들어, 사회보조기금으로 살고 있는 유색 인종이며 세 살 미만의 두 아이를 둔 편모가 자신의 걱정거리를 상의하기 위하여 사회복지사를 찾아왔다. 그 상담에서는 어떻게 그녀가 자신을 향상시키고 그 걱정거리를 중지할지에 중심을 두지 않는다. 이 여성의 경우에는 성, 인종, 가난의 정치를 다루지 않는 그 어떠한 이야기치료 상담도 비윤리적으로 보일 것이다.

미래에는 새롭게 진화하는 많은 이론적 이슈들 그리고 이야기치료에 영향을 줄 가능성이 큰 사회 운동이 있을 것이다. 이야기치료 이론이 앞으로 나아가긴 하지만 탈개인주의, 권력 관계의 고려와 구조적 불평등성, 소외된 목소리 듣기, 그리고 사람들이 어떻게 우리 문화에 반응할지에 대한 경탄과 상상 같은 몇몇 아이디어들은 치료과정에 변함없이 남아 있을 것이다(Tilsen & Nylund, 2009).

4

치료과정

우리가 살고 있는 사회에서 실제 정치적 문제는 중립적이고 독립적으로 보이는 기관의 결과물을 비평하면서 생긴다. 그리고 그것들을 비평하고 공격함으로써 해당 기관들을 통해 항상 모호하게나마 실행되어오던 정치적 폭력의 맨얼굴이 드러나게 되고 아무도 쉽게 그들에게 맞서 싸우지 않게 된다.　　　― 미셸 푸코(촘스키와 푸코, 인간의 본성을 말하다)

새디에이고주립대학교 여성학 명예교수인 Oliva Espin(1995)은 본질적인 것에만 충실하면서 장애를 다룸에 있어 과학적으로 증빙이 가능해야만 한다는 전통적인 방법을 비판했다. Espin은 현대의 과학적 치료법이 유색인 내담자에게 유익하지 않다고 주장했다. 백인 기준의 잣대로 보고 그들을 비정상이라 진단했기 때문이다(Nylund, 2006a).

이 장은 치료적 대화를 위한 워크숍에서 Stephen Madigan이 활용한 부분을 인용한다. I. McCarthy와 J. Sheehan이 편집한 책 *Hope and Despair in Narrative and Family Therapy*(2008)의 100~112쪽에 Madigan이 쓴 'Anticipating Hope Within Conversational Domains of Despair'서 재인용한 부분도 있다. Copyright 2008 by Bruner Mazel, London의 허락하에 인용한다.

Espin에 따르면 많은 치료들이 무심코 인종차별적 담론들을 양산해낸다. Espin(1995)은 다음과 같이 말한다.

> 사회구성주의자들의 패러다임은 심리적 특성이 자연적이거나 개인적혹은 여러 단체의 특징을 보이는 본질적인 것이라기보다는 사회적·역사적 부산물로 보았다. 이러한 접근은 기존 심리학에서 채택했던전통적 패러다임보다 다양성을 연구하는 데 좀 더 생산적이다(p. 132 -133).

White와 Epston(1990)에 있어 치료사들은 "사람들을 지배 이데올로기로 예속시키려는 기술에 도전하는 정치활동을 피할 수 없다"(p. 29). 이야기치료사 David Nylund(2006a)는 치료사란 항상 힘과 지식의 영역에서 일하고 있고 사회 통제 시스템의 영향력하에 있음을 인식하고 있어야 한다고 충고했다.

제시의 이야기

나는 열한 살의 아프리카계 미국인 소년 제시를 시카고에서 이야기치료 상담, 시연, 그리고 이야기치료 훈련 비디오 촬영의 일환으로서 만났다(지리적 요인 때문에 나는 제시와 그의 아프리카계 미국인 어머니와 한 번의 치료 회기를 가졌다). 우리의 만남에 앞서 나는 제시가 최근에 백인인 남자 반친구를 폭행해서 학교에서 정학을 당했다고 들었다(Carlson & Kjos, 1999). 학교장, 학부모, 교사들은 그를 법정으로 보내는 것을 지지했었다. 법정은 분노관리에 대해 법원 명령에 따른 치료를 받도록 판결을 내렸다. 제시와 어머니 모두에 의하면 그 폭행에 연루된 백인 아이가 먼저 제시를 때렸고, 두 아이로부터 '장난으로 치고받기'로 인지되었기에 제시의 정학과 치료 명령은 공정하지 않았다. 제시의 백인 반친구는 정학을 받지 않았고 어떤 다른 질책도 받지 않았다.

제시는 청소년 법정 시스템에 의해 상담에 의뢰되었다. 어머니에게 왜 여기에 오게 되었다고 생각하느냐고 물었을 때 그녀는 "제시에게 상담은 필요하다고 생각하지 않지만 조언이 필요하다."고 대답했다. 대화를 좀 더 분석하자 어머니는 '장난스러운 때리기'를 주고받은 백인 반친구 어머니의 주장 때문에 제시가 법정에 보내졌다고 설명했다. 제시는 내게 그것들은 '아프게 하려는 때리기'라기보다는 '장난치기 종류의 때리기'였다고 설명했다. 또한 장난치기 종류의 때리기가 발생했던 화장실에서 교실로 돌아가는 길에 그와 반친구는 함께 웃었다고 말했다.

상담이 진행되면서 어머니는 아들이 학교에서 정학을 받은 것만 아니라 법정에서 폭행죄로 기소되었고 1년의 보호감찰에 맡겨졌으며 사회봉사활동 40시간이 주어졌고 300달러의 벌금이 부과되었다고 말했다. 어머니는 "백인 판사가 제시를 마치 알고 있었던 것처럼 대했다."라고 말했다.

법정 절차가 끝난 후, 백인 반친구의 어머니는 '가혹한' 처분 때문에 어머니에게 사과했다. 그녀는 보아하니 '가벼운 꾸지람' 정도로 법정 절차를 받을 것으로 생각하고 시작했던 것 같다. 제시가 백인이었다면 그녀의 생각대로 법정 절차가 이루어졌을 테고 사과할 필요가 없었을 것이다. 제시의 어머니는 모든 사람이 법정에서 평등하게 다루어지지 않는다는 교훈을 다른 어머니들이 알기 바란다고 말했다. 제시는 지배적인 내면화된 인종차별 입장을 '알지 못하는' 백인 어머니에 의해 고통을 받았다.

한 시간의 회기 동안 나는 인종적 이슈가 제시에게 어떻게 보여졌고 그 결과 어떻게 다루어지는지 그 영향력이 궁금해졌다. 나의 견해는 제시는 분노관리 상담이 필요 없다고 판단된다(그리고 나는 어떻게 분노관리 상담을 하는지 몰랐고 그것에 관심도 없었기에 잘된 일이었다). 대안으로 나는 제시의 곤경에 처한 위치를 확인하고 이해하고 설명하기 위해 내재화된 인종차별의 주제를 둘러싼 이야기치료 질문들을 내놓기 시작했다. 회기 중 권력 및 특혜가 있는 사람이 되게 하는 것과 어머니가 나와 논의하기에 충분히 안전하다고 느껴서 인종 이슈를 꺼내는 것은 나에게 달려 있었다(K. Hardy, personal communication, 2004). 나는 다음과 같이 논증적 상호작용을 했다.

Madigan (어머니를 향하며) 제시가 받은 대우와 인종이 관련이 있다고 생각하십니까?

어머니 그렇게 생각해요. 만약 백인 소년이었다면, 백인이었다면…. 백인 소년 2명이 그런 장난을 했다면, 법정까지 가지 않았을 거라 생각해요.

Madigan 다른 아이가 백인이라는 것을 말하는 건가요?

어머니 네. 그래요. 그 애는 나쁜 아이도 아니에요. 단지 그 부모가 일을 크게 만들었어요.

Madigan 어머니로서 제시가 피부색 때문에 법적으로나 교육체계에서 다르게 취급받는다는 걸 어떻게 느끼시나요?

어머니 음, 기분 나빠요.

Madigan 어느 부분이 가장 좋지 않나요?

어머니　이 새 학교가 흑인 아이들을 잘 받지 않는다고 들었어요. 그래서 그 아이들은 정말 조심해야 했을 거예요.

　대화가 계속되면서 나는 젊은 아프리카계 미국인 남성을 정상에서 벗어난, 행위장애, 그리고/또는 범죄자라는 꼬리표 붙이기와 같은 인종차별주의자의 사회적 현실을 해체하기 시작했다.

Madigan　(어머니에게 물으며) 학교에서 아프리카계 미국인 아이들의 문제(관계적으로 표면화된 문제)를 더 빨리 찾을 것이고, 그 문제 판단을 학교의 백인 아이들보다 공정하지 않게 진행시킬 거라고 생각하나요?

어머니　네, 그렇게 생각해요.

Madigan　(회기 마무리에) 마지막으로 하고 싶은 말이 있나요?

어머니　이 이야기를 말하게 될 줄 몰랐었지만 이 이야기는 사실이라고 말하고 싶어요.

Madigan　저는 정말로 당신의 이야기를 믿는다고 말하고 싶어요. 제가 할 수 있는 그 어떠한 방법이라도 당신의 이야기를 후원하고 싶네요. 그리고 이런 이야기가 당신에게 일어난 일이라는 사실이 아주 슬픕니다.

어머니　네, 저 역시.

Madigan　저는 여기 당신과 함께 있는 사람으로서 말하고 있고 또한 한 백인으로서 말하고 있어요. 와주셔서 그리고 우리와 이야기를 공유해주셔서 감사합니다.

어머니　네, 정말 감사해요.

　　회기 후에 나는 제시가 학교, 상담사, 사법 시스템에 의해 받았던 처우에 관한 질문과 우려를 담아 학교 교장에게 편지를 썼다(사례 4.1 참조). 나의 주된 우려는 제시가 학교 기록에 얼마나 위험하고 폭력적인 학생으로 기록될 것인가였고 이 기록이 그를 따라다닐 뿐만 아니라 그의 평판과 그의 미래 그리고 학업 경력에 오랫동안 미칠 부정적 효과였다.

　　또한 회기 이후에 제시가 속한 공동체 구성원들에게 치료상의 편지를 써서 제시에 대해 다른 이야기를 하는 사람을 모으는 데 시간을 보냈다(사례 4.2 참조). 그들에게 편지를 쓰면서 나는 제시가 좋은 아이라는 평판을 지지하는 지금의 정반대되는 기록이 만들어지길 기대했다.

　　제시와 어머니의 치료상 이야기(사례 4.3 참조)는 일반화된 증거나 논쟁 없이 판단을 통해 문제가 개인에게 종종 어떻게 새겨지는지를 보여준다. 이 경우 학교, 부모, 판사, 심리학, 그리고 제시의 평판과 성격에 관한 보호관찰 시스템이다. 이런 종류의 일종의 획일적인 심리적 '이름 붙이기'는 구성된 사람들의 면면에 대한 이해보다는 관계중심적이고 맥락적 설명으로 이 가족들을 더 힘들게 하고 있다. 이 열한 살의 아프리카계 미국인 소년이 어떻게 묘사되고 훈련받고 처벌되어 왔는지는 사람(이 경우에는 젊은 아프리카계 미국인)에 관한 우리 공동체의 지배적 생각들과 강한 관계가 있다. 제시에 관한 이 생각은 지배적인 생각, 당연한 것으로 여겨지는 개념, 징계 판단, 그리고 아무렇게 그의 정체/신체에 던져버린 것에 의해 구성되고 형성되었다.

　　이야기치료의 실제는, 사람은 이야기(이야기 또는 텍스트 은유의 사용)를 통해 삶을 체계화한다는 생각을 전제조건으로 한다. 내담자가 우리와 대화를 나누러 올 때 대개 이야기를 통한 그 또는 자신의 인생 이야

사례 4.1 ■ 학교 교장 선생님에게 보낸 편지

친애하는 _____씨

저는 Stephen Madigan 박사입니다. 지난주 당신의 학생 중 한 사람인 제시와 그의 어머니와 이야기하는 기쁨을 누렸던 가족 치료사입니다.

제가 편지를 쓰는 이유는 어떤 종류의 위험에서 좋은 학생, 친구, 그리고 아들로서 제시의 평판을 형성하게 했던 지난 가을 사건에 학교의 참여 의도에 관한 우려를 표현하기 위해서입니다. 제시가 분노조절 치료가 필요하지 않다는 것은 아주 분명합니다.

현재 저의 주된 우려는 학교 프로그램 학생으로서 제시에 대한 미래 평판입니다. 법정이 그에게 순식간에 내렸던 평판은 부당하며 이 부당한 평판이 그의 학교생활로 기록될 사실이 두렵습니다. 제시가 폭력으로 기소되었고 보호관찰을 받았으며 40시간의 지역 봉사활동과 함께 무거운 벌금형을 받았다는 것이 문서화되는 것이 두렵습니다. 이 부정적 문서화가 선생님, 친구들, 그리고 그를 다루고 상호작용하는 행정부에 어떻게 부정적으로 영향을 끼칠지를 걱정하고 있습니다. 또한 이 부정적 평판이 제시의 태도에 어떻게 영향을 끼칠지도 걱정됩니다.

학교장으로서 당신은 학생이 나쁜 평판 아래 사는 것이 얼마나 어려울지 분명히 아실 것입니다. 그가 받은 가혹한 개인적 그리고 경제적 처벌은 받을 만큼 받았고 저는 인종·사회적 지위 그리고 계층 같은 다른 요인들이 그의 선고에 영향을 끼쳤을 것이라 생각합니다.

이것과 관련하여 당신과 이야기하도록 시간을 내주시면 감사하겠습니다.

진심을 담아
Stephen Madigan, MSW, MSc, PhD

기를 연관 짓는다(Dickerson, 2009). 내담자들은 시간의 흐름 속에서 일어났던 삶에서의 사건과 생각들을 이야기하는데, 이 이야기는 내담자가 안고 있는 문제, 병리적인 것 그리고 관계성과 연결되어 있다(J. Bruner, 1990). 대개의 경우 치료현장에 가져온 주제가 무엇인지를 알기도 하고,

사례 4.2 ■ 제시를 지지하는 집단에 보낸 편지

안녕하세요. 저는 Stephen Madigan 박사이고 제시와 그의 어머니 입장에서 일하고 있는 가족치료사입니다. 저는 제시가 맞닥뜨렸던 불행한 법적 문제와 관련하여 당신의 지지를 묻고 생각을 공유하기 위해 글을 씁니다.

제시와 그의 어머니는 분노관리 상담을 위한 청소년사법제도에 의해 제게 의뢰되었습니다. 뭔가 크게 잘못된 일이 제시에게 발생했다는 것이 금방 확실해졌고, 그 결과로 그가 애써 얻은 좋은 학생, 친구, 아들로서의 평판이 나빠질 위기에 빠졌습니다.

그와 다른 학생의 '장난스러운 때리기'란 자백 때문에 제시가 법정에 가게 되었던 것을 아십니까? 그에게는 무거운 벌금형 및 보호관찰과 사회봉사 활동 시간이 부과되었습니다. 그 백인 반친구의 어머니는 '가벼운 꾸지람' 정도 받을 것이라 믿었기 때문에 제시를 법정 출두시킨 것에 미안해했던 것을 아십니까? 제시 어머니 말씀에 의하면, 판사가 그를 '이미 알고 있었던 것처럼' 다루었다는 것을 아십니까?

제시와 어머니는 그가 다니는 학교가 "교실에 아프리카계 미국인 학생이 있는 것에 아직 익숙하지 않다."는 것을 알려주었습니다. 저는 당신이 이것에 대해 어떻게 생각하는지, 그리고 이것이 학교와 법정에서 어떤 영향을 주었다고 생각하는지 궁금합니다.

이런 불행한 법적 경험을 통해 제시가 영원히 폭력적인 사람, 믿지 못할 사람, 부정적 학생으로 보이게 되는 것이 걱정됩니다.

아마 당신들 모두가 깨달았듯이 제시는 학교와 법률 시스템이 부여한 순식간에 내려진 평판을 받아서는 안 됩니다. 저는 착하고 열심히 공부하는 학생/아들/친구라는 진짜 평판을 되찾고 그에 반대되는 이 나쁜 사람이라는 평판에 맞설 수 있도록 지원을 요청하며 글을 쓰고 있습니다.

만일 가능하다면 제시를 지지하는 입장에서 그를 지지하는 편지를 쓰는 것을 요청합니다. 그에 관한 당신의 경험, 그가 당신에게 어떤 의미인지, 제시의 미래를 어떻게 보고 계시는지를 포함해서 부탁드립니다.

＿＿＿＿＿＿＿＿＿로 제시에게 편지를 보낼 수 있습니다.

당신의 도움에 감사합니다.

스테판, 제시, 그리고 그의 어머니 드림

사례 4.3 ■ 제시와 그의 어머니의 회신 편지

다음 편지는 네 번째 회기 상담 후에 받았다.

친애하는 Stephen 씨

우리를 도와준 것에 아주 많이 감사합니다. 저희는 제시에 관한 수많은 따뜻한 편지들을 받았습니다. 제시는 그것들을 읽고 기뻐했고 저도 그렇습니다.

교회의 목사님과 친구들, 사회봉사자 그리고 몇몇 이웃들이 제시의 교장 선생님과 선생님들을 만났습니다. 저는 몇몇 미팅에 참여했고 제시에게 일어났던 일에 모두가 미안해한다고 생각합니다. 교장 선생님은 제시가 얼마나 착한 아이인지 안다고 말씀하셨고 이것은 우리를 정말 기쁘게 했습니다. 목사님은 교장 선생님을 꾸짖었고 판사에게 편지를 쓰라고 말했지만 어떤 일이 벌어질지 누가 알겠어요.

제시는 학교에서 다시는 그 어떠한 나쁜 짓을 안 할 것이고 선생님이 자신에게 잘해주고 있으며 네 과목의 시험에서 완벽한 점수를 받았습니다. 선생님은 제시가 대부분의 다른 아이들보다 똑똑하다고 말했습니다.

법정에 우리를 위해 지불해주신 것에 감사 드립니다.

다음에 뵙겠습니다.

자랑스러운 제시 엄마 드림

내용 속에서 그들의 신념이 무엇인지, 누구 혹은 무엇 때문인지 이야기한다. 치료를 받으러 올 때 치료 목적에 관한 지배적인 이론이 있고, 이 이론은 내담자 혹은 내담자 상황을 표현하는 데 한계가 있다.

이야기치료의 실제는 사람들이 지배적인 문화 집단에 의해 형성되었다고 간주되는 대화적 관계성을 통해 자신이 누구인지—그리고 다른 사람들과의 관계에서 자신은 누구인지—에 관한 이해를 한다는 생각에 기반을 두고 있다. 그들의 다양한 이야기 구성을 위해 내담자의 이야

기는 개성이 존재하는 영역과 개성의 영역 그리고 어떤 훌륭한 문학작
품 속에서나 가능할 것 같은 방법으로 '배경' 이야기를 끄집어낸다. 비
록 삶을 살고 자신에 관한 이야기를 구성하더라도, 이들의 이야기는 또
한 다른 사람들의 삶을 구성하게 된다(Bakhtin, 1986; J. Bruner, 1991; K.
Gergen, 2009; Parker, 2008; White, 1995a). 만약 예를 들어, 아주 어린 나이
부터 소외된 계층 출신의 사람이 어찌됐든 그 또는 그녀가 보통의 사람
들보다 뒤떨어진다는 판단을 했다면 그 사람이 보통 사람으로서 어떻게
행했는지는 지배적인 문화 집단의 규정이다. 그런 판단은 지배적이고
그것이 정당하다고 보는 사회적 구성물의 영향에 의한 것이다(K. Hardy,
personal communication, 1998; Tilsen & Nylund, 2009; Hardy, 2004; White,
1987, 1988).

　　이야기치료사는 치료에 온 사람들이 문제중심적이고 정체성이 결핍
된 결론을 내리는 데 그들만의 책임이라고 보지 않는다. 예를 들면, 유
치원에서 '부적당'(아마 유치원에서 '적절하게' 여겨지는 행동에 대해서)하
다고 낙인찍힌 아이를 둔 어머니들은 아마 자신들 스스로를 부적당하다
고(우리 문화에서 어머니를 비난하는 지배적인 생각에 따라; Freeman, Epston,
& Lobivits, 1997) 비난할 것이다. 외모 지상주의에 시달리는 어린 소녀들
은 개인적으로 실패했다고 느낀다(Dickerson, 2004). 자녀들과 더 이상 시
간을 보낼 수 없는 이성애자 집단에 속한 사람은 사회적으로 찢기고 부
적절하다고 느낀다(D. Grigg, personal communication, 2007). 동성애나 양
성애에 호기심을 느끼는 고등학생은 두려운 비밀을 갖게 되고 개인적인
수치감에 빠진다(D. Nylund & J. Tilsen, personal communication, 2006).

　　치료 시 이런 사람들의 계속되는 이야기는 종종 '그들의' 문제에 대해

구체적으로 '개인적 책임감'을 고수하려고 하고 '고치려는' 필사적인 욕구를 갖고 온다. 이러한 개인적 책임감이라는 당황스러운 인본주의 개념은 일상의 문제들을 집단화시키고 경험하고 재생산하며, 지배적 문화와 관련된 상황에서 뒤처지게 만든다.

문화적인 기대에 미치지 못한다는 신념은 대안적인 기술, 능력, 신념, 가치, 수행, 성취 능력(지배 규범의 매개 변수 안에서 살기/살아남기 위한 수단으로서)의 효과를 감소시킨다. 치료사와 내담자는 재저작의 과정을 통하여 좀 더 크고 다층적인 문화 상황 속에서 개인화된 문제 이야기에서 풍부하고 심층적인(Geertz, 1983) 이야기들(초기의 문제 기반의 전혀 다른 경험의 서술에서 출현; White, 2005)로 그들의 토론을 진행해나간다.

이야기치료 상담은 개인의 삶 속에서의 경험과 행위에 대한 이야기를 기반으로 한다(Nylund & Hoyt, 1997; White, 1987). 이야기치료사들은 행동의 범주인 행동결과에 관심을 두지 않는다. 대신 행위와 상호작용—내담자의 경험, 반응, 성찰이라는 행위와 상호작용—에 관심을 둔다. 이야기치료의 실제에서 문제는 지배 담론, 표현, 반응, 문화적 규범 안에서 해석된 상황적이고 관계적인 것으로 본다. 이러한 공동작업은 이야기의 핵심적 배경—사람은 사람이고, 문제는 문제이다—을 제시한다. 그런데 사람과 문제는 분리되어 있지 않고 문화적으로 산만하고 복잡하게 혼재되어 있다.

재저작 대화

재저작 대화[1](White & Epson, 1990)는 이야기치료 실제의 핵심 특성이다. 재저작 대화는 무시되어왔던(이야기된 문제 이야기로 가려져 있던) 삶의 사건과 영역을 끄집어내도록 내담자를 초대하는 것이다. 이것은 아마 강요에 의해 성취한 것을 포함한다. 이는 성장을 위한 필살기, 관대함, 윤리적 자세, 친절함 같은 삶 속에서 무시된 개인적 특성이다. 이러한 것들은 지배적인 문제 이야기 속에서는 나올 수가 없다. 이렇게 이야기되지 않은 이야기들은 문제 이야기를 이야기할 때는 안타깝게도 내담자와 치료사에게 무시되어 내담자의 이야기가 가려질 수 있다.

내담자의 삶에서 무시된 사건들은 예외적 상황 혹은 독특한 결과[2]로 여겨지고 재저작 대화의 시작점으로, 대안적 이야기의 발전에 사용된다. 종종 이러한 대화들은 내담자가 말하는 자신의 이야기에서 호기심과 감사를 더 자극한다. 이런 대안적인 이야기와 선호하는 삶과 관계를 재수집한 이야기들은 좀 더 폭넓고 풍성한 이야기를 만들어간다(Hall, McLean, & White, 1994).

이야기치료사들은 대안적이거나 부속되는 이야기를 확장시키기 위해 질문을 하는데, 제롬 브루너(1990, 1991)가 **행위의 관점**(landscape of action)과 **정체성의 관점**(landscape of identity)[3]이라고 부른 교섭 방식을 사용한

---

1) 재저작 대화에 대한 최고의 자료인 Michael White(1995)의 책인 *Re-Authoring Lives: Interviews and Essays* 참조

2) 독특한 결과에 대한 좀 더 깊은 논의를 위해 덜위치센터에서 발행된 Epston(1988)의 *Collected Papers*와 White(1989)의 *Selected Papers*를 추천한다.

3) 브루너의 정체성 관점과 정체성 관점 질문에 대해 좀 더 깊은 논의를 위해 J. 브루너 (1990) 그리고 White와 Epston(1990)의 글 참조

다. 행위의 관점 질문은 개인의 삶의 이야기에 일어난 사건에 초점을 둔다. 이러한 질문들은 사건, 상황, 순서, 시간, 구상으로 구성된다(M. White, personal communication, 1991). 정체성 관점의 질문은 행위 관점의 질문에 대한 반응으로 내담자가 행위와 일의 순서, 주제에 대해 어떤 결론을 지었는지에 대해 묻는 것이다. 정체성 관점의 질문은 문화적 정체성, 강요된 이해, 학습, 현실화의 범주와 연결이 된다.

　행위 관점과 정체성 관점의 질문들을 묶어서 내담자가 사건을 이해하는 데 독특한 결과와 반짝이는 성장점을 찾아 들으면서 내담자의 삶과 관계를 재저작하는 데 사용한다. 치료사는 그 문제 이야기를 형성하는 데 누가 개입되어 있는지, 어떤 문제적 방법으로 내담자 스스로를 이해하는지, 문제를 체계화하는 데 돕는 삶의 모습이 있는지, 문제와 관련된 관계가 있는지, 문제로 인한 손실에 대한 반응으로 저항이 있었는지, 이러한 모든 사건이 이야기에서 어떤 의미를 가지는지에 대해 충분히 이해해야 한다.[4)]

　첫 번째 치료적 대화 동안, 치료에 온 내담자는 이야기치료사의 분리된 서술에 참여한다. (1) 문제로 포화된 이야기와 (2) 문제 이야기에 대한 대안적인 구상이 그것이다. 호기심과 질문으로 점점 발전해가면서 이야기치료사는 (1) 행위 관점의 질문들(순서, 시간, 누가, 무엇을, 언제와 같은 것으로 구성된 사건)과 (2) 정체성 관점의 질문들(동시대의 문화 범주로 형성된 정체성 결론, 즉 이야기에 대한 내담자의 결론; J. Bruner, 1990; Winslade & Monk, 2007)로 정리한다.

---

4)　Medigan의 워크숍 유인물인 Therapeutic Conversations Conference, http://www.thera peutic-conversation.com 참조

개인의 정체성과 삶에 관한 이야기는 정신/마음의 관점(M. White, personal communication, 1992)을 구성하는 것으로 여겨질 수 있으며, 정신은 정체성과 행위의 관점을 통해 구성된다. 대안이 되는 정신/마음의 관점은 화려하게 묘사되거나 재구성될 수 있는데, 그것은 바로 이야기치료의 질문들을 통해서이다.

재구성된 대화는 정보에 대한 이해들을 정제시키고 그 간극을 강조함으로써 내담자의 감정과 이야기의 의미에 새로운 힘을 주는 작용을 한다. 이렇듯 새롭게 재수집된 정보는 현재 말하고 있는 문제중심의 이야기 안에서 변화를 일으킨다. 질문은 내담자의 능력과 희망, 꿈 그리고 약속에 관련된, 숨겨진 선호할 수 있는 정보와 경험을 발굴하도록 한다. 대화는 지루하고 흔히 회자되는 이야기로부터 새롭고 활기가 넘치는 다시 쓰는 이야기(역량과 중개 그리고 지식의 이야기로 완비된)로 전환시킨다.

다른 관점들을 결합시키는 이야기치료는 다음과 같다.

- 한 개인의 '알고 있는' 그리고 기억되고 있는 문제의 정체성이 어떻게 영향을 받았고 제작되고 또 유지되어 왔는지에 대해 질문한다.
- 사회적 요구의 어떠한 측면이 기억된 문제를 지속적으로 유지하도록 하였는가에 대해 질문한다.
- 체험된 경험들과 선택적 방법들을 떠올리는 것으로부터 억제되었지만 기억된 문제 자체를 유지하게 하는 문화적 장치들을 찾아낸다.
- 문화적·전문적 그리고 문제의 존재 형태 외부에 있는 종속된 정체성의 이야기를 어떻게 새롭게 기억하도록 개시할 수 있는지에 대해 질문하면서 저항의 다른 면들을 찾아낸다.
- 어떻게 담화 공간은 재기억되고 선호된 자기(self)의 수행을 위해

지지하고 저항하기도 하며 드러난 다른 산만한 관행과 가능성에
어떤 여지를 남기고 있는지 영향력 알아본다.

■ 관련된 공동체 안에서 신변 안전을 제공하고, 재기억의 실마리를
제공할 수 있을지도 모를 다른 인물을 탐색한다(Madigan & Epston,
1995).

예를 들면, 이야기치료는 치료를 받으러 오는 개인 남성 혹은 남성 집
단에게 남성 삶의 구성에 대해 의문을 갖게 할지 모른다. 남자가 된다는
것은 무엇을 의미하는지 그리고 남성성의 필수적인 측면을 묘사하기 위
해 어떠한 용어를 사용하는지, 치료사는 물어볼지도 모른다.[5]

■ (남자가 되는 것과 관련하여 묘사했던) 단어와 용어 뒤에 숨겨져 있는
삶에 대한 사고방식과 실제는 무엇인가?

■ 이 특정한 사고방식 때문에 당신이 살아가는 데 있어 어떤 필요조
건과 방식이 있는가?

■ 이러한 삶의 (실제) 방식들은 무엇인가?

■ 이러한 삶의 방식 등을 어떻게 당신 자신과 연결 지어 왔는가?

■ 그것들은 당신을 (자신이나 다른 사람들에게) 가까이 있게 하는가?
또는 멀리 있게 하는가?

■ 이러한 사고방식을 갖고 살아가면서 다른 사람들과의 관계에 있어
불리한 측면은 없었는가? 당신 자신과 다른 사람들은 어떠한가?

■ 남자가 되는 것에 대한 이러한 생각(실제)이 어떤 특정한 방식으로
당신의 삶을 전개하는가?

---

5) 다음의 질문은 Alan Jenkins와 Michael White의 영향을 받은 것이다.

- 당신이 만약 이러한 삶의 방식을 따라가야만 했다면 (혹은 결정되었다면) 미래에 당신은 어떤 삶을 살도록 요구받고 있을 거라 상상되는가?

- 다른 사람의 관점에서 생각해보면 이러한 삶의 방식을 취하는 당신의 장단점은 무엇인가?

- 남성 발달과정에서 남자가 되는 것에 대한 본질적인 생각들이 처음 발생했던 주요 의견에 대해 남성으로서 어떻게 생각하는가?

- 이러한 생각은 무엇을 가능하게 하였는가? 그리고 그것은 무엇을 가로막았는가?

- 당신은 자신이 그러한 특정한 방식으로 남성이 되는 것에 이끌렸던 정확한 경로를 구체화할 수 있는가?

- 이러한 생각들을 당신의 삶 가운데 지속시키는 것이 가치 있었는가? 혹은 그렇지 않았는가?

남자가 되는 것에 대한 그러한 근거 없는 생각 외부에 비로소 자신이 서 있음을 발견하게 되었을 때, 이야기치료사는 삶 가운에 있었던 관련 장면을 떠올려 성찰하도록 하는 질문인 다음의 질문들을 받게 될지도 모른다. 이 단계(치료)로 이끌어온 당신 자신에 대해 어떻게 그리는가? 당신은 어떻게 이 단계를 위해 당신 자신을 준비시켰는가? 당신이 선택했던 이 단계와 관련되었을지도 모르는 어떠한 다른 발달들이 있었는가? 당신은 이것을 큰 걸음(도전)으로 혹은 작은 걸음으로 여기는가? 일촉즉발의 상태였는가? 이 단계에 이르도록 이끈 다른 사람을 떠올릴 수 있는가? 어떤 시점에서 당신은 다른 중요한 무언가를 향해 나아가야겠다고 깨닫기 시작했는가?

과거와 현재에 대한 생각의 흐름은 이미 형성되었고, 이야기치료사는 다음에 나온 일련의 질문을 물어볼 것이다.

- 삶이 어떻게 되기를 희망하는지에 대해 당신은 어떻게 말하고 있는가?
- 당신에게 호의를 보이는 부모/파트너/연인은 당신에 대해 어떻게 말하고 있는가?
- 지금 다시 생각해보면 당신은 삶의 방식과 그러한 단계들에 대한 당신의 선호를 반영할지도 모르는 삶에서 일어났던 어떠한 사건들을 떠올릴 수 있는가?
- 이러한 단계들 속에 가득 채워져 있는 중심 생각에 관해 내가 이해할 수 있도록 말해줄 수 있는가?
- 이러한 초기 사건들은 현재 아내와 아이들과의 관계적인 측면에서 당신의 가치를 어떻게 만들어왔는가?
- 이러한 초기 사건과 관련하여 누구의 반응이 당신에 대한 가치와 신념들을 형성하는 데 가장 많이 반영되었는가?
- 남성의 폭력, 성차별주의, 혹은 성의 불평등에 대한 당신의 반응에 이러한 경험과 지식들은 어떠한 방식으로 영향을 주는가?

남성 집단에서 대화를 지속하다 보면 이야기치료사는 여성·아이들과는 다른 방식으로 생각하고 있고, 이런 생각이 행동으로 나타나는 방식과 실제라는 것을 알아차릴 수 있다. 우리는 다음의 질문을 해볼 수 있다.

- 이러한 생각들을 유발한 경험은 무엇인가?
- 그리고 이러한 생각들은 정확하게 어떤 것인가?

- 가능성으로서 이러한 생각들에 기여했던 특별히 중요한 사람이 삶에서 있었는가?
- 그들은 어떠한 방법으로 기여했는가?
- 그것들은 당신이 호의를 가졌던 여성이나 아이들과 함께할 수 있는 방법이 되었는가?
- 삶의 어떤 지점에서 당신은 이런 다른 방식을 선택했는가?
- 당신은 이것을 성취하기 위해 필요한 노하우를 어떻게 개발하였는가?
- 당신은 주로 시도와 노력을 통해 이것을 얻었는가?
- 만약 그렇다면 당신이 이 길을 가도록 누가 피드백을 주었는가?
- 당신은 그들을 통해 지침을 얻을 수 있었는가?
- 만약 그렇다면 어떻게 이러한 관행에 뛰어들게 되었는가?
- 당신에게 도움을 줬던 이들은 당신에 대해 어떻게 말할 거라 생각되는가?
- 남자가 되는 이러한 다른 방식으로 더 나아가야 한다면 그것이 어디쯤일 거라 생각되는가?

영향력 있는 질문

이야기치료 역사 처음부터 치료적 상담은 경험, 선호 그리고 역사적 질문뿐만 아니라 상관 관계를 맺고 있는 외재화, 독특한 결과, 독특한 이야기, 독특한 가능성, 독특한 재저작[6] 그리고 독특한 순환적 질문들을 포함

---

6) 우리 삶의 재저작 과정에 있어 질문들이 어떻게 도움이 되고 있는가에 관한 예와 같이,

하고 있다.

이야기치료 상담은 소위 영향력 있는 질문으로 알려진 과정을 포함한다. 그리고 질문에는 세 가지 세트 형태의 종류가 있다. (1) 첫 번째 세트는 관계 맺음에서 경험되었던 손실과 사람에 대한 문제의 영향력에 대해 알려준다. (2) 다른 세트는 사람들로 하여금 문제의 삶 가운데서 그들 자신의 (그리고 다른 사람들 자신의) 영향력을 그릴 수 있도록 독려한다(White, 1988). 그리고 (3) 세 번째 세트는 문제가 안고 있는 담론적 힘에도 불구하고 그 혹은 그녀의 삶 속에서 일부 영향력을 경험했던 개인적 사건 내지는 독특한 결과를 그리기 시작한다.

이렇게 잘 짜여진 **영향 관련** 질문은 문제에 맞서는 내담자의 능력과 기술에 관한 수행적 측면과 이해의 담론적 수단을 불러일으키도록 하기 위해 내담자의 이야기를 재진술하게 한다(Nylund & Thomas, 1997). 다음은 내가 Michael White와 David Epston과 관계(이야기치료를 위하여 Vancouver School for Narrative Therapy에서 의도적으로 배웠고, 또 세계의 여러 곳에서 지속되었던 관계)를 유지하며 견습생 시절에 배웠던 이야기치료 상담 형식과 구조이다.

개인/가족의 삶과 관계에서 문제의 영향력 파악하기

문제가 개인의 삶과 관계 그리고 실패에 어떻게 영향을 미치는가?[7] 개

Michael White(1988)는 독특한 재기술에 관한 질문들이 그들 자신(예 : 어떤 방식으로 당신은 이러한 발견이 자신에 대한 당신의 태도에 영향을 줄 수 있을 것이라 생각하는가?)과 타인(예 : 어떻게 이 발견이 …와 당신과의 관계에 영향을 줄 것인가?) 그리고 문제와의 관계(예 : 이런 방식으로 문제에 협조하기를 거부하면서 당신은 그것을 지지하고 있는가 아니면 약화시키고 있는가?)를 개정을 하도록 돕는다고 하였다.

7) 이 절에 관한 일부 자료는 S. Roth와 D. Epston의 *Framework for a White/Epston*

인/관계에 대한 문제의 영향력을 그려보는 것은 문제중심의 이야기를 이해하는 데 도움을 준다.

삶과 관계 그리고 그 관계 속에서 발견되는 문제의 영향력에 대해 차별화된 섬세한 관점으로 보아야 한다. 또한 개인이 '이미' 한 경험 그리고 '깨닫게 하는' 경험을 다시 느껴보도록 치료사는 충분한 시간을 갖고 탐색해나가야 한다. 종종 나는 개인의 삶 가운에 일어났던 결핍에 대해 질문하고 이야기치료 과정을 진행한다. 예를 들면, 약물, 거식증, 불안 등과 오랜 시간 관계됐던 사람들은 친구나 학교, 직업, 취미 그리고 가족과의 관계에서도 늘 결핍을 발견할 수 있을 것이다.

이 단계에서 확대된 지도를 그리는 것은 후에 독특한 결과를 탐색하도록 하는 등 다양한 가능성들을 열어준다. 뿐만 아니라 문제를 둘러싼, 습관적으로 자주 사용하는 언어의 예들을 찾을 수 있다(Madigan, 2004). 다음과 같이 질문할 수 있다.

- 당신은 직장생활에서 어떤 걱정을 하는가? 은퇴 후에 대해서는 어떠한가? 당신의 인간관계는 어떠한가?
- 당신은 언제 걱정을 하는가? 미래를 꿈꾸는 당신에게 어떤 일이 일어날까?
- 걱정이 (당신이 진술한 대로) 관계를 힘들게 하거나 친구에게 시간을 내줄 여유를 빼앗아간다는 사실이 만족스러운가 아니면 불만족스러운가? 사실에 만족하는가 아니면 불만을 느끼는가?

---

*Type Interview*에서 인용되었고 http://www.narrativeapproaches.com/narrative%20papers%20folder/white_interview.htm에서 찾아볼 수 있다. Copyright 1995 by the Dulwich Centre의 허락하에 인용한다.

■ 당신 자신과 당신의 관계 맺음에 있어 가장 불만스러운 것은 무엇인가?

문제의 영향력하에서 개인/가족의 영향력 알아보기

사람들이 어떻게 문제를 지지하고 있는지 영향력을 그려봄으로써 자신의 이야기 저자로서 아니면 적어도 공동 저자로서, 내담자들은 자신을 바라보기 시작하게 될 것이다. 그들은 그때 이미 이야기된, 진행되고 있는 이야기의 주된 저자로서 그들의 삶 가운데 더 위대한 주체 의식을 향해 다가갈 수 있을 것이다. 치료의 이 단계에서 이러한 확대된 지도를 그리는 것은 후에 독특한 결과를 탐색할 수 있는 다양한 기회를 열어준다. 뿐만 아니라 문제를 둘러싼 사람들의 주된 언어 습관의 예도 얻게 된다(Madigan, 2004). 질문은 다음과 같다.

■ 당신의 삶에서 자신도 모르게 지레 걱정하게 하는 방식들이 있는가?
■ 삶에서 걱정에 휩싸이도록 한몫한 사람들이나 혹은 상황들이 당신의 삶 가운데 있었는가?

독특한 결과에 관한 질문

독특한 결과에 관한 질문은 지배적인 문제 이야기를 반박하려는 의도와 행동에 대해 사람들로 하여금 알아차리게 한다. 이것은 회기 전에 먼저 알 수도 있고, 회기 중에 알기도 하고, 나중에 알아차릴 수 있다.

- 걱정에 맞서 반기를 들어 당신의 다른 소망을 만족시킬 수 있었던 적이 있었는가?
- 당신이 걱정의 감옥으로부터 탈출할 수도 있을지도 모른다는 생각을 잠시라도 가졌던 순간이 있었는가?
- 당신이 오늘 상담에 오기 위해서 걱정에서 잠시 떨어져 있던 것은 아니었는가?
- 당신이 걱정을 누르고 희망을 지지하도록 했던 경험이 있다면 그 것이 무엇이라고 생각하는가?
- 걱정에 저항하고 자신에게 휴식을 허락할 수 있는 미래를 상상한 다면 어떤 때인가?

독특한 진술에 관한 질문

선호된 대안적 이야기에서 특징을 발견할 수 있는 이야기가 시작되면, 대화는 독특한 결과에 대한 질문으로 새롭게 이루어진 정체성으로 인해 풍성해지고 발전한다. 독특한 결과에 관한 질문은 사람들로 하여금 이야기되고 있는 문제에 관한 그 지배적 이야기(예 : 나는 항상 걱정한다)에 다른 선택이나 예외를 생각하도록 이끈다. 이러한 예외적인 것들은 중요하거나 흥미롭거나 좀 색다른 것으로 기록되지 않을지도 모르지만, 일단 이야기가 되는 순간 일관된 대안적 이야기와 새로운 것으로서 문제의 이야기 옆에 나란히 놓이게 된다.

진술 질문/대답은 주체적 문법을 사용하고 시간적 틀 속에서 독특한 결과의 위치를 정확히 찾아낸다. 그리고 그 독특한 결과는 문제와의 변화된 관계 혹은 문제에 눌려 투쟁/대항/저항했던 역사를 따라가는 일관성 있는 방법과 연결된다.

- 당신은 집에서 혼자 있을 때 당신을 가두어 두려는 걱정에 맞서 어떻게 학업에 열중할 수 있었는가?
- 해도 해도 끝이 없는 걱정인데, 주변에서 일어나는 이런 압력에 이의를 제기했는가?
- 걱정을 그만하려는 당신의 욕구에 맞서 다시 걱정하게 만드는 걱정의 압력에 대해 어떻게 맞설 것인가?
- 가벼운 마음으로 영화를 보는 그런 시간조차 걱정이 되는가?
- 오늘 당신의 방문을 걱정에 대한 완곡한 거절로 이해해도 되는가?

독특한 재진술적 질문

독특한 재진술적 질문은 그들 자신과 다른 사람들 그리고 그들의 관계들을 다시 서술함으로써 그들이 정체감을 형성했던 독특한 결과에서 의미를 찾게 한다.

- 이것은 당신도 몰랐던 자신에 대해 무엇을 말해주는가?
- 어떤 즐거움이 당신으로 하여금 전보다 더 즐거워지고 있다고 생각하게 하는가?
- 걱정을 덜어낸 당신이 좀 더 새로워졌다는 것을 확인해줄 사람은 누구인가? 당신 주변에 사람들 가운데 가장 먼저 알아차린 사람은 누구인가?

- 걱정에서 자유로워진 당신의 삶이 새로워진 것을 지지해줄 사람은 누구인가?
- 당신은 알아봐주기를 가장 원하는 사람은 누구인가?

독특한 결과의 가능성에 대한 질문

독특한 결과의 가능성에 대한 질문은 다음의 단계적 질문으로 나타난다. 이러한 질문은 문제와 관련된 자신에 대한 독특한 결과와 재진술로서 개인뿐만 아니라 관련된 미래에 대해 추측할 수 있도록 한다.

- 당신은 이제 어느 정도의 위험을 감수하고 즐거움을 선택하는 다음 단계로 전진할 것이라고 생각되는가?
- 다가올 일/주/년 동안 자신에게 일어날 것들에 대해 앞을 내다보고 있는가?
- 당신의 활력을 개선시키거나 우정을 회복하고 소원해진 관계를 새롭게 하는 것이 가능하다고 생각하는가? (이 대화는 독특한 재진술을 위한 질문으로 다시 유도할 수 있다.)

독특한 결과에 대한 재진술적 질문

선호된 이야기의 초기 순환에는 다른 사람들이 포함된다. 새로운 이야기를 순환시키는 것은 이야기를 고정시키고 나아가 대안적 이야기의 발달을 지속시키기 때문에 매우 중요하다(Tomm, 1989).

- 당신이 선택한 이 새로운 방향에 대해서 말하고 싶은 누군가가 있는가?
- 당신의 삶에 일어난 이런 최근의 변화에 관해 가장 기뻐해줄 것 같은 사람이 누구라고 추측되는가?
- 이런 새로운 발전에 관해 배우게 된 사실을 누가 가장 흥미로워할 것이라고 생각하는가?
- 그들을 당신의 그림 속에 기꺼이 동참시키고 싶은가?

경험한 것에 대한 질문

경험한 것에 대한 질문은 다른 사람들의 눈을 통해 독특한 결과에서 그들 자신을 바라보게 함으로써 스스로 자신의 이야기를 듣는 입장이 된다.

- 최근에 당신이 즐거움과 위험을 동시에 선택하고 걱정을 어떻게 뒤로 밀어냈는지에 대해 알게 되었는데, 이를 통해 당신의 가치를 인정하고 격려하고 싶은데 그에 대해 어떻게 생각하는가?
- 당신이 새롭게 잡은 방향이 Hilda(그녀 혹은 그의 가장 가까운 여자 친구)의 눈에 띄게 된 것은 무엇 때문이라 생각되는가?

독특한 결과를 의미 있게 하는 질문

이러한 질문은 경험한 것에 관한 질문의 중요성을 나타낸다. 독특한 결과에 관한 역사적 결과는 역사적 맥락과 관련해 의문을 갖게 하는 새로운 종류의 질문들을 만든다. 이러한 질문들은 (1) 대안적 이야기를 꽃피울 수 있도록 돕고, (2) 기억할 만한 역사를 갖게 함으로써 새로운 이야기를 건설하게 하고, (3) 미래를 향해 그 이야기가 뻗어나갈 가능성의 여지를 준다. 이 질문들에 대한 대답들은 대안적 실제의 역사를 만들어 낸다(M. White, personal communication, 1993).

- 수년간 당신을 알아온 사람 중, 당신이 이런 과정에 참여해왔다는 사실에 가장 놀라지 않을 것 같은 사람은 누구인가?
- 성장하면서 알았던 사람 중, 당신이 걱정으로부터 자유로워질 수 있는 길을 발견하리라고 쉽게 예상했을 것 같은 사람은 누구인가?
- 만약 당신이 'X'라고 생각한다면 과연 무엇이, 그 혹은 그녀로 하여금 이 과정을 당신이 밟을 수 있을 것이라고 예상하도록 유도한 것일까?
- 만약 당신이 'X'라고 생각한다면, 과연 어떠한 특성들이 그 혹은 그녀로 하여금 당신이 …를 할 수 있다는 사실에 놀라지 않도록 유도한 것일까?[8]

선호하는 이야기에 관한 질문

선호하는 이야기에 관한 질문은 상담 전반에 걸쳐 사용된다. 이전의 다양한 질문들과 함께, 개인이 자신의 반응을 평가하도록 하는 이 선호하는 이야기에 관한 질문을 적절히 배치하는 것이 중요하다. 또한 그것은

---

8) 일단 치료사가 일시적인 질문들(과거, 현재 또는 미래), 독특한 결과에 관한 질문, 독특한 재진술에 관한 질문 등을 발전시키는 데 있어 인지적 구조나 형식을 잡기 시작하면 그들은 발전시키기 더 쉬워지며, 결국 그 맥락이나 내담자에게 있어 '일상적인' 것처럼 보일 것이다.

치료사의 다음 질문에 영향을 주어야 하지만, 치료사의 선호가 내담자의 선호를 앞서지는 않는지 확인해야 한다.

- 당신이 살아가는 데 이것이 가장 좋은 방식인가? 혹은 아닌가? 그 이유는 무엇인가?
- 당신에게 그것은 좋게 보이는가? 혹은 나쁘게 보이는가? 그 이유는 무엇인가?
- 당신은 이것을 문제의 단점이자 당신의 장점으로 여기는가 아니면 당신의 단점이자 문제의 장점으로 여기는가? 그 이유는 무엇인가?

치료사의 이해를 돕기 위한 질문

당신의 상담가를 자문하게 하는 질문은 내담자에서 상담가로 상대의 위치를 전환하도록 한다. 개인에 대한 내부적 지식은 독특하고 특별한 지식으로서 치료사에 의해 관찰된 문제와 관련되고 그것은 그 혹은 그녀의 경험과 (체험 때문에) 관계가 있다. 내부적 지식은 문서화되어서, 유사한 문제와 투쟁하는 다른 사람들에게 활용할 수 있다(Madigan & Epston, 1995).

- 거식증으로 인해 소모된 삶과 같은 실제적 경험을 통해 다른 사람들에게 조언을 해줄 때 그와 관련해 무엇을 배웠다고 말할 것인가?
- 거식증을 반대하는 전문가로서, 그리고 그 경험을 통해 얻은 것을 통해서 거식증으로 투쟁하는 다른 사람들에게 당신은 즐거움과 위험이라는 대립되는 두 실제에 관해 무엇을 말해줄 것인가?

이야기치료의 구조는 대안적 이야기(문제중심 이야기의 반복을 통해 회자되지 못한)의 간극을 사람들로 하여금 채워나가도록 하는 질문으로 만들어진다. 담론적 구조는 사람들의 체험과 실제적 상상력을 확인하고 의미를 생성해내는 자원으로서 그 기억된 이야기들을 순환시킨다.

이야기치료의 치료적 과정은 인간을 매료시키고 궁금증을 유발한다. 결과적으로 인간의 삶에 관한 대안적 이야기는 풍성해지고(Tuner, 1986) 뿌리 깊은 역사를 생성해낸다(즉 간극은 채워지고 또 그러한 이야기는 분명한 이름을 갖게 된다).

재점검에 관한 질문

개인적으로 나는 치료과정에서 주로 질문들을 사용하고 최소한 99% 시간을 질문으로 보낸다.[9] 이것은 내가 David Epston과 Michael White로부터 배웠던 것이기도 하고 또 가장 편안한 방법이기도 하다.

숙련된 이야기치료사에게 있어서 질문으로 문제를 찾을 수 없는 대화는 없다고 생각된다. 질문으로부터 근원을 찾을 수 있고 문제역사와 지점에 관해 알아내기도 한다. 치료사들은 사회적 담론 안에서 치료적 질문을 계속함으로써 그리고 위치를 재정립시킴으로써 치료적 개입을 돕는 과정을 갖는다(Madigan, 1991b, 1993a, 2007).[10] 이야기 반영 팀을 통해 종종 치료사는 치료적 질문을 받는 것을 활용하기도 한다(Madigan, 1991b).

---

9) 나는 이야기치료 상담에 포함되어 있는 해체적 방법을 설명하고 탐구하기 위한 수단으로서, 재점검에 관한 질문들을 고안했다.

10) 실제에 관련해 더 읽어보기를 원한다면, *Dulwich Centre Newsletter*, Nos. 1과 2에 실린 Hall, Mclean and White(1994)와 Tamasese and Waldegrave(1994) 참조

치료과정에서 반복적 해석을 하게 하는 것은 재점검 질문에 관해 좀 더 생각하도록 만든다(Madigan, 2004, 2007). 이야기치료는 이야기치료사의 해체된 치료적 행위에 재점검에 관한 질문들을 편성시켰다. 이야기치료에서 질문은 전통적 관점을 약화시킨다. 그리고 개인의 심리에 관심을 갖고 지배적인 문제 이야기들에 관한 의심을 고취시키는 비판적 입장을 고수한다.[11)]

이야기치료의 재점검은 다음과 같은 치료 환경을 또한 생성한다.

- 문제중심의 대화를 자각하게 하고 맥락적인 대화를 이끄는 질문을 통해 내담자/문제 경험과 내재화된 문제 대화를 탐구하고 반박한다.
- 회자되고 있는 이야기 안에서 쉽게 설명될 수 없는 저항의 행위와 독특한 결과를 찾아낸다.
- 어떻게 사람들이 그런 차이점을 설명할 수 있는지 궁금증을 만들어낸다.
- 문화적 저항 행위로서 이것들을 인정한다.
- 관심 공동체를 재건한다.

집중적이면서 해체적인 재점검을 사용하는 이야기치료적 방법은 치료적 상담을 통해서 다음과 같이 사회의 재편입을 돕는다.

- 재점검은 의미를 전문적 해석과 그 영향력하에 두려고만 하는 것

---

11) 재점검에 관한 명확한 예는, American Psychological Association 라이브 섹션 모음 6번째 DVD, Stephen Madigan의 이야기치료 작업, *Narrative Therapy Over Time*(2010) 참조

을 해체시키는 비판적 방식이다.

- 재점검은 치료사가 개인의 독특한 생각을 찾아내서 인정하고, 다른 사람들도 이를 알 수 있도록 인정 문서나 예식을 갖게 한다.
- 재점검은 굳이 설명할 필요 없이 탈인습적 방법으로 문화적으로 얽혀 있는 것을 전문적으로 풀어나간다. 그리고 그것에 대한 이해와 설명보다는 어떻게 문제가 만들어지고 재생산되는가를 찾도록 한다.
- 재점검은 이야기를 통해 설득된 방식으로 이해하게 되고 여지를 주어 행동하게 한다.
- 재점검은 또한 문제에 대한 우리 자신의 치료적 이해가 담화 속에서 어디에 위치하고 있는지 탐색한다.
- 재점검은 주어진 정식의학적 진단보다는 정의의 관점에서 편집된 도덕·윤리적 프로젝트를 통해 우리로 하여금 어떻게 우리의 삶을 만들고 다시 만드는지에 대해 성찰하도록 한다.

재점검과 이야기치료 : 이야기의 존중

이야기의 재점검은 근본적으로 내담자의 현재의 이야기를 존중하면서 시작된다. 즉 (1) 내담자의 힘들어하는 이야기들에 '충분히 그럴 수 있음'을 인정해주고, (2) 내담자들의 어려운 삶의 환경에 대한 이야기를 있는 그대로 수용해주며, (3) 그들이 어려운 환경들을 이겨내기 위해 노력하고 있다는 것도 인정해주고, (4) 그들 나름대로 그 어려움을 이겨내고자 시도했던 노력들을 인정해주는 데에서부터 시작하는 것이다.

이야기치료사는 내담자의 현재의 이야기를 존중해줌으로써 내담자의 현재 이야기를 재점검하고, 현재의 문제 이야기가 어느 정도 복잡한지 그 범위 내에서 재점검 작업을 해야 다른 이야기를 만들 수 있다. 이러한 작업을 통해 치료사는 내담자의 문제 이야기 속에서 '숨겨져 있지만 반짝이는' 대안 이야기를 찾아나갈 수 있는 것이다(White, 1997). 이러한 방식으로 이야기치료사는 내담자의 문제 이야기 속에서 스스로 그 이야기에 모순되며 경쟁하고 있는 다른 이야기를 찾아나가야 한다. 이처럼 내담자가 말하고 있는 문제의 이야기 안에는 스스로 그 진술과 대항하고 있으며 긴장 속에서 경쟁하고 있는 숨어 있는 시각, 즉 다른 각도에서 문제를 보게 해주는 시각이 나란히 존재하고 있다는 것을 알아야 한다.

한 시각으로만 보는 이야기 안에서는 누구든 문제 이야기와 전문가적 시각이라는 함정에 쉽게 빠질 수 있다. 이러한 전문가적 시각의 함정으로부터 빠져나올 수 있는 힘은 내담자의 이야기 안에 깃들어 있다. 대체로 내담자들은 자신의 문제를 이야기하면서도 동시에 그 문제를 이겨나가고 전문가의 고정된 진단적 이야기로부터 빠져나갈 수 있는 숨어 있는 이야기를 간직하고 있다. 그러나 내담자의 문제 이야기를 존중해 준다는 말이 꼭 우리가 가진 상대적 관점의 이야기, 즉 대안 이야기에 대한 확신을 포기하는 것이 아님을 분명히 해야 한다. 이는 포기가 아니라 바로 내담자의 문제 이야기로부터 출발한다는 것을 강조하기 위함이다.

재점검과 이야기치료 : 비판의 문제

이야기의 재점검 작업에는 많은 기존의 모더니스트적 치료 이론에 대한 비판을 수반한다. 즉 이미 많은 심리치료사들에게 침투되어 있고 기존의 치료 이론 안에 이미 깊숙이 스며들어 있는 자아와 타인, 그리고 문제의 본질에 대한 잘못된 견해들에 대한 비판을 수반하고 있다. 이야기치료사들은 기존의 심리치료 이론이 전제하고 있는 자아의 형성에 대한 선입견을 배척한다. 재점검 작업은 이러한 선입견들과의 싸움을 전제로 한다.

문제 이야기들과 전통적 치료 방식의 이야기는 문제를 가진 내담자들로 하여금 그 문제 이야기의 압도적 힘에 눌려 저항해볼 엄두를 가지지 못하도록 이끈다. 이야기치료사는 이러한 상황 가운데 희망과 힘을 잃어버린 내담자로 하여금 자신을 비난하고 주저앉으려는 데로부터 시선을 돌려 문제를 그 문제가 안고 있는 환경과 문화 속의 권력/지식[12]의 남용과 억압으로부터 온 것이라는 사실로 눈을 돌리게 함으로써 스스로의 힘으로 치료의 이야기를 만들어 가도록 하는 데 초점이 있다(Madigan, 2008). 이야기의 재점검은 이러한 저항의 힘을 내담자와 치료사가 함께 협력해감으로써 가능하게 만들어가는 공동의 작업이며 이러한 과정을 통해 이야기의 변화와 희망이 시작된다고 믿고 실행하는 작업인 것이다.

---

12) Michael White(1995a, 1995b)는 "병리화된 학문은 주장을 객관적 사실로 실체화하는 번지르르한 언어로 포장되어 있기 때문에, 정신건강 전문의들이 상담하는 사람들을 표현하고 그들에게 행동하는 것의 진짜 효과나 결과에 직면하지 못하도록 한다. 우리의 일이 사람들로 하여금 '진실'을 직면하게 하는 거라면, 우리가 사람들에게 그들의 인생에 대해서 어떻게 말하고 그들 앞에서 어떻게 행동을 구조화하는지가 중요해진다. 이 '진실'로 하여금 우리는 사람들의 인생을 형상화하는것과 관련해 우리의 구조와 치료적 소통의 의미를 반성하기를 거부할 수 있다."(p. 115)고 말했다.

내재화된 내면대화와 문제가 되는 습관

내가 처음 내재화된 내면대화와 문제가 되는 습관들에 대해 관심을 갖기 시작한 것은 1993년 David Epston이 세계의 각 나라에서 만난 거식증과 폭식증의 문제를 가진 어린 소녀들에 대한 문제를 보고한 것을 접한 후였다. Epston은 비록 각각의 언어[13]와 문화는 다르지만 폭식증과 거식증을 가진 어린 소녀들에게서 발견되는 공통의 현상은 내재된 내면대화와 그 영향력이라는 사실을 발견했다. 이 보고는 나에게 놀라운 결론에 이르게 하였다. 즉 이러한 거식증과 폭식증의 문제 양상은 지금 전 세계로 파급되어 있는 문화현상과 밀접한 관련이 있다는 사실이다. 문명화된 국가들에 지금 전 세계로 빠르게 퍼져나가고 있는 거식증의 문화가 이러한 문제들을 얼마나 많이 공유하게 하는지를 살펴보라.

이러한 문화현상과의 관계를 볼 때 나는 더욱 푸코가 언급한 바 있는 제레미 벤담의 판옵티콘을 연상하게 된다. 동시에 푸코가 주장하고 있는 힘(권력)과 지식의 관계 그리고 그것을 쉽게 한 주체 안에 내재화시키도록 강요하는 문화현상들에 주목하게 된다. 이 점에서 나는 특정 문화가 어떻게 한 개인 안에서 내재화된 내면대화를 주입시키고 그 영향력 아래에서 한 개인을 사로잡아 특정한 증상들을 지니게 하고 조종하는지에 대해 관심을 가지고 조사하기 시작했다. 그래서 내가 일하는 Vancouver School for Narrative Therapy에서는 내재화된 내면대화의 부

---

13) Madigan(2004)의 수다(chitter-chatter) 연구 참조. *Chitter-Chatter*의 제8장 *conversational habits of highly effective problems*는 최근 대중적인 관심에 부흥하기 위한 목적으로 기술되었다. 이 책은 반자기계발 도서로 후기구조주의 정신건강 사상을 지지하기 위한 것이다.

정적 영향력과 그 반응들에 대한 연구들을 시작하게 되었다.

이 연구를 통해 발견할 수 있었던 사실은 인간은 요람에서부터 성장하면서 그가 속한 문화의 이야기, 즉 거대담론에 영향을 받고 그것을 우리 내면 안에 답습하고 따라 하는 내면화 과정을 통해, 내재화된 내면대화의 양식을 가진 행동을 한다. 우리는 우리 주변의 사람들의 행동을 학습하면서, 즉 걷고 자전거를 타고 말을 배우고 이야기를 만들어가고, 특정한 관습과 윤리에 길들여지는 사회적 동물이다. 따라서 우리 안에는 숫하게 많은 각각의 단편적인 문화적 코드가 마치 노래방의 입력된 노래들처럼 산재하여 특정한 이야기들을 형성하고 그 이야기에 얽힌 삶의 양식들을 표현하게 한다. 그 표현들은 한 문화 안에서 거의 비슷한 형태로 드러나게 된다. 이러한 영향력 때문에 우리는 비슷한 문화 속에서 유사한 행동양식과 유사한 이야기들을 발견할 수 있는 것이다(Madigan, 2004; Nylund & Ceske, 1997).

이러한 내재화된 내면대화의 양식이 우리로 하여금 끊임없이 우리가 속해 있는 문화와 공동체 속에서 우리를 타인들과 비교하게 만들고 자기 스스로 내가 잘 적응해가고 있는가 아닌가를 확인하게 하며 동시에 정상인지 아닌지를 스스로 판단하게 하는 준거의 틀을 형성하게 하는 것이다. 이러한 내재화된 내면대화는 항상 외부의 환경과 문화에 민감하게 반응하며 우리에게 내적 준거의 틀을 제공하고 있다. 사회적 동물로서 인간은 이러한 내적 기준에 따라 자신의 삶을 조정해가고 자신의 이야기와 그에 따른 일정한 삶의 반응 및 삶의 양식들을 드러내게 되는 것이다.

David Epson의 지도하에 나는 밴쿠버의 많은 거식증/폭식증 문제를

치료하기 위한 단체들과 연관을 가지며 이러한 내재화된 내면대화의 영
향력에 대해 더 자세하고 문화기술적 연구 자료를 가지게 되었다. 그 연
구 결과들을 요약하면 다음과 같은 여덟 가지 문제로 요약해볼 수 있
다.[14] (1) 자기감시와 통제, (2) 부적절감, (3) 두려움, (4) 부정적 이미지와
부당한 비교의식, (5) 내면화된 논쟁, (6) 죄책감, (7) 무망감, (8) 완벽주의
이다. 다음의 설명은 여덟 가지 요소에 대한 임상적 구체적 발견들을 보
다 자세하게 설명해준다.[15]

자기감시와 통제

앞서 논의했던 미셸 푸코(1965, 1983)가 **주관화**(subjectification)라고 명명
한, 인간이 스스로를 주체로 보는 객관화(objectification) 분석(Madigan,
1992)의 세 번째 유형을 짧게 요약하면 다음과 같다. 주관화는 자아형성
(self-formation)의 과정이 포함되어 있는데, 그것은 사람은 활동적이라는
것이다. 푸코는 사람들이 활발한 자아형성을 시작하게 되는 기술들을
구분하는 것에 주로 관심이 있었다. 그는 이 자아형성이 사람들의 신
체, 사고, 수행상의 다양한 작용들을 통해 일어나듯 길고 복잡한 역사
를 가지고 있다고 주장한다(Foucault, 1980). 이 작용들은 외재화된 문화
규범을 통해 중재된 내면화된 대화를 통한 자기이해의 과정을 특질적
으로 수반한다. 푸코(1973)는 사람들은 이러한 규정된 문화규범의 해석

---

14) 나는 누군가 분노, 불신, 비난, 수치심 이외의 수많은 다른 내재화된 문제중심의 대화
　들에 상당히 효율적인 논쟁을 불러일으킬 수 있다는 사실을 지지하며, 그들은 자신에
　대한 평가에 있어 지극히 정확한 결과를 내놓는다.

15) 이야기치료 대화에서 외재화된 것은 우리가 익숙하게 해왔던 여덟 가지의 내재화된 문
　제 중심의 대화, 문화적 수다 대화를 상정한다.

에 따라 자신을 감시하고 행동한다고 제안한다. 그는 내면화된 개인담론의 과정 ─ 문화로부터 우리 자신에게 내면화 한 대화 ─ 을 설정한 사회적 기준에 의해 안내된 자기통제(self-control)의 행동으로 보고 있다. 이것이 각각의 구분되는 문화 내 주민들이 자신들의 현재 문화 내에서, 또한 주제가 구현되고 있는 삶에서 반영된 특정한 도덕적 코드를 알고 있는 것 같은 이유이다(Medigan, 1999, 2003; Nylund, 2007a).

반복되는/광범위한 틀 안에서 그것은 자주 문제를 일으키는 사람을 지지하는 부정적인 지식이 된다.[16] 내면화된 자기감시와 부정적으로 인식하는 통제는 어떤 문제에도 어려움을 드러낸다. 왜냐하면 자기감시의 내면화된 행동과 해로운 대화적 통제의 힘이 없다면 문제는 생존할 수 없기 때문이다. 문제는 자주 "내가 생각하는 것을 네가 생각한다고 나는 생각한다."(나는 나쁜 사람, 파트너, 아들이다 등의 생각) 같은 부정적인 이미지를 지지하는 내면화된 대화에 맞닥뜨렸을 때 발생한다.

다음은 고려할 만한 재점검 질문들이다.

- 통제/대변인은 무엇으로 구성되어 있는가?
- 무슨 수다를 떨고 있는가?
- 그것은 어떻게 작용하고 있는가?
- 감시통제는 어떻게 지지되는가?
- 이 특정한 문제통제에 누가 포함되어 있는가?

---

16) 영국의 심리학자 R. D. Laing은 자신의 책인 *Knots*에서 다음과 같이 유사한 사실을 기록하고 있다. 나는 그것이 설리반의 투사된 정체성의 문제를 다루고 있는 것이라고 본다. 즉 그들의 매혹적인 사상은 거대담론 안에서 자리한 문제중심의 대화들이 가진 후기구조주의적 공동체의 대화적 요소들을 감지하지 못하고 있었던 것이다.

- 당신이 지지하는 대체 가능한 통제는 무엇/누구로 구성되어 있는가?
- 당신의 내면화된 자기감시 시스템에 무엇이 광범위하게 영향을 미쳤는가?
- 언제 자기감시의 자립이 가능한가?

다음과 같은 시나리오를 상상해보라. 당신은 정신건강 분야에서 일하기 위해 고용된 전문가이다. 당신은 끔찍했던 이혼으로 인해 고통받고 있다. 이 내면화된 이야기에 부정적인 비판과 통제는 많은 제도들과 개인들이 포함되어 있을 것이다. 그렇다는 것은 불리한 입장의 '당신'이 모두를 포함, 심지어 죽은 사람까지도 함께 대화하며 시간이란 공간을 통과해야 한다. 내면화하여 부정적으로 관찰하는 자기감시/통제의 의견의 습관은 법률 팀, 판사, 당신 아이들, 전동거인/전처/전남편, 가족, 친구들, 동료들, 학생들, 이웃들, 부모들, 그리고 친척들(죽었던 살았던 모두), 전문적인 공동체, 종교적 공동체, 은행원과 회계사, 새로운 상상 속 동료들, 모르는 사람들, 식품점 점원과 세탁소 직원, 아이들의 선생님, 하나님에서 몇몇 사람들까지 그들이 가진 당신에 대한 추측할 수 있는 부정적인 시각을 모두 끌어온다.

그들은 뭐라고 말하고 있는가? 당신은 어떻게 답하고 있는가? 그들의 말이 당신이 붙들고 있는 것에 영향을 미치고 있는가? 당신이 다른 사람들을 인지하는 이러한 부정적인 상상 속 해석들은 당신이 인생에서 어떻게 수행하는가와 사람들과 어떻게 관계하는가에 영향을 주는가?

재점검 질문들은 다음의 질문을 포함하고 있다. 이 해로운 대화는 왜 당신을 당신이 가진 최고의 지식과 당신이 사랑하는 사람으로부터 떨어뜨리려고 하는가? 이혼이 인간으로서의 당신에 대한 관점을 바꾸었다고 생각하는가? 그리고 이혼은 당신을 사랑했던, 당신을 포함한 모든 사람들을 등 돌리게 했는가? 문제가 당신에 대해 부정적인 시각을 가지게 한다고 느끼는가? 어떻게 문제가 당신의 삶에 끔찍한 소문을 만들어내는가? 소문과 그 소문을 내는 사람들에 대해 당신은 어떻게 생각하는가? 당신의 상황을 다른 관점과 조금 더 철학적/현실적 관점으로부터 잠깐 멈추도록 만든 결혼생활을 고려하며 당신을 성장시킬 주목할 만한 아이디어가 있는가? 당신 자신에 대하여 부정적으로 바라보는 데 도움이 될 만한 결혼/이혼과 관련하여 특정한 신념이 있는가?

이렇게 심신을 쇠약하게 만드는 부정적인 자기감시/통제 대화들은 종종 그 혹은 그녀의 관계들을 끊어놓는다. 가족과 다시 연결하는 과정과 삶에 더 충만한 이야기에 관해 재구성한다는 것은 일어나는 변화에 그들이 중요한 사람이라는 것을 말해주고 있다는 것이다. 회복되는 희망의 징후에 주목하고 그에게 말하는 것, 그리고 앞으로 가질 희망에 대해 목록을 작성하는 것(습관이 들도록 노력해보라)은 여지를 주고 도움을 주는 일이다.

부적절감

습관의 내면작업에 대해 나는 1997년 Vancouver School for Narrative Therapy에서 치료적 작업을 통해 처음 소개하였다. 그 당시 나의 동료 Vikiki Reynolds[17]는 정치적 신념으로 인해 고향에서 고문을 당한 캐나

---

17) Vikiki Reynolds는 2004년부터 캐나다 밴쿠버에 있는 Vancouver School for Narrative

다인 난민과 이야기치료를 작업 중이었다. Vikiki는 이 사람들을 나에게 소개시켜주었고, 나는 그들과 함께 치료적 작업을 하며 단절과 부적절감의 경험을 가까이서 지켜보는 경험을 하였다. 그녀는 또한 치료과정을 통해 정치적 활동을 하는 사람들이 그들의 경험을 왜 증언하고 합리화하는지를 보여주었다(Reynolds, 2010). 나는 이들의 경험을 내가 치료 중에 만났던 다른 사람들이 경험했던 인생에서의 부적절감을 기반으로 추론해보기 시작했다.

이 내면화된 대화 습관은 이야기되는 사람/문제의 이야기에 누가 권한을 가지고 있는가에 대한 질문을 포함하고 있다. 문제가 사람들의 적절감이나 권한과 관련되어 의문이 생기면 별 가치 없다고 여겼던 특정 경험이 부각될 수 있다. 어디에도 소속되어 있지 않거나 안전함을 느끼지 못할 때, 사람들은 삶의 난민으로서의 경험을 알아차릴 수 있다. 사람들은 종종 삶/관계 안에서 가짜 혹은 결핍의 느낌에 대한 경험을 회상하곤 한다. 좀 더 덧붙이자면 내가 상담 중 만난 많은 상담자들과 슈퍼비전 경험에서 이 부적절감 경험을 하게 된다.

나는 다음과 같은 재점검 질문을 통해 부적절감의 담론에 질문한다.

- 부적절한 개인적 특질의 이야기를 구성하는 힘은 누가 가지고 있는가?
- 일반적인 적절감은 어떻게 만들어지는가?
- 적절감/부적절감의 경험 속에서 소속감을 유지시키는 것은 무엇인가?

Therapy의 이야기치료 교수이다. 그녀의 업적은 http://www.therapeuticconversations.com에서 볼 수 있다.

- 이러한 이야기들은 어떻게 처리되고 퍼뜨려지는가?
- 누가 정상이고 비정상인지를 결정하는 데 어떤 지식/힘이 포함되어 있는가?
- 사람들은 어떻게 자신의 삶에서 난민이라고 느끼기 시작하는가?
- 부적절감의 이야기를 돕는 문제 이야기와 유형은 무엇인가?
- 부적절감의 이야기를 해체하는 대체 가능한 이야기와 재구성된 우리 자신을 바라보는 이전의 다른 측면은 무엇이 있는가?

자격 미달의 시민, 부모, 어린이, 상담사, 노동자, 파트너 등으로 자신을 판단하고 상담받기 위해 당신을 찾아온 많은 사람들을 고려해보라. 이 사람들은 자신을 부적절하고 가치가 없으며 옳지 못하다고 느낀다. 그들이 성폭행을 당한 젊은이든, 소외감을 느끼는 직원이든, 그의 정체성을 숨기도록 강요받는 동성애자이든, 자신을 이기적이라고 보는 젊은 엄마이든, 말하는 것을 두려워하는 부끄러움이 많은 사람이든, 외출을 할 수 없는 과체중의 사람이든, 정부보조금을 받아서 가족들 보기에 부끄러운 사람이든, 보이지 않는 인종차별을 받는 유색인이든, 자신이 무가치하다고 느끼며 더 해로운 일을 하기 전에 자신의 일을 그만두려고 하는 상담사이든 말이다.

습관적으로 부적절감을 느끼는 것은 일상에서 관계, 눈에 띄는 모습, 소속감의 결여로 경험한다. 해로운 발화행위의 습관은 서구사회의 거대한 규범 안에서 산다는 사실을 통해 아노미 상태를 느끼는 많은 이유를 가진 사람들에게는 유효하지 않다. 대신 습관적 대화는 나의 환자가 언급한 것처럼, '삶의 실패자'라고 존재 자체를 비난하고 탓한다.

후기구조주의 입장에서 질문을 고려해본다면, 우리는 처벌의 가치,

도덕적 코드, 그리고 기대에 대한 더 큰 배경과 연결된 경험을 잠시 뒤로 미뤄둘 수 있다. 이러한 발견을 통해 우리는 전적으로 책임이 있는 억압적인 대화체제에도 효력이 유지되는 계획을 함께 완성해나갈 수 있을 것이다.

나는 부적절의 담론에 다음과 같은 재점검 질문을 한다.

- 당신과 관련이 없는 사람 중 누가 이 이야기를 지지해줄 수 있을 것이라고 생각하는가?
- 부적절한 당신에 관해 다른 사람에게 의견을 물은 적이 있는가?
- 당신이 적절한 시민이라고 느끼기 어렵게 만드는 사회적 관점이 있는가?
- 당신이 무능력하다고 느낀 경험을 강화시키도록 강력하게 영향을 준(예 : 직장상사, 책, TV, 의사) 특별한 이야기가 있는가?
- 당신이 적절하다는 것을 누군가 (혹은 어떤 집단)에게 증명하기 위하여 노력할수록 당신이 더 부적절하다고 느끼게 된다는 점을 발견한 적이 있는가?

두려움

이 광범위한 습관은 우리가 가장 두려워하는 단절, 외로움 그리고 자기회의를 느끼게 한다. 문제는 우리 최악의 악몽이(과거, 현재, 그리고 미래) 재현되는 '공포영화'를 만들어낸다. 그것 때문에 우리의 긍정적 사고는 마비되고 자유를 향해 나아갈 모든 시도는 좌절된다.

나는 두려움의 담론에 다음과 같은 재점검 질문을 한다.

- 당신의 문화 안에서 최악의 두려움은 무엇인가? (예 : 가난해지는 것, 하찮은 존재가 되는 것, 소외당하는 것, 혼자가 되는 것, 버려지는 것과 어디에도 속하지 못하는 것)
- 삶의 경험 중에 무엇이 이러한 두려움을 계속해서 존재하게 하는가?
- 두려움이 어떻게 당신의 마음(심상)에 해를 입히는가?
- 그 두려움의 문제는 어떻게 두려움에 떨도록 만든 다음 그 사람을 겁쟁이라고 비난하는가?
- 두려움은 어떻게 그 혹은 그녀의 여정을 인지하고 존중하는 능력을 빼앗아가는가?
- 두려움은 어떻게 있는 그대로 두려운 작은 문제로 취급될 수 있을까?
- 두려움은 어떻게 스스로 촉발되게 하고, 또한 이를 이겨내도록 움직이는 것을 두려워하게 하는가?

내면화된 대화의 부정적 습관은 적절하거나 타당한 두려움과는 다른 것이다. 어린이들은 다가오는 차를 향해 걸어가는 것, 성차별/인종차별/동성애 혐오증이 존재하는 것, 가끔 개들이 무는 것, 그리고 가끔 일어나는 비행기 사고를 두려워할 필요가 있다. 뿐만 아니라 데이트 강간이 일어나고 기한이 지난 우유를 마시면 복통이 일어난다는 것을 두려워할 필요가 있다. 타당한 두려움을 인정하는 것은 때때로 안전한 계획을 세울 수 있도록 한다.

문제가 되는 두려움의 습관은 양상이 다르다. 두려움을 촉진하는 습관적 대화는 서서히, 비이성적으로 계속된다. 그리고 이것은 확실히 안전한 것이 아니다. 이 대화는 죽음, 파괴, 고립과 거절 같은 심신을 약화시키는 시나리오를 창조한다. '내 가슴 위에 앉아 폭력을 행사하고 내 삶을 꽉 쥐고 있는 것'으로 표현된다. 인간의 삶을 지배하고 있는 이러한 이야기들은 두려움의 능력을 더욱 커지게 한다. 두려움은 무대 뒤에서(커튼 뒤의 마법사처럼) '그것을 가능하게 하는 조그마한 엔진'처럼 행동한다. 그것은 당신의 삶을 망쳐버릴 모든 다양한 방법들로 구성되어 있다. 사람들이 당신에게 상처를 주고 거절할 수 있는 모든 방법과 당신이 삶을 포기해야 하는 모든 이유 같은 것 말이다. 내가 말하고 싶은 것은 두려움의 대화는 위협적인 시나리오의 맥락을 만들고 동시에 이러한 시나리오들을 생각해내어 두려워하는 (그리고 미친) 존재로 비난한다는 것이다. 이것은 두 번째 두려움이다. 바로 두려움에 대해 두려워하는 것이다.

해로운 두려움의 발화행동을 마주하는 것은 처음에는 당혹스러울 수 있다. 그러나 이러한 당혹스러운 경험들로 그 혹은 그녀의 능력인 비논리는 안전, 수용과 힘의 공간을 만들어낼 수 있게 된다.

나는 두려움에 대한 담론에 다음과 같은 재점검 질문을 한다.

- 두려움이 당신 삶을 제지하는 공포캠페인(terror campaign)을 벌일 수 있다고 느끼는가?
- 두려움이 당신을 가두고 나갈 수 없도록 하여 끝내는 당신을 죽음으로 이끄는가?
- 두려움이 당신에게 이것이 일어날 수 있다고 말함으로써 매일 세상에서 일어나는 일들을 끌어오고 균형을 무너뜨린 적이 있는가?
- 과장해서 말하면, 당신은 두려움을 잡아본 적이 있는가?
- 두려움이 이용하는 생각(예 : 직장을 잃는 것, 죽음, 질병, 외로움 등)

은 우리 모두가 가지는 공통된 생각인가?

- 두려움이 삶에서 당신을 무능한 사람 같은 느낌이 들도록 만든 적
  이 있는가?

부정적 이미지와 부당한 비교의식

문제적 틀(Bateson, 1979)에 맞는 과거와 현재의 부정적인 정보만을 모음
으로써 부정적 생각은 늘 떠나지 않는다. 그리고 더 비슷한 미래에 대
한 부정적 결말을 예측한다. 부정적 생각은 살아 있는 개인적 특질의
충만함을 얕게 서술하고, 생존과 사랑 및 관계의 경험을 무시한다. 끊
임없이 더 나쁜 상황의 시나리오를 만든다. 부당한 비교를 통한 부정적
생각은 사람을 무시하는 쪽으로 비교한다. 환경이나 이야기가 어떻든
지 간에, 그 혹은 그녀는 자신이 명시된 기준에 미치지 못한다고 느낀
다. 이러한 습관은 완벽이 가능하지 않다는 압박으로 생기기도 한다.

　나는 이러한 부정적이고 부당한 비교에 대한 담론에 다음과 같은 재
점검 질문을 한다.

- 부정적인 생각은 어떻게 개인적 특질의 이야기가 완성되는 것을
  가로막는가?
- 납득할 만한 부정적 이야기를 창조하는 데 어떠한 전술과 동맹이
  사용되는가?
- '이래야 한다'는 공통적인 어떤 생각이 당신의 삶 안에서 대체 가
  능한 이전의 경험을 봉인하도록 요청하는가?
- 문제 이야기 안에서 부정적 생각은 어떻게 힘을 모으는가?
- 부정적 생각 체제 안에서 무엇이 '새어나올 틈'을 만들도록 돕는가?

- 문화적으로 용인되는 규범 안에 닿지 못했고, 앞으로도 닿을 수 없는 경험을 하던 우리 공동체의 사람이 떠났다면 어떻겠는가?
- 어떤 규범적인 시각들이 부당한(즐겁지 않은) 부정적 비교 경험을 유지할 수 있도록 가장 많이 영향을 미치는가?

어떤 사람은 부정적 생각을 '제동장치 없는 기차'라고 표현했다. 왜냐하면 한번 부정적으로 이미지화된 이야기를 하기 시작하면 멈추기 매우 어렵기 때문이다. 당신 팔꿈치의 점은 당신 장례식에 누가 참석할 것인가에 대한 궁금증, 저녁시간에 늦는 배우자가 모텔방에 이웃과 함께 있는 생각, 분노발작을 일으키는 아이는 대학에 절대 갈 수 없다는 의미, 그리고 너는 결국 직업을 구하지 못할거라는 의미의 동료의 눈빛으로 변한다.

한 젊은 여성은 부당한 비교를 그녀가 마음속으로 '거의 매일 마주하는 이들이 그녀를 나쁘게 보는 것'이라고 표현했다. 그녀가 길을 걸을 때 보는 광고판의 여자, 동물이 의미 없이 짖어대는 것, 그녀가 모르는 사람들이 그녀가 '그런 사람일 것'이라고 여기는 사람들과 비교하여 무시한다고 여긴다. 이러한 습관은 그녀로 하여금 잡지에서 본 모델과 비교하여 자신의 몸매는 역겹다고 믿고, 옆집 개는 절대 그녀와 같은 주인을 원하지 않을 것이라고 믿으며, 그녀가 길을 건너며 만나는 모든 사람들은 그녀를 좋아하지 않을 것이라고 믿게 만든다. 이러한 내면화된 부정적 대화에 대해 드러내고 논의하는 것은 적절감 안에 있는 구멍을 찌르는 것이고 빈틈없는 논리처럼 보이는 것이다.

내면화된 논쟁

문제 대화는 혼란스럽게 논의하는 것을 좋아한다. 그들은 자신의 주장이 어느 쪽인지 신경 쓰지 않는다. 그리고 종종 양쪽 입장에서 논쟁하기도 한다. 언쟁은 답도 없고 쓸모없는 느낌으로 자신을 내버리는 자기회의의 진 빠지는 과정이다. 이 과정은 가끔 '분석의 마비'에 속한다. 내면화된 논쟁은 우리의 상상력과 창의성을 사로잡는다.

나는 내면화된 논쟁의 담론에 다음과 같은 재점검 질문을 한다.

- 어떤 규격화된 기준이 논쟁을 잘 이끌고 있는가?
- 언쟁에 의지한 행동의 방향에 대하여 어떤 도덕적 코드에 동의하는가?
- 내면화된 언쟁은 어떻게 대화의 '중심'을 사로잡는가?
- 우리는 1분에 거의 1,200개의 단어를 속으로 말한다고 한다. 평균적인 사람들은 논쟁을 따라잡기 위해 하루에 몇 시간 정도를 사용하는가?
- 이전의 경험으로부터 자유의 순간을 기념하고 감사하기 위해 우리는 어떻게 할 수 있는가?
- 문제중심의 논쟁에서 자유로워진다는 것은 무엇을 의미하는가?

직장을 그만둘 가능성, 혹은 사랑하는 사람과의 힘든 대화를 다시 체험하는 것, 혹은 담배를 끊을 것인지 말지를 결정하는 것에 대해 생각해 보라. 내면화된 논쟁의 습관은 인간의 모든 대화적 영역을 완전히 사로잡을 수 있다(이 주제 중 한 가지만이다. 우리가 매일 하는 수백 가지 결정들이 아니다).

논쟁하고 반론하고 계속적으로 좀 더 다른 입장에서 논쟁하는(다른 사람의 입장과는 다른) 습관의 해로운 발화행위는 시간의 평지를 가로지르는 것이다. 밴쿠버반거식증/폭식증연맹의 회원들은 그들의 내면화된 논쟁의 경험에 대해 '옳은' 일을 계속하기 위해 노력하는 것이 얼마나 '진빠지는 일'인지에 대해 이야기했다. 그리고 결정을 한 후에도 그것이 옳은 결정인지 아닌지에 대해 대화를 해야만 했다! 이 과정은 계속 진행됐다. 여기에 다른 습관—특히 자기감시/통제의 습관—이 더해지면 당신은 상상 속의 사람들이 받아들이든 아니든, 지지하든 아니든, 사람이 주어진 어떤 문제에 대해 100가지 다른 입장에 어떻게 갇히는지 볼 수 있다.

내면화된 언쟁이 막대한 부분을 차지하는 섭식장애는 진저리나고 죽고 싶을 정도로 괴로운 대화를 하게 한다(Grieves, 1998; Madigan & Epstion, 1995 참조). 칼로리 계산, 씹는 숫자, 운동, 몸매 감시, 윗몸 일으키기를 1,000번 해야 하는지 아니면 1,500번 해야 하는지, 모든 문제를 실제로 해야 할지 말아야 할지에 대한 내면의 논쟁은 끊임없이 계속되는 논의이다. 그 결과로 습관에 얽매여 앞으로 나아가는 것을 방해한다(그것들이 전적으로 잘못된 것인지 아니면 충분히 완벽한 것인지 영원히 계산한다면). David Epston은 이러한 현상을 "딜레마를 몹시 괴롭히는 것"으로 비유했다(D. Epston, personal communication, July, 2002).

내면화된 논쟁의 과정은 자신감, 지지, 스스로에 대한 믿음을 약화시킨다. 어떤 사람이 병으로 돌아가신 엄마를 화장해야 할지, 매장해야 할지 가족들과 결정하지 못해 나를 찾아왔었다. 그 가족의 언쟁은 그들의 삶을 완전히 빼앗아갔고, 이 계속되는 논쟁의 강력한 영향으로 그들은 관계를 잃었다. 그 결과 이 가족은 서로 단절되고 고립되었다(내재적인 상실의 시간 동안).

한 이성애자 커플은 계속되는 싸움으로 인해 나를 찾아왔다. 그들이 '큰 소리'로 싸운 횟수를 알아보니 놀랍게도 (문제에 관해) 내적으로 토론을 한 숫자보다 '100배는 적은 것'으로 나타났다. 이것은 그들 마음속에서만 가지고 있었던 관계를 이어가야 할 것인가 아닌가 내적으로 논의하고 있었음을 깨달았고 주된 싸움이 바로 그것이었다는 걸 알게 되었다. 그들은 또한 실제로 무슨 말을 하는 것인지와 머릿속으로 생각한 것을 서로 비교하는 것에 어려움을 겪고 있다는 것을 알게 되었다. 자신 안의 내면화된 논쟁을 멈추는 성숙한 방법을 알게 되자, 싸움을 일으키는 실제적 문제는 쉽게 정리되고 결국은 해결되었다.

나를 찾아온 또 다른 사람은 세 번의 검사에서 음성반응이 나왔다는 사실에도 불구하고 자신이 HIV 바이러스에 감염되었다고 확신하는 여성이었다. 또다시 내면화된 논쟁과 그것으로 인해 극도로 힘들어져 삶이 피폐해졌다. 그리고 그녀는 삶을 포기하기 시작했고 그녀가 사랑했던 모든 것을 잃었다.

모든 내면화된 논쟁이 앞서 언급했던 예시들처럼 극적이고 부정적인 결과를 가져오는 것은 아니다. 그러나 습관은 일시적 마비, 쓰라림, 불신, 강렬한 생각, 무분별함의 원인 제공을 하기도 한다. 한 환자가 표현했던 것처럼 '매우 의미 없는 시간에 헌신'하는 것이다. 나는 이 습관을 큰 바위를 산 위로 밀어 올리는 벌을 받아 이 일을 한없이 되풀이했던 시시포스 왕의 끝없는 고문을 견디는 것과 같다고 비유하고 싶다.

더 많은 재점검 질문들은 다음과 같다. 당신은 이 많은 내면화된 논쟁들과 논쟁을 벌이고 있는 누군가의 논쟁을 떠맡았는가? 당신은 논쟁하는 데 하루에 얼마의 시간을 쓰고 있는지 돌아보고 생각해본 적이 있는가? 이 '계속되는 갈 곳 없는' 대화가 지치고 지긋지긋해진 적이 있는가? 이 내면화된 논쟁이 조용해졌을 때 당신이 차분해지는 경험을 알아차린 적이 있는가? 당신은 내면의 논쟁에 귀 기울이고 그것이 재미있다는 것을 알게 된 적이 있는가? 내면의 밖에서 무엇 혹은 누군가가 이 대화 뒤에 있을지도 모른다는 점을 알아차린 적이 있는가?

무망감

이 해로운 대화적 습관은 모든 도움, 공동체, 연합을 의미 없게 만들 수 있다는 부정적 인식을 갖게 한다. 문제를 벗어나 있는 모든 도움이 되는 경험과 이야기는 의미가 없다는 믿음에 굴복하게 하는 것이다. 이것은 가능한 모든 것을 '포기하는' 문제를 양산해내는 결과를 낳는다.

나는 이 무망감의 담론에 다음과 같은 재점검 질문을 한다.

- 무망감의 경험을 제공하는 복합적인 문제의 결과는 무엇인가?
- 무망감을 가진 사람에 대해 당신의 공동체는 어떤 관점을 가지고 있는가?
- 무망감을 지지하는 규정된 담론과 습관이 있는가?
- 희망을 지지하는 대안이 되는 습관은 무엇인가?
- 무망감을 잘 해내는 특정한 이슈는 무엇인가?
- 당신이 가진 무망감의 관점에 가장 잘 도움을 주는 특별한 믿음이 있는가?
- 당신은 아주 작더라도 희망을 경험한 적이 있는가?

무망감은 많은 것들을 빼앗아가고 우리 스스로를 포기하는 경험으로 데려간다(Anderson, 1987). 사람들은 이 경험을 '갈 곳이 없는', '갇혀 있는', '인생을 헛되게 사는 것'의 경험으로 묘사한다. 무망감은 그들 삶의 막다른 길로 향하게 한다. 그것은 우리의 살아 있는 경험을 작고 제한된 그림으로 압축해버린다.

우울증에서 벗어났던 톰의 경험을 기억하는가? 오래도록 성공한 자리에 있다가 퇴직을 한 후 (그의 부모의 보고에 따르면), 톰은 '작은 소망도 없는 상태에서' 나에게 왔다. 무망감은 그가 살았던 인생을 극도로 피상적인 추억들만을 남겨주었고, '점점 더 나빠질 것'으로 예상하도록 했다. 그는 무망감을 더 키워나갔고, 삶을 선택하는 대신 자살을 시도하면서부터 정신과에 11개월 동안 머물며 도움을 받게 되었다.

자신의 인생을 무망감과 고립의 수렁으로 표현한 35세 여성이 나를 찾아왔다. 우리가 상담하는 3개월 동안, 그녀는 대학에서 수업을 듣고 친구들과 다시 연락하고 레크리에이션 활동에 등록하고 가족을 방문하며 희망으로 한 걸음씩 나가기 시작했다. 새로 발견된 그녀의 희망을 기념하며, 그녀는 친구들을 초대해 일주일 동안 카약여행을 떠났다. 이것은 한때 무망감이 빼앗아갔던 모든 소중함과 선물을 다시 기억하기 위한 방법이었다. 그녀가 다시 나를 만나러 왔을 때는 여행에서 바로 돌아온 직후였다. 그녀는 '끔찍한 상태'로 지내고 있다고 설명했다. 왜냐하면 그녀가 집에 돌아왔을 때, 무망감은 거대하고 잔인하게 그녀의 삶에 다시 찾아왔기 때문이었다. 무망감은 그녀의 삶을 가져가기 위해 매우 심각한 시도를 하고 있었다. 다행히 구급대원이 '아슬아슬하게 때를 맞추어' 도착해 그녀를 구했다. 우리는 여행에서 돌아와 무망감이 돌아올 것에 대한 계획을 중요하게 여기지 않았음을 깨달았다. 그녀가 느낀 자신을 향한 분노는 갑자기 무망감의 습관으로 바뀌었고, 그것은 '여행에서의 기억과 지난 몇 달간의 진전을 지워버리려는' 시도를 하도록 했다. 그녀는 '약을 삼킨 것은 내가 아니었고 다시는 무망감이 나를 속이고 만들어낸 이야기로 내 삶을 가져가지는 못할 것'이라고 이야기했다. 그녀는 다시 죽음을 선택하는 일이 없도록 몇 달간 열심히 일하며 희망을 유지할 수 있게 되었다.

15세의 한 청소년은 학교와 동네에서 왕따를 당하고 거절당했던 슬픈 이야기를 조용히 전해주었다. 무망감의 매일의 대화는 그의 삶에 들어가 작은 소망도 가지지 못하게 하였다. 무망감은 그의 존재를 '더 나빠지게만 할 것'이라는 생각을 주었다. 무망감은 그가 훌륭한 학생이 되고 공동체를 위한 봉사자가 되며 유머러스한 인간이 되고 튼튼한 스케이트 보더가 되며 친구들이 힘든 시간을 잘 견뎌내도록 돕는 훌륭한 조력자가 될 수 있다는 또 다른 생각을 완전히 차단하였다. 그리고 끝내는 기억조차 할 수 없도록 만들었다.

나는 이 무망감의 담론에 다음과 같은 재점검 질문을 한다.

- 포기하는 것이 좋은 대답이라고 믿도록 돕는 방법을 무망감이 찾을 수 있게 하는 길은 희망을 포기하는 것이라고 생각하는가?
- 무망감에 의해 최근 차단되었던 희망의 자리를 기억할 수 있는가?
- 당신의 매일의 삶에 무망감을 장려하는 사람이나 생각이 있는가?
- 만약 희망이 당신의 삶에서 재발견된다면, 그 힘을 유지할 만한 현재의 소중함은 무엇인가?

■ 사랑은 당신 삶의 희망을 재건하기 위해 도움이 되는 방법인가?

완벽주의

완벽주의는 높은 성취와 탁월한 태도의 수용적인 형태로 세상에서 가면을 쓰고 있다. 발전하는 업적에 감사하고 열심히 일하며 노력하고 더 많이 배우고 좋아하는 일에 뛰어남에도 불구하고, 부정적인 담론과 해로운 완벽주의 담론은 서구문화에 완벽한 이상을 향한 압박을 주고 있다.

우리는 살면서 배운 대부분의 분야, 즉 종교, 교육, 체육, 과학, 미디어, 의학, 산업 등에서 완벽주의 생각을 훈련받아왔다. 완벽한 기준은 (모두 도달할 수 없고 신화적임에도 불구하고) '더 높은 자기'에 대한 인문주의자의 생각에 동의한다. 이 특별한 습관은 명시된 삶의 기준을 측정하지 않는 우리의 경험에 지배적인 역할을 담당하고 있다. 완벽함이 인간적으로 불가능함에도 불구하고, 이 담론은 더 큰 열의를 계속적으로 추구해야만 한다는 생각이 우리를 계속 따라다니게 한다. 완벽주의 훈련은 우리가 성취한 것을 종종 묵살하고 그것들을 '만족스럽지 않은 것'으로 분류한다. 우리는 더 열심히 하도록 격려하는 것이 우리 자신을 위한 것인지 완벽을 위한 것인지 모를지도 모른다.

나는 이 부정적인 생각과 부당한 비교의 담론에 다음과 같은 재점검 질문을 한다.

■ 완벽이 불가능함에도 불구하고 완벽주의적 생각으로 압력을 주고 훈련했던 방법을 다시 떠올릴 수 있는가?

■ 완벽주의적 기준은 어떻게 인간, 부모, 파트너, 고용인으로서 당신의 성취를 못 보도록 만드는가?

- 만약 당신이 완벽주의적 생각으로 인해 훈련을 거부한다면, 당신 스스로를 어떻게 볼 것이며, 거부를 성공하기 위해 어떤 노력을 할 것인가?
- 완벽주의적 생각은 당신을 무가치한 존재라고 여기게 만드는가?
- 다른 사람에게 칭찬을 들었을 때 완벽주의는 어떻게 당신의 능력을 부인하게 하는가?
- 완벽주의는 당신이 성취한 것을 절반밖에 못 채운 것으로 보게 하는가?
- 당신은 완벽주의의 비판적인 목소리에 만족한 적이 있는가?
- 남성과 여성은 완벽주의의 압력이 다른가?

나는 완벽주의의 생각의 저주를 약화시키기 위한 방법으로 나는 괜찮지 않고 당신은 괜찮지 않다. 그리고 그것은 괜찮다!(*I'm Not OK, You're Not OK — and That's OK!*)라는 제목의 책을 쓸 계획이다. 나의 오랜 동료인 **Lorrain Grieves**(1998 참조)와 밴쿠버반거식증/폭식증연맹으로 구성된 공동 연구원들이 나의 작업을 함께하고 있다. 무엇보다 중요한 회원들의 경험인 완벽주의가 주는 압력을 약화시키기 위한 투쟁은 분명해지고 있다. 우리는 완벽주의적 습관이 인간의 삶에서 기쁨을 절대 경험할 수 없게 한다는 것을 깨달았다. 한 회원은 완벽주의가 "매우 높은 기준을 정해놓고 내가 거기에 다다르면 기준은 더 높은 곳으로 이동한다."고 말했다. 예를 들면, 완벽주의는 여성이 감소시켜야만 하는 몸무게를 정하도록 돕고, 그 몸무게에 도달하면 기뻐할 겨를이 없다. 왜냐하면 완벽의 기준이 '조금 더 낮은' 몸무게로 이동하기 때문이다. 완벽주의적 담론은 조금만 더 운동할 것을, 조금만 덜 먹을 것을, 조금만 더 완하제를 복용할 것을 요구한다. 이 완벽주의의 잔인한 게임은 인간이 더 이상 기능할 수 없고 결국은 입원할 때까지 계속한다. 그리고 슬프게도 죽음에 이르러야만 게임은 끝을 맺는다.

누군가는 완벽주의를 '화난 감독'으로 표현하기도 하고, 누군가는 '벌주고 비난하고 박해하는 것'으로 표현하기도 했다. 학생, 무용수, 딸, 노동자, 부모, 운동선수, 상사, 파트너 등으로의 완벽주의를 성취하기 위한 극심한 고통은 삶을 파괴할 수 있다. 완벽주의의 담론은 누군가 그것에 부정적인 영향을 받기만 하면 경계 없이 모습을 드러낸다.

한 회사의 고위직 임원이 회사의 헬스네트워크를 통해 최근에 나를 찾아왔다. 그는 승진을 위해 평균 14시간을 일했다. 그는 '뒤처지는 것'에 대한 두려움으로 한 달에 하루 혹은 이틀 정도밖에 쉬지 못했다. 일을 하지 않을 때 그는 체육관에서 회사를 위한 완벽한 몸을 만들기 위해 노력했다.[18] 이러한 모든 노력에도 불구하고 그는 완벽주의가 지지하는 회사 일에 대한 스트레스를 다루지 못하고 압박을 견디지 못할 것이라고 느낀다고 말했다. 그는 자신에 대해 '비참하고 자신의 성취를 위해 살 시간이 없다'는 해로운 완벽주의의 괴롭힘으로 인해 심장마비를 일으켜 거의 죽을 뻔했는데, 그때가 그의 나이 38세였다.[19] 후유증으로 그는 8일 동안 병원에 있었는데, 완벽주의는 그에게 그가 '약하고 안쓰럽다'고 말했으며 '이전에 했던 것처럼 계속해서 열심히 일 할' 필요가 있다고 말했다고 한다. 그는 심장마비가 '동료들에게 그의 가치를 가르쳐

---

18) David Epston은 이러한 경험을 '회사 거식증(corporate anorexia)'이라고 불렀다.

19) 내가 만난 환자들이 40세 이전에 심장마비를 일으키는 주요 원인은 코카인 사용이었다. 이 환자의 경우는 아니었다.

줄까 봐' 걱정했다. 완벽주의는 그의 건강을 위험한 상태로 만들었고 이를 놓고 그를 비난했다. 완벽주의는 '다시 말의 안장 위로 올라가서 그만 걱정하라고, 걱정은 실패자들이나 하는 것'이라고 그에게 요구했다고 한다.

사람들은 완벽주의의 개조에 희생당한 경험이 있으면서도 가끔 한 걸음 뒤로 물러나 인생을 돌아보고 완벽주의가 그렇게 만들었다는 것을 찾아내는 것을 어려워한다. 완벽주의—다른 모든 해로운 내면대화적 습관과 협력하여 일하는—가 열심히 일하도록 연료를 제공한다고 말할 수 있을 것이다.

죄책감

끊임없이 훈련된 이 대화적 습관은 종교, 과학, 회사와 교육기관을 비롯해 몇몇 지배적이고 특정한 방법으로 수행되는 성, 계급, 성적 취향, 인종 등 규격화된 담론의 방법을 활용하기도 한다. 죄책감이 우리의 생각과 이해 속으로 스며들면, 통제할 수 없는 지경에 다다른다. 죄책감은 다른 문제전략과 오해가 무수한 상태로 그 모습을 드러낸다.

나는 이 죄책감의 담론에 다음과 같은 재점검 질문을 한다.

- 역사를 살펴봤을 때 사회를 통제하는 도구로 사용된 죄책감의 대화는 무엇이었는가?
- 어떻게 역사적인 수단으로 죄책감을 불러일으키는 대화가 대중을 선동하도록 활용되었는가?
- 죄책감으로 인해 이익을 보장받은 사람은 누구였는가?
- 공동체, 가족, 그리고 개인에게 복합적인 영향을 미치는 죄책감은

무엇인가?

- 죄책감이 당신을 설득하여 무언가를 하거나 말을 하게 함으로써 당신에게 결국은 공허한 느낌을 가지도록 했던 적이 있었는가?
- 당신의 인생에서 부당하게 죄책감을 느낀 적이 있는가?
- 당신의 마음은 옳은 일이라고 말하는데 죄책감이 잘못된 일을 했다고 비난한 적이 있는가? 이것을 당신은 어떻게 설명하겠는가?
- 남성과 여성이 동등하게 죄책감을 느끼도록 학습되었다고 생각하는가?

한 변호사가 지난 주 무언가를 '말하기 위해' 나를 찾아왔다. 그의 동료 변호사들이 나를 찾아가라고 권했는데 그 이유는 그가 '팀으로 일하는 데 어려워' 보였기 때문이다. 가장 최근의 문제로 그는 1주일 휴가를 가면서 자신의 전화번호를 회사에 알리기를 거부했다는 것이었다. 그는 자신의 입장이 옳다는 것을 나에게 보였음에도 불구하고, 여전히 '전화번호를 주지 않은 것에 약간의 죄책감'을 느낀다고 말했다. 왜냐하면 그러한 일은 그 회사의 모든 변호사들이 하는 일반적인 관습이었기 때문이었다.

한 젊은이는 그가 어린 시절 성직자에게 성적학대를 당한 일에 대해 증언을 한 후에 느낀 죄책감을 나누기 위해 최근에 나를 찾아왔다. 의문의 그 성직자는 지금 조사를 받고 있다(몇 가지 또 다른 고소 건이 있었기 때문이다). 그 젊은이는 그의 결정에 반대하는 교회 사람들, 가족들, 그리고 오랜 친구들이 자신을 찾아온 후 그의 용기에 대해 '또 다른 생각들'을 하기 시작했다. 그는 자신이 '바위가 많은 울퉁불퉁한 어딘가에 있는' 느낌이라고 말했다. 왜냐하면 자신이 침묵을 지키는 동안에도 죄책감을 느꼈고 그 정보를 누설한 후에도 죄책감을 느꼈기 때문이다. 죄책감의 대화는 양쪽 면을 모두 논한다.

한 여성은 폭력을 일삼는 남편을 떠나고 싶어 나를 찾아왔다. 이 여성은 13세, 15세, 18세인 세 딸의 엄마였다. 그녀는 남편의 지속적인 언어폭력이 있던 중에 첫째를 임신했을 때 시작된 상습적 신체 학대에 대해 말했다. 그녀는 오랫동안 그를 떠나는 것에 대해 고민했지만 '아이들에 대한' 죄책감 때문에 그의 곁을 지켰다. 그녀는 또한 남편을 떠나지 못하는 죄책감에 대해 자신을 '떠나기에는 너무나 약한' 존재로 믿고 '그녀의 딸들에게 끔직한 롤모델'이 되고 있다고 느낀다며 말했다. 죄책감은 떠나는 것과/머물러 있는 것 모두에 대해 이야기하며, 많은 이데올로기적인 (그리고 대립되는) 담론에 의해 지지된다.

이름 붙이기와 글쓰기 실제

이야기치료는 변화에 대한 개념들을 나타내준다. 즉 무엇이 변화를 구성하는지, 어떤 것이 이 치료적 · 대화적 경계에서 변화로 인식되는지, 언어의 한계, 문화적 구조, 이론의 실천 영역에서 무엇이 변화로 여겨질 수 있을지를 드러낸다(Medigan, 2007). 치료적인 이해, 반응과 행동은 변화의 가능성과 관련해 (때때로 동시에) 희망적이면서도 절망적인 사상들에 의해 종잡을 수 없는 '삶'이 주어진다.

이야기치료는 치료과정에서 문화적 생산과 재생산 과정에 명료함을 제공하려는 동시에 현재 제도화된 이름 붙이기(naming)와 글쓰기 치료 실제(writing therapy practice)에 가능한 대안을 제공해준다. 이야기치료는 희망을 고취시키고 변화를 일으키려는 과정들을 통해 영향력을 행사한다. 여기에는 다양한 글쓰기와 실제 과정을 통해 희망과 변화의 가능성을 해결해나가는 수많은 이야기 방법들이 있다.[20]

역사적인 자료에서 과거 사람들의 글쓰기를 분류하거나 '부드러운' 과학적 연구와 조사의 견본 등을 통해 사람들을 분류하는 심리학적 관행은 이야기치료사들에게 문화적이고 제도적인 규범에 따라 행동하게 한다(Foucault, 1973; Parker, 1998; Reynolds, 2008, 2010; Said, 2003; Spivak, 1996). 한 사람에게 주어지는 이름에 재생산되는 것은 새로운 신분이 새겨질 뿐만 아니라 가치화된 과학적 연구와 전문성에 타당성을 증가시킨다.

예를 들어 강박신경증, 경계선 성격장애가 같은 이름에는, 한 사람의 신체가 과학과 그 특수한 등급에 주어진 명칭 및 진단한 내용에 따라 만들어진다(Grieves, 1998; Sanders, 2007). 불행하게도 일상에서 매일 전문적으로 신체를 범주화해서 이름 짓고 진단해야 하는 전문가 및 이익 집단은 종종 사람이 누구인가와 그들이 누가 되어야 하는가에 대해 탈맥락화되어 병리화된, 결정적 관점을 가지고 있다(Caplan & Cosgrove, 2004; S. Spear, personal communication, 2009). 내담자는 까다롭고 희망 없는 방법들로 한계 지어진 그/그녀의 삶을 예측해달라고 요구한다(Caplan, 1995; Sanders, 1998).

진단명이 내려진 사람/문제를 판독하는 것은 보통 해석과 드러난

---

20) 나의 이야기치료에 대한 관점은 푸코의 사상과 후기구조주의 사상을 담고 있다. 그리고 반대로 생각해볼 수 있는 질문, 치료적 편지 쓰기 캠페인, 공동체의 활용 등을 지지한다.

문제를 설명하기 위한 '원인'을 분류하는 데 달려 있다(Dickerson & Zimmerman, 1996). 그 원인은 자주 그 사람의 비정상적인 몸 안에 개인화되어 위치하고 있으며, 가족 단위의 다른 구성원들과 그들의 비정상적인 몸은 유전적으로 연관이 있다. 이 과학적인 이름 붙이기와 글쓰기 모델에서, 대상/내담자(너와 나)의 몸은 장애라는 이름으로 적혀진 수동적인 약제(passive tablet)로 보인다.

정신병원, 소아치료센터, 또는 치료클리닉 같은 도움 시스템에 들어가면, 내담자는 종종 보험회사의 항의와 제삼자의 청구서 때문에 치료가 진행되기 전에 장애 진단을 요구받는다. 그 진단명은 보험, 교육, 의학, 사법상, 아니면 기업의 파일들과 같은 전문적인 기록현장에서는 전문적 진단명에 의해 더욱더 확실해진다. 우리 삶의 역사 파일은 축적되고 때로는 평생 지속될 수도 있다.

미리 정해진 사람과 타인에 의해 낙인찍힌 전문적인 이야기들은 강력하게 병리화된 줄거리, 수사적으로 끼워넣은 문제의 이름(그리고 개인적인 삶)을 유지하면서, 절망 상태를 유지하도록 한다. 사람들이 도움을 구하고 변화를 찾기 위해서, 북아메리카에서 쓰이는 치료의 이름 붙이기와 글쓰기 과정은 혼란스러우면서도 정신적 충격이 아닐 수 없다(Epston, 2009; Jenkins, 2009; Madigan, 2007). 희망과 가능성에 대한 그들의 대답은 그들에게 진단명을 내린 바로 그 기관으로부터 실제적인 도움을 협력받기를 소망하는 가운데 치료적 의료기술과 약리학의 효과를 경험하고 싶은 것이다. 만약 치료적으로 처방한 것이 효력이 없다면, 그 몸에는 또 다른 진단명이 붙여질 것이다(Moules, 2003).

문제에 대해 관념적으로 편향된 상업의 결과는 '얄팍한 결론'에 따라

정해진 틀과 지배적인 지식에 따라 불충분하고 허구화된 한 개인의 인공 자아를 만들어낸다(M. Wihte, personal communication, 1990). 병리학의 담론을 이야기하기 위해 도입된 병리학적 지식과 과학 장비들에 의해 실시된 모든 과정은 모두 정신건강 문화에 따른 것이지, 그 사람 존재 자체에 대한 것이 아니다.

새로운 형식의 글쓰기와 이름 붙이기의 형태 : 치료적 편지 글쓰기 캠페인

치료적 편지 쓰기 캠페인[21](Madigan, 2004, 2008; Madigan & Epston, 1995)은 사람들이 잃어버린 부분을 재구성할 수 있도록 도와준다. 이 캠페인은 사람들이 문제를 가졌을 때는 비회원으로 회원 시스템의 사랑과 지지를 받고 회원재구성(re-membering; I. McCarthy, personal communication, 1998; Myerhoff, 1992; M. White, personal communication, 1994)을 할 수 있도록 도와준다.

공동체 편지 쓰기 캠페인(community letter-writing campaign)의 논리는 제도의 구조(Gremillion, 2003; Madigan & Goldner, 1998)와 문제를 돕는 데 따라오는 수많은 다른 시스템들로 더욱 강하게 성장하는 정체성 문제에 반응하는 것이다. 사람이 희망으로부터 단절된 존재인 것 및 그들의 경험을 잊어버리는 것과 그들의 '아픈' 정체성 및 급속하게 증가하는 절망적인 병리적 진단 밖에 살고 있는 관계 사이에 연관성이 있다.

---

21) 나는 Epston과 White의 수많은 글쓰기 실제를 확장으로써 치료적 편지 쓰기 캠페인을 만들었다.

관심을 가진 공동체를 통해 편지 쓰기 캠페인을 창조하는 것은 포화된 문제에 대한 이야기와 기억의 균형을 잡아주는 치료적인 의미가 있다(Madigan, 1997). 캠페인은 내담자가 문제로 어려워하는 동안 그 내담자의 이야기를 좋아해줄 사람들을 회원재구성의 공동체로 구성하게 된다. 그들이 쓴 이야기들은 그 사람의 고통을 정의하고 또한 변화가 가능하다 믿음으로 전개한 이야기들로 전문적이고 문화적인 글로 전개된 것과는 다른 것이다.

편지 쓰기 캠페인은 6~76세의 사람들을 위해 만들어졌다. 공동체를 기반으로 한 캠페인은 어려움, 불안을 포함해 아동 상실(child loss), HIV/AIDS, 과식증, 우울, 완벽주의, 공포, 그리고 부부 갈등과 같이 광범위한 종류의 어려움과 싸우는 사람들에게 도움을 준다. 캠페인은 사람들이 자신들을 문제에 휘어잡힘, 어마어마한 고립, 자해, 그리고 삶 대신 죽음을 선택하려는 시도들로부터 그들을 끄집어내어 다시 문제와 싸울 수 있는 가능성을 되찾을 수 있도록 만든다(Madigan & Epston, 1995).

편지를 받은 사람들은 자신을 회원이 되지 못하게 했던 문제의 상황으로부터 회원재구성을 하며 그동안 묵인되어왔던 자기를 재발견하기 시작한다(Hedtke & Winslade, 2004/2005; Sanders, 1997; Sanders & Thompson, 1994). 이것은 이전에 친밀했던 관계, 학교, 운동, 경력, 그리고 가족 구성원 등과의 회원 자격을 다시 돌려달라고 요구하는 것과 문제들로 인해 제지된 여러 모습을 다시 일깨워준다.

몇 년 동안 우리는 말 그대로 수백 명의 응답들로 네트워크를 이루었고 세 사람 문제 차단하기(three-person problem blockade)에서도 성공하면서 대대적인 국제 글쓰기 캠페인을 시도하게 되었다. 여기까지 오는 동안, 도움과 희망을 주는 편지들은 가족들의 애완견, 곰인형, 자동차, 돌아가신 조부모, 태어나지 않은 형제자매, 그리고 알려지지 않은 영화배우와 같이 아주 호기심을 자극하는 작가들로부터 전달되었다(이 장 뒷부분에 있는 캠페인 기고가들의 글 참조).

오스카와 함께 여행을

일흔인 오스카와 그의 아내 맥신이라는 내담자가 있다. 첫 상담에서 오스카는 1년 전 횡단보도에서 트럭에 치였다고 알려주었다. 그는 살아날 가망이 없는 상황에서 살아났다. 3개월 동안 혼수상태에서 깨어날 수 없었지만 깨어난 것이다. 그 사고로 그는 다시 걷지 못하게 할 것으로 예상됐지만, 다시 걸을 수 있었다. 상상했겠지만, 나는 비범한 사람 앞에 앉아 있다는 사실을 깨닫기까지 오래 걸리지 않았다. 그러나 오스카는 그 과정에서 어느 시점에서인가 '자신감'을 잃었기 때문에 엄청난 대가를 지불한 것 같았다. 그는 나에게 만약 맥신이 그의 옆에 '24시간 내내' 같이 있지 않았더라면 공황 상태에 빠졌을 거라고 말했다.

맥신은 오스카의 의료적 돌봄이 시작되기 이전 몇 년을 함께 보냈는데, 우리가 처음 방문했을 당시 자신의 일에 몰두하기를 원하고 있었다. 하지만 불행히도 두 사람은 모두 불안에 떨고 있었기 때문에 그러한 바람은 생각할 겨를조차 없었다.

오스카는 사고의 '유산'으로 남겨진 불안에 대한 대화를 나누는 동안에 그는 "나는 반만 있는 사람"이고, "맥신은 다른 남자를 찾아 나를 떠날 것이다.", 그리고 "나는 그녀가 나를 양로원에 넣을 계획을 가졌다고 믿는다."고 믿게 했다. 불안은 또한 그가 "나는 좋은 아내를 얻을 자격이 없어."라든가 더 나아가서, "나는 자살해야 돼."라고 믿게 했다. 불안이 있는 관계는 그로 하여금 사고가 나기 전에 살아왔던 삶을 잊도록 했다. 오스카는 더욱더 "고립되고 우울해졌다."고 내게 말했다.

오스카와 맥신은 10년 전 영국을 떠나 캐나다로 이주했고, 캐나다에서 사고가 일어나기 전 그들의 삶은 '더없이 행복'했었다고 했다. 첫 상담에서 우리는 불안이 오스카에게 점점 더 다가와 오스카를 더불어 그를 자포자기 하게 했다는 것에 동의했다. 다음 상담까지 우리는 국제적인 불안 떨쳐내기 편지 쓰기 캠페인을 벌이기로 하였다. 사례 4.4는 우리가 두 번째 상담 말미 5분 동안에 함께 쓴 편지이다(이 편지는 보통의 편지 쓰기 캠페인 편지로 보일 수도 있다). 오스카는 친구들이 그 편지를 '미친 생각'이라고 생각할지도 모른다고 걱정하여 내 자격증을 '신빙성'을 증명하기 위해 포함해야 한다고 주장했다(인용문구안에 있는 것들은 오스카가 우리의 상담에서 실제로 한 말이다).

캠페인 편지의 구조는 거의 비슷하다. 나는 내담자와 함께(내담자 그리고/또는 선택한 가족 구성원들) 가족/공동체 회원들에게 편지를 썼다. 즉 그들에게 (1) 내담자와 그들의 관계에 대한 기억, (2) 내담자에 대한 그들의 현재 희망, (3) 그들이 내담자와 미래에 어떤 관계로 성장하기를 기대하는지와 같은 내용의 줄거리를 가지고 편지를 작성함으로써 일시적으로 다시 기억하기와 증인되기 과정에 지원해줄 것을 요청하는 것이다.

여기 쓰인 설명들은 과거가 오직 부정적이기만 하고 절망이라는 최악의 시나리오로만 가득 찬 미래를 예견하는 사람에게 다시 쓰기를 통해 문제의 전략들에 정면으로 도전하도록 한다. 또한 그 편지들은 그 문제

사례 4.4 ■ 오스카의 친구들에게 보내는 편지

오스카의 친구들에게

저는 Stephen Madigan입니다. 의료사회 복지사 자격증을 가지고 있으며, 가족치료 석·박사 과정을 이수하였습니다. 여러분들의 친구인 오스카와 맥신은 당신들에게 도움을 얻을 수 있도록 편지를 써줄 것을 요청했습니다. 여러분들도 눈치를 챘겠지만, 오스카는 14개월 전에 끔찍한 사고를 당했고, 그는 분명히 회복되기 시작했습니다. 여러분들이 알아야 할 것은 사고의 후유증이 오스카에게 불안에 사로잡히게 했다는 것과 그 불안이 현재 그를 지배하고 있다는 사실입니다. 여러분들이 믿기 힘들겠지만, 불안이 남긴 메시지 중 하나는 "그는 아무 것도 잘하지 못해.", "그는 쓸모없는 사람이야.", "친구들도 곧 그가 불안을 아는 것처럼 그를 알게 될 것이야." 등입니다.

불안의 영향을 겪는 동안, 오스카는 자신을 '포기'하기 시작했고, 우리는 그를 불안의 손아귀로부터 데려오기 위해 여러분들의 도움을 요청합니다. 우리는 그가 선택한 관심 갖는 공동체로서 모두 동의했고, 여러분들은 오스카를 이 끔찍한 불안으로부터 이겨낼 수 있도록 도울 수 있습니다.

여러분들은 오스카에게 다음과 같은 내용의 편지를 보내주실 수 있습니다. ⑴ 여러분들이 그와 함께 있던 과거를 어떻게 기억하는지, ⑵ 그의 건강이 되돌아오는 것과 그의 현재의 몸 상태에 대한 여러분들의 생각과 감정이 어떤지, ⑶ 오스카(그리고 맥신)와의 미래의 관계가 어떻게 될 것이라고 믿는지.

우리는 도움을 줄 여러분들의 편지에 너무 많은 요구를 하는 게 아니길 바라면서, 여러분들에게 진심으로 감사를 전합니다. 오스카는 답장을 하는 여러분 모두에게 다시 답장할거라는 것을 알아주시기 바랍니다.

따뜻한 마음을 담아서,

Stephen Madigan 박사, 오스카의 불안 떨쳐내기 상담사

에 도움이 되는 것과 그 사람에 도움이 안 되는 것을 발견하는 어떤 부정적 측면의 전문화된 이야기들이 다시 쓰기로 시작된다. 그리고 그 사

람이 받은 그 편지들은 전에 내담자의 파일에 적혀진 것과 항상 극명하게 달랐다. 관심을 가진 그 사람의 공동체가 쓴 캠페인 편지들은 반박파일을 대변한다. 약자에게 반대행동을 할 대안 버전의 서류들은 그 사람의 몸에 문제 이야기가 전문화적이면서 문화적으로, 그리고 병리적으로 이름 붙여진 것에 효과를 발휘하게 한다.

몇 주가 지나는 동안 오스카는 사고로 시력이 나빠졌기 때문에 캠페인 편지를 내가 크게 읽어줄 것을 요청했다. 나는 흔쾌히 그렇게 했고, 내가 낭독하는 동안 오스카는 울기도 하고 웃기도하며, '그의 좋은 행운'[22]에 대해 나에게 이야기해주었다. 편지들은 그에게 더욱 대안적인 이야기를 기억할 수 있게 도왔다. 그는 정신과 의사가 1년 전에 처방한 약을 '그만 먹겠다'는 결정도 했다. 우리는 친구들과 가족들이 직접 오스카에게 쓴 편지를 크게 읽어줄 수 있도록 상담 회기 때 그들을 초대하였다(캠페인 치료 회기 구조의 논의 장면 참조).

편지에 기록된 내용처럼, 오스카는 많은 사람들의 삶과 많은 것에 영향을 주었다. 놀랍지도 않게 그에게 관심 갖는 공동체는 그들의 도움과 사랑을 담아 그에게 편지를 써서 답장할 수 있는 기회를 갖게 된 것에 반가움을 표했다. 그의 불안 떨쳐내기 지원 팀은 유럽, 영국, 북아메리카를 포함한 전 세계로부터 편지를 썼다.

몇 달이 지난 후, 오스카는 맥신과 오랫동안 기다려온 '불안 떨쳐내기' 여행을 프랑스로 다녀온 후 나에게 편지를 썼다. 그는 프랑스 여행이 '자신의 건강이 돌아온' 분명한 표시가 되는 상징이 되었다고 하였

---

22) 이것은 매일 편지 쓰기 캠페인를 실천하는 가운데 다시 이야기하기(re-telling)의 행동으로써 그 사람에게 편지를 읽어주는 회기에 쓴 사람이 가져오는 것이다.

다. 그는 맥신이 하루 여행을 떠났을 때 혼자 앉아 에스프레소를 마시면서 엽서를 쓴다고 했다. "나는 더 이상 불안의 포로가 아닌 것을 내 행운의 스타들에게 감사드린다."고 썼다. 이제 그의 유일한 문제는 '그에게 되돌아오는 편지들을 따라가는 것뿐'이라고 했다. 하지만 그는 그 되돌아오는 서신들을 스스로 관리할 수 있고 '완전히 책임을 져야 할 것'이 문제라고 하였다.

관심을 가진 공동체의 모집을 제외하고, 오스카는 모든 그의 개인적인 능력이나 우수함, 그리고 그가 살아가는 동안 만들어냈지만 그의 문제가 '주장하고' 간과하고 기억하지 못했던 공헌들을 다시 기억하는 것에 아마 절대 견고함을 잃지 않을 것이다.

편지 쓰기 캠페인은 문제의 문화적이고 전문적인 허위정보에 대응하는 경향을 가진 것으로 보인다. 또한 그것은 포화된 문제가 특이한 사람의 그런 '이야기들'에 대해 내담자, 가족, 공동체에게 그 사실을 알려준다. 캠페인은 재정의하는 의식일 뿐만 아니라(White, 1995b) 맥락상 지배적인 이야기로 문제를 약화시킨 것에 대한 항의와 반대투쟁으로 보인다.

공동체의 편지 쓰기 캠페인의 저변에 깔린 논리는 제도의 구조 내에서 더 강하게 성장하는 어떤 정체성 문제에 반응하려는 방법을 찾기 위한 시도이다. 그들은 희망과 잊혀진 경험으로부터 단절된 존재이기 때문에 병원/기관/소아전문 치료기관에 있는 사람들과 그들의 '아픔'이라는 정체성 밖에 살고 있는 관계적 정체성 간에 긴장감이 존재한다. 이 긴장감은 탐구해볼 만한 가치가 있다. 내 이야기치료 실제의 경첩 일부가 창조해낸 것이 바로 이것이다.

공동체가 전적으로 회원재구성으로 받아주고 내담자가 일시적으로 문제에 대해 선호되고 대체될 만한 이야기를 기억하기 위해 저항하는 동안 내담자의 이야기를 듣는 사랑하는 사람들에 의한 긴장 내 균형을 이루는 것이다. 이 훌륭한 이야기들은 그 사람에게 항상 변화될 수 있다는 신념을 갖게 하고, 고통을 규정하는 전문적이고 문화적인 명시를 밖에 서도록 한다(Smith & Nylund, 1997).

편지 쓰기 캠페인 구조

편지 쓰기 노력들은 다양한 형태와 구조를 가질 수 있으나, 가장 보편적인 캠페인들은 다음과 같은 형태를 따른다(Madigan, 1999, 2004, 2008).

1. 캠페인은 질문받고, 활기를 되찾고, 다시 기억될 수도 있는 사람이 대안적인 설명들이 있을 때 이야기 상담으로부터 시작된다. 사람들은 문제가 묘사하는 것과 그들을 다르게 여기는 다른 사람들이 있는지 고려하도록 요청받는다. 그러면 이런 다른 설명들이 덧붙여진다. 나는 다음과 같은 질문들을 물어볼 것이다. "만약 내가 당신에 대해 _____을 인터뷰한다면, 당신에 대해 그 문제가 차마 말하지 못한 것을 뭐라고 말할 거라 생각하십니까?" 또는 "당신은 친구들이 문제가 말하는 것에 반박되는 내용을 말함에도 불구하고 당신에 대해 말하는 것이 정확한 이야기일 것이라고 생각하십니까?" 또는 "당신에 대한 묘사 중 누구의 묘사를 가장 선호하며 왜 그렇습니까?"
2. 내담자와 나는 (내담자의 가족/동반자, 친구, 치료사, 내부자 등, 이 사람

들이 참석한 상태라면) 함께 문제가 그/그녀와 함께 있기 때문에 내담
자가 기억하기를 잊어버렸던 그 모습의 사람이라는 다른 설명에 대
한 모든 가능성에 대한 대화를 시작한다. 우리는 내담자가 어떤 사
람이었을지, 내담자가 어떤 사람이 되고 싶었는지, 그리고 문제가 생
기기 전에 잘 지내고 있던 사람이었다는 것에 대해 대화한다. 우리는
문제가 제지했기 때문에 잊어버리고 있었던 그와 그녀의 잊어버리고
있었던 대체된 삶을 기억해냈다.

3. 우리는 그 후 내담자의 삶에서 누가 이 대안적인 서술을 도와줄지에
관한 목록을 만들기 시작한다. 이 목록이 완성되면 우리는 지원과 초
대를 바라는 편지를 쓴다.

4. 경제적으로 힘들다면, 나의 예일가족치료에서 편지 봉투와 우표를
제공해줄 것이다.

5. 만약 개인적인 문제라면, 예일가족치료를 답장을 받을 주소로 사용
해도 된다.

6. 관심 갖는 공동체의 상담에 참석해달라는 편지를 쓸 사람들은 가능
한 많이 쓰는 것이 중요하다. 만약 그 사람이 다음 상담에 편지를 들
고 혼자 올 경우, 내가 원문의 내용을 다시 읽어줄 것이다.

7. 내담자는 그/그녀 자신을 '다시 찾기' 방법으로 편지의 모음을 살펴
보기를 요구받는다.

치료 장면에서 편지 읽기와 증인 되기의 일반적인 구조는 다음과 같다.

1. 모든 캠페인 저자들은 지리적으로 가능하다면 상담에 초대되고, 차
례로 그 사람에 대해 쓴 편지를 소리 내어 읽는다. 보통 내담자, 나,

공동체로부터 온 다른 편지 쓴 사람들, 그리고 때때로 치료 팀의 내부자들이 참석한다.

2. 각 작성자가 편지를 소리 내어 읽은 후, 내담자는 편지를 다시 작성자에게 읽어주기를 요청받는다. 그렇게 해서 쓴 사람과 내담자 모두 어떤 것이 이야기되고 쓰였는지 말하는 입장과 듣는 입장이라는 2개의 다른 입장에 참여할 수 있게 된다.

3. 작성자가 각각의 편지를 읽고 내담자와 논의한 후, 이 상담의 공동체에 와서 듣고 있던 다른 사람들은 이 편지가 그들의 개인의 삶 속에서 어떤 것을 환기시키는지에 대한 간단히 반추한 것을 나눈다.

4. 이 과정은 모든 편지가 낭독되고, 다시 읽고, 반응이 나타나고, 반추될 때까지 계속된다.[23]

5. (보통 전문가들이지만 항상은 아닌)[24] 공동체 가입자들[25]은 다 반추된 후 내담자와 그/그녀의 공동체에 짧은 편지를 쓰고 읽는다. 그것들은 그들에게 개인적으로 그 편지들로 인해 감동받은 측면들과 나눈 희망을 그/그녀의 공동체와 그 사람에 의해 내담자에게 반대관점으로 제공하여 되돌아보게 한다.

6. 참석한 모든 사람들에게 각 편지의 복사본을 준다.

---

23) Michael White(1995b)의 정의 예식 참조

24) 1990년 캐나다 오슬로에서 열린 국제 얼티미트프리스비 경기를 마친 이후에, 노르웨이 심리학자 Tom Andersen은 노르웨이 크리스텐슨에 위치한 여름 별장에서 자신을 비롯해 가족과 함께 4일간의 휴양을 즐기며 나와 충분한 대화를 나누었다. 나는 밤낮으로 그를 인터뷰하며 그가 어떻게 팀을 활용해왔는지, 치료에서 예술을 활용하는 것과 잘 듣는 것이 얼마나 중요한지를 알게 되었다.

25) 몇몇 캠페인에서 나는 반거식증/폭식증연맹에 참여하였던 사람들 또는 내담자들에게 질문을 던졌다.

7. 그 후 나는 다음 상담에서 내담자를 포함한 관심을 가진 공동체, 그
   리고 반추하는 데 참여한 팀 모두에게 보내는 치료적인 편지와 함께
   진행한다.

편지 캠페인 공헌자

많은 문제의 파급효과들은 종종 사람들을 둘러싸고 있는 고립, 무심함,
철회로 그들을 강요하고 그들을 둘러싸고 있는 지원 체제들로부터 그
들 스스로를 비회원이 되도록 밀어붙일 수 있다. 비슷하게 문제들과 전
문적인 체계는 돕는 사람들에게 절망, 분노, 체념과 싸우고 있는 사람
들에게서 떨어지라고 강요할 가능성이 있다.

우리 경험상 일단 지원하는 사람들이 캠페인에 기여할 수 있는 초대
편지를 받는 순간, 그들은 종종 한 번 이상 더 써야 될 것 같은 강요를
느낀다(셋 혹은 네 개의 편지는 평범하지 않다). 기여자들은 종종 그들이
돕는 과정에서 '소외되었다'는 느낌을 경험했다고 진술한다. 캠페인에
기여자들은 그들이 그 사람의 삶에서 지배적인 문제에 뭔가 했다고 믿
으며 그 역할에 대해 '비난받고', '죄책감'을 느낀다고 보고한다. 그들은
이러한 자신들에게 일깨워진 무수한 느낌들에 대해 다양한 전문적인 담
론과 자가치료적 서적이 도움이 될 것이라고 제안한다. 소외된 존재는
종종 '무력하고', '쓸모없다'는 생각을 남길 수 있다(Madigan, 2004).

편지 캠페인 작성자들은 그들의 기여로 인해 그들이 '쓸모 있고', '팀
의 일원'이라는 느낌이 들게 도와주었다고 한다. 게다가 다시 기억하여
쓰는 것은 가족들과 다른 지지하는 사람들에게 그들의 삶에서 문제가

주는 부정적인 지배에서 벗어날 수 있는 기회를 제공하고 재개와 희망을 위한 대안과 활동적인 의미를 갖게 한다. 자신의 스물두 살 조카를 위해 우울 저항성 캠페인에 스스로 참여한 노인은 "편지 캠페인은 나를 벤치에서 나와서 문제에 대항하여 큰 득점을 올릴 수 있게 도와주었고, 그래서 내 조카도 벗어나서 이길 수 있었다. 조카를 도운 게 나 스스로를 도운 거였지."라고 말했다.

치료적 편지 쓰기 캠페인은 문제가 그/그녀가 있던 곳에서 종종 분리시키는 삶의 경험을 한 사람의 대안적인 설명을 다시 기억하게 하기 위해서 수행된다. 캠페인은 문제가 떨어뜨려놓은 집단으로 그 사람이 다시 들어갈 수 있도록 격려한다(예 : 가족, 친구, 학교, 운동, 단체, 음악, 미술). 치료적 편지 쓰기 캠페인은 심리학적 담론들이 종종 사람들의 삶에 만들어내는 소외된 결과와 문제된 생활양식으로 인한 비일원화되는 것에 반대실천으로서 설계된다. 편지는 회원재구성, 다시 기억하기, 그리고 의미두기로 선호되는 대화의 내용으로 만들어진다. 다음은 이런 캠페인이 담긴 내용 중 하나이다.

피터의 여행

내원환자의 사회사업과 성인 정신의학병동에서 나에게 피터를 봐줄 수 있냐고 의뢰하였다. 피터는 38세, 백인, 이성애자, 기혼으로 지역 영화산업에서 일하는 중년의 남성이었다. 이 특정한 정신의학 병동은 개인과 가족에 대해서 나에게 알아보도록 과거에 요청한 적이 있었다. 또한 의뢰한 사회사업가는 내가 밴쿠버에서 필름과 텔레비전 산업직원을 책임지는 최고의 치료사임을 알고 있었다. 그래서 그 사회사업가 관점에서 볼 때 피터와 나는 좋은 치료적 만남의 가능성을 가진 것으로 비쳤던 것이다.

피터는 병원의 전문가들에 의해 '만성적인 우울증'과 변화될 희망이 거의 없다고 진단받았다. 그 비관적인 생각은 최근 병동에 있을 때 자살시도를 시도하는 도화선이 되었고, 결국 남자 간호사들에 의해 억지로 제지당하는 사건이 있었다. 건강과 변화를 위해 병원은 수많은 약과 함께 집단과 개인적인 인지행동치료를 포함한 계획을 세웠다. 이런 시도들에도 불구하고 병원직원은 그를 "어떤 것도 효과가 없는 것 같다."고 했다. 나는 그 직원이 병동에서 6개월 지낸 후 '변화는 불가능하다'고 생각하기 시작했다는 말을 들었다.

피터는 네 달 동안 총 아홉 번 나를 방문했다. 처음 여섯 번의 만남 이후에 그는 집에서 병원으로 돌아가기로 했었다. 모든 치료 회기들은 한 번의 이야기 반영 팀(narrative reflecting team)을 포함했다(Madigan, 1991a). 다섯 번 방문하는 동안 편지 쓰기 캠페인의 지원자들(가족구성원, 오랜 친구들, 결별한 그의 전부인 캐이트랜드를 포함한)이 삶에 대해 쓰인 편지를 치료 중에 피터에게 읽어주기 위해 초대되었다.

첫 상담 중에 피터는 이 대화하기 11개월 전에 그의 세 살 되는 딸(전부인인 캐이트랜드와의 딸)이 비극적인 익사사고로 죽었다고 설명했다. 처음에 그는 단지 '비통하고 화가 났고', '삶의 진짜 의미가 사라진' 느낌만 들었고 "그게 문제가 되는 어떤 사람이든 간에 지지하는 것을 실망시켰다."고 말했다.

피터는 딸의 죽음에 대해 '자신 스스로를 세상으로부터 고립시키는 것'으로 반응했고, 그것으로 '자기 자신을 비난했다'고 말했다. 잠시 후 그는 '혼자가 되기 위해' 이혼을 했다. 짧은 기간에 피터는 사실상 그에게 관심 갖는 사람들에게서 자신을 떨어뜨려버렸다. 그는 마침내 '모터가 돌아가는 채로 차고에 있었던 걸' 이웃이 찾아냈다고 시인했다.

그가 언급했듯이 문제는 '계속 나아갈 능력이 없는' 것으로 이는 그의 일상을 차지하고 있었다. 그는 '겁에 질린 낮과 밤' 그리고 딸이 죽기 전에 '그의 삶의 대부분을 기억할 수 없다'고 알려주었다. 그는 그가 '희망이 없다고 느껴지고', '딸 마라의 목소리'를 기억할 수 없다고 말했다.

간략하게 나는 피터와 내가 참여했던 몇 가지 치료적 반대 관점의 질문의 줄거리를 아래 실어본다.

- '희망을 포기하는 것'이 절망한 당신의 대화에서 당신을 돕는 하나의 방법을 발견하는 데 포기가 당신에게 좋은 대답이라고 생각하는가? 오직 하나의 대답이라고 생각하는가?
- 세 살짜리 딸을 잃은 아빠를 지켜보는 공동체는 어떨 것이라고 생각하는가?
- 모든 사람들이 당신에게 "이겨내라."고 말하는 게 공정하게 느껴지는가?
- 당신은 이 사람들이 슬퍼하는 아빠에게는 적절한 시간대가 있다고 믿는다는 것을 믿는가?
- 현재에는 절망과 체념으로 막혔지만 당신이 기억할 수 있는 과거의 희망이 있는가?
- 그 희망은 어떻게 가능한가?
- 당신의 이웃인 데이브가 차고 안에서 죽기 전에 당신을 밖으로 빼

준 사실에 대해서 어떤 희망을 찾았는가?

- 당신은 마라의 죽음에 대해서 자신을 비난하는 것이 옳다고 느끼는가? 어떤 것이 이 비난을 지지하는가?

- 당신이 우울하다는 병원의 진단이 정확한가? 아니면 이것은 아마 '어떻게 시작할지' 모르는 것에서 나오는 당신의 경험에 대한 것이라고 생각하는가?

- 왜 병원은 슬퍼하는 아버지에게 그렇게 많은 약을 준다고 생각하는가?

- 마라의 죽음에 대해서 당신의 삶과 공동체 안에 있는 사람들, 병원 직원을 포함하여 이들 중에 누구를 비난해야 한다고 믿는가?

- 당신이 나에게 설명한 이 깊은 슬픔을 다른 사람과 나눌 수는 없는가?

- 한 사람이나 하나의 아이디어라도 당신의 일상을 무망감에서 촉진시킬 만한 것이 있는가?

- 당신의 삶에서 찾아봤을 때 누가 희망을 위해 당신이 다시 돌아올 때까지 잡아주고 있을 것이라 생각하는가?

- 당신의 삶에 희망이 다시 발견될 수 있다고 상상할 수 있는 순간이 있다면, 현재의 어떤 좋은 점이 그 힘을 계속 유지할 수 있게 할까?

- 당신의 내부의 비난과 희망 간에 한 번이라도 논쟁해본 적이 있는가?

- 마라를 위한 사랑이 어느 방법으로든 당신의 삶에 희망을 다시 채워주는 데 도움이 된다고 생각하는가?

사례 4.5 ■ 피터의 친구와 가족들에게 보내는 편지

피터의 친구와 가족들에게

저는 피터의 가족치료사인 Stephen Madigan입니다. 마라의 비극적인 죽음 이후 피터는 저에게 '세상을 어떻게 마주해야 할지 모르겠다'고 했습니다. 현재까지 '절망'은 자살할 정도로 '그의 삶을 차지하고' 있습니다. 이것을 또다시 약화시키는 것은 피터가 마라의 죽음 전에 '그의 삶의 대부분을 기억할 수 없다'는 것입니다. 피터도 '마라의 죽음을 책임지는 이상한 방법'이란 것을 느끼고 있습니다, 심지어 그는 '정신 내부 어딘가'에서 '그 사고가 일어났을 때 그가 도시 외곽에 있었다는 것'도 알고 있습니다. 피터는 '그의 삶과 그냥 가야 한다'는 '강한 메시지가 그곳에' 있다고 믿었습니다. 피터는 이 태도를 모든 '사람이 각각 다르고' 그는 '아마 절대 극복할 수 없지만 결국엔 같이 살아가는 법을 배울 것'이라고 믿기 때문에 '문제를 일으키는' 태도를 발견하게 되었다고 말합니다.

우리는 여러분이 (1) 피터와 같이 한 여러분의 삶에서의 기억, (2) 여러분이 나눈 것들, (3) 마라가 여러분에게 어떤 사람이었는지, (4) 피터가 슬퍼하는 동안 어떻게 도울 계획인지, (5) 삶에서 피터가 여러분에게 준 것은 무엇인지, (6) 피터가 병원에서 나온다면 같이 어떤 삶을 살아갈 생각인지에 대한 설명을 피터를 돕기 위해 편지로 적어서 보내주기를 바랍니다.

도움을 주셔서 감사하며,

피터, 스테판, 그리고 팀

세 번의 상담 후 피터, 팀, 그리고 나는 관심 공동체에게 보낼 편지의 초안을 썼다(사례 4.5 참조) 그는 편지를 보낼 12명의 사람들을 선택했다.

개인적으로 나는 피터와 함께 반영하기와 읽기에 참여해준 그의 관심 공동체의 8명이 극도로 심오함을 가지고 참여했음을 발견했다. 우리의 편지 쓰기 캠페인 만남은 가끔 두세 시간씩 지속됐다(우리는 이 상담을 하루의 마지막 상담으로 잡았다). 관심 공동체에서 작성된 내용은 피터의 희망에 대한 예상을 움직이고, 그가 누구였는지 받아들이고, 그의 삶을 더

살아가고 싶은 의지를 주기에 충분했다.

4주 후, 피터는 병원을 떠나서 약과 걱정으로부터 자유로워진 방향으로 한발 앞서 나갔다. 그와 마라의 어머니인 캐이트랜드는 그 후에 재혼을 위해서 치료를 받았다. 그들은 편지들을 가지고 왔다. 그리고 함께 재혼 가능성을 이야기했다. 희망은 아주 훌륭한 묘약이다.

다른 수많은 놀라운 이야기치료 실천들이 더 많다. 이 장에 더 수록하고 싶은 다른 많은 사람들의 이야기들이 있지만 공간의 제약으로 더 쓸 수 없다.

내부 동맹과 협력 연구

1980년대 초반 동안, David Epston과 Michael White는 치료적 편지 쓰기가 포함된 치료를 개발했다.[26] [27] 적어도 그들의 글인 *Narrative Means to Therapeutic Ends*에서 절반가량에 치료적 편지의 활용을 통한 성과를 설명하고 있다. 치료적 편지는 다른 체계들 도처에 엮인 파일들과 다른 주장을 하는 것으로 보인다. White와 Epston(1990)은 "현대 문서의 급증과 확산은 진보의 가치에 대해 다양한 결정에 급격하게 의지한다는 사실이 반영"되고 전문적인 규율의 범위에서 문서는 다양한 목적을 위해 활용되며, "그것의 작가와 문서의 주제인 '자기(self)'를 표상하는 것은

---

26) 편지 쓰기는 그들의 치료적 과정에 있어 매우 통합적인 기능을 한다. 그들이 쓴 세미나 책의 제목은 바로 이러한 사실을 보여준다. 치료적 성과를 위한 이야기적 수단은 곧 치료적 성과를 위한 문학적 수단이었다.

27) 치료적 글쓰기 전문을 확인해보기 위해서는 White와 Epston(1990), 덜위치센터의 출판물 참조

최소한 아니다."라고 썼다(p. 188).

수많은 역사에 관한 정보가 담긴 문서와 파일들은 미셸 푸코와 심리학자 Rom Harre의 성과를 통해 모였다(Davies & Harre, 1990). 정신의학을 고려했을 때 Harre는 내담자의 문서(파일) 안에서 그리고 시간이 지나면서 그 파일들이 생명력을 스스로 갖기 시작하면서 '파일 말하기'라는 덮개를 벗겨지도록 노력했다(Daives & Harre, 1990). 그는 "파일은 한 존재를 가지고 있고 곧 그것의 주제에 도달하는 외부로부터 오는 사회적 세상을 통하는 궤도가 있다."고 하였다(Davies & Harre, 1990, p. 159).

Epston과 White는 상담이 끝난 뒤 정기적으로 내담자들에게 편지를 보냈다. 그들은 부차적인 이야기를 했고, 감사를 전하며 살게 된 것을 알렸고, 내담자가 재저작 상담을 진행한 후 얻은 지식과 대안적인 이야기에 대해 물어보았다.[28]

David Epston은 특정한 문제적 삶의 한계 안에 갇혀 있는 내담자와 편지를 주고받기 시작하면서 편지 쓰기를 좀 더 실천해나갔다. 그는 내담자들의 지혜를 '기록보관소'에 모았다(Epston & White, 1990). **기록보관소**에 성격 다스리기, 밤의 공포, 학교 거부, 밤에 오줌 싸기, 괴롭히기, 천식, 거식증, 폭식증에 대한 해결책을 풍성하게 공급하는 대표적인 음성 테이프와 친필 편지, 그리고 예술 작품 등의 모음이 있다. 이 기록보관소에서는 내담자의 지식을 전문가의 지식처럼 재정의하고 순환했다.

Epston은 개인적 내담자를 개인적 상담 시간에 만나는 대신에, 한 사

---

28) 1995년 Michael과 David와 함께 나눈 대화에서 자신들의 내담자에게 제시한 글자들에 내담자가 반응을 보인 것들을 보여주었다. 보통 내담자들의 각각의 철자들이 세 회기에서 중요한 가치를 담고 있었다고 말해주었다.

람에게서 문제해결 지식을 받아와서 다른 사람에게 나눌 수 있다는 것을 깨달았다. 이 내담자들은 (그때는) 절대 직접 만난 적이 없었지만 공통문제에 대한 지혜와 공통 경험이 풍부했기에 서로 연락을 할 수 있었다. Epston은 상담, 정보, 상호도움을 위해 내담자의 네트워크에 서로를 연결시킨다.[29] 그는 이 내담자들을 관계 '연맹(leagues)'이라고 불렀다. 이 연맹이 성장할수록, 그는 다수의 내부 상담자에게 접근할 준비가 되어 있다는 것을 깨달았다. 내담자들은 그의 동료이자 조언자가 되었다. 그 기록보관소는 이제 Epston에 의해 세상 사람들에게 공유하게 된 어마어마한 성찬전례(offertory)가 되었다.

반거식증/폭식증연맹

1990년 중반, 나는 거식증/폭식증으로부터 고통과 회복을 경험한 여성집단과 함께 밴쿠버반거식증/폭식증연맹(Vancouver Anti-Anorexia/Bulimia League)[30]으로 형성된 David Epstion 연맹의 아이디어[31]를 실험해볼 수 있었다. 물론 특별한 차이점은 우리가 그들을 집단으로뿐 아니

---

29) 디지털 시대가 시작되면서 David Epston은 이제 전 세계에서 내부 지식을 전달할 수 있게 되었고 매일 그렇게 했다(Epston, 2009 참조).

30) David Epston의 반거식증/폭식증 이론을 통해 밴쿠버반거식증/폭식증연맹이 생겼다. 그는 이 단체가 생기는 과정에서도 각종 아이디어를 제공하며 중요한 역할을 했다. 그는 이 단체의 회원들을 만나고 논의하기 위해 몇 차례나 뉴질랜드에서 캐나다 밴쿠버로 이동하기도 했다. 또한 그는 나와 긴밀하게 연락하며 거식증과 치료, 몸의 문화와 다양한 후기구조주의적 이론에 관한 자신의 생각을 자주 전달해주기도 했다.

31) 일반적으로 단체들은 그들의 철학과 이데올로기적 위치를 설명할 때 '반언어(anti-language)'를 사용한다. 그렇게 함으로써 단체의 회원들은 예전에 내면화되어 있었던 문제들을 단체로 외면화하여 행동할 수 있다.

라 개인으로 각각 만남을 가졌다는 것이다.

이런 시작점을 바탕으로, 이 연맹은 '내부'의 목소리를 들을 수 있도록[32] 분명한 권한을 제공했으며, 공교육과 정치적 활동(Vancouver Anti-Anorexia/Bulimia League, 1998)을 활발하게 전개해나갔다. 반거식증/폭식증연맹은 다음의 목적을 위해 반언어를 사용한다.

- 거식증/폭식증을 경험한 여성들이 문제로부터 분리되었다는 상황을 만들기 위해서
- 사람의 몸과 타인과의 관계가 문제 대 문제로서 보이는 것이 문제가 아니라는 것을 드러내기 위해서(이름을 붙이고, 병리화하며, 전체화된 묘사를 하는 영향에 맞서기 위함)
- 문제와 관련된 복잡성에 함께 대응하기 위해서
- 여성을 대상화하는 것에 대응하여 거식증/폭식증을 대상화하는 문화적 실천을 생각해보기 위해서
- 좀 더 완벽한 문제의 묘사를 위해 문화와 관련 상황을 넓혀보는 것, 과학적 분류 기술에 도전을 주는 문제의 대상화를 통해 상관적으로 외재화하기 위해서
- 거식증/폭식증을 갖고 있던 사람들로 하여금 삶과 관계를 황폐하게 만들었던 문제의 영향을 그려볼 수 있도록 하는 질문을 통해 상관적으로 외재화하기 위해서

---

32) 나는 연맹의 회원들과 많은 회의 워크숍에서 발표를 했다. 대부분의 경우, 연맹의 회원 상담자들은 그들의 과거와 현재 환자들의 이야기를 들어주는 역할을 하는 전문가였다. 개인의 '상태'를 환자에서 상담자로 바꿀 수 있는 기회를 제공하는 건 대부분 이야기치료의 역할이다.

■ 사회적 기준을 수용하는 것에 대응하여 여성의 대상화와 병리화를
　해체시키기 위해서
■ 외재화를 통해 다양한 묘사를 가능하게 하고, 개인의 과거, 현재,
　미래에 대안을 제시할 수 있도록 재진술하기 위해서

밴쿠버 연맹(Madigan & Law, 1998a)의 목적은 정신건강의 전통적 치료
지형 안에 놓여 있는 의심할 만한 이성적이고 경제적인 차이를 매워보
고자 함이었다. 연맹은 독립과 자기만족의 아이디어를 촉진했다. 이것
은 두 가지 측면에서 진행된다. (1) 전문적이자 공동체적인 책임을 위해
요청된 예방 교육, (2) 병원과 정신과 의사들 사이의 여성들에게 대안적
이고 비보수적인 지원체계가 그것이다.

정규적 모임을 통해 연맹의 회원들과 가족, 연인, 그리고 친구들은 거
식증/폭식증의 문제에 다루기 위한 직접적인 행동을 취하게 된다.[33] 예
를 들어, 미디어위원회의 발전을 통해 연맹은 여성의 몸에 반한 거식증/
폭식증 지향을 잡지, 신문, 회사 간부들에게 편지를 통해 공공연히 비난
하였다. 이는 연맹으로 하여금 전문적·교육적·소비자 시스템을 지향
하는 반거식증/폭식증의 감시를 통해 정상 범주로 돌아올 수 있도록 하
였다. 학교 위원회는 1~2학년 학생을 대상으로 반거식증/폭식증 프로
그램에 참여할 수 있도록 하였다. 그러나 그들은 다이어트 및 몸과 관련
된 걱정이 네 살과 같이 어린 걸음마 단계 아이들을 위한 이야기임을 알
게 되었다. 연맹의 티셔츠는 "너는 몸보다 더 소중해!"라는 단어를 연맹

---

33) 멤버십의 측면에 있어서, 연맹의 활동은 1995년 이야기치료에 대한 뉴스위크 기사에서
　　주목받았다.

의 이름, 로고와 함께 등판에 선명히 새겼다. 연맹은 또한 거식증/폭식증으로 인해 죽은 연맹의 친구들을 기리기 위한 촛불 집회를 매해 개최하였다.

급진적으로 밴쿠버반거식증/폭식증연맹의 권한은 여성에게 '섭식장애' 의존과 하찮은 존재로 여겨지도록 했던 것을 알게 하는 책임 있는 전문적 소비자 시스템을 갖도록 하였다. 의존과 사회적 격리는 병리적 진단으로 인해 생길 수 있다. 여기에는 오랜 기간의 입원, 약물 복용, 경제적 빈곤, 무망감, 비난 등의 메시지를 포함한다.

연맹의 목표는 여성 몸에 놓인 전문적이고 공동체적인 전선에 그들이 생각하는 '전쟁'에서 승리를 거두는 것이었다. 거식증과 폭식증으로부터 삶을 회부하는 과정을 통하여 연맹 회원들은 사회가 그들을 소위 섭식장애라고 낙인찍은 잘못 공인된 인식을 거절하도록 했다. 또한 이들은 집단 활동과 상담사들의 도움을 통해 정체성에 중대한 변화를 가져오기 시작했다. 집단 차원에서의 도움을 통해 그들은 다른 여성과 가족, 그들 스스로를 도울 수 있게 되었다.

집단 상담을 반영하는 반거식증 치료를 위해 연맹 회원들 또는 다른 치료사들을 활용하는 것이 언제든 가능하였다. 섭식장애로 분투하는 새로운 내담자들은 언제나 회원의 열정과 직접적인 반영을 맞닥뜨릴 수 있었다. 과거 내담자였거나 연맹의 회원이었던 집단 회원들을 반영하거나 훈련하는 상담사에서 치료사로서의 역할을 할 수 있도록 하는 것이 보편적 활동 가운데 하나이다.

반거식증 합동 연구

다음은 거식증과 폭식증의 문제를 가지고 작업하는 데 필요하다고 생각되는 치료사들의 훈련을 위한 목적으로 연맹 회원들에 의해 만들어진 비디오 테이프에서 발췌한 것이다. 이 상담은 합동연구로서 내부의 지식을 활용하는 이야기치료적 실제를 대표한다.

Madigan 거식증 및 폭식증으로 진단받은 사람들과 작업할 때 치료사들이 알아야 하는 것이 무엇입니까?

캐서린 글쎄요, 제가 생각하기에는 치료사들이 거식증과 폭식증이 수많은 다른 차원에서 다뤄져야 한다는 것을 알아야만 한다고 생각해요. 단지 한 개인에게만 집중할 수는 없지요. 그들의 가족에게는 어떤 일이 벌어지고 있으며 환경과 사회에는 어떤 일이 벌어지고 있는지 아는 것이 너무나 중요하며, 이것들과 함께 일해야 하는 것이지요. 당신은 모든 차원을 다뤄야만 해요. 그렇지 않으면 당신은 단지 문제의 한 부분만을 다루게 될 것이고, 그렇게 되면 당신은 언제나 다시 제자리로 돌아와야만 할 거예요.

Madigan 거식증과 폭식증으로부터 자유로워지는 것을 방해하는 다른 전문가의 행동에는 또 어떤 것들이 있을까요?

캐서린 글쎄요, 만약 그들이 당신을 폭식증 환자로 본다면 당신은 당신 자신조차도 그렇게 보기 시작한다는 것이죠. 당신은 거식증과 폭식증으로 정체성을 형성하기 시작하고, 그렇게 되면 당신 자신을 잃게 되겠죠. 당신은 자신이 다른 측면을 가지고 있다는 것을 거부하게 되는 거예요. 당신은 섭식장애를 모든 사람이 "너는 폭식증이다." 또는 "너는 거식증"이라고 말한다는 방식으로 생각하게 되는 것입니다. 또한 이와 같은 것들은 당신이 거식증 또는 폭식증이 되도록 만들겠죠. 이런 방식은 정말로 그들 자신을 너무나도 많이 거부하는 것입니다. 한때 거식증, 폭식증과 투쟁하였기 때문에 그렇게 말할 수도 있습니다만, 그것은 단지 삶의 한 측면일 뿐이죠. 물론 내부에서 수많은 투쟁을 통해 벗어나고자 했고, 모두가 단지 거식증과 폭식증 행동에만 관심을 기울이므로 좌절할 수밖에 없었다는 것을 충분히 이해합니다. 매시간 사람들과 전문가들은 당신이 작아지도록 만들었죠.

Madigan　도움을 받은 부분은 무엇입니까?

캐서린　거식증으로부터 내 자신을 분리하는 데 많은 도움을 받았다고 생각해요. 이것을 나의 한 측면으로 보는 것이 가능해지는 것, 바로 이 것이죠! 내 자신에게 나의 목소리를 돌려주는 것. 거식증은 그것이 본래 있었던 자리로 돌려주는 것입니다. 설명하기가 어렵지만 말이죠. 어쨌든 이것을 자신으로부터 분리시키는 것입니다. 자신의 목소리를 높이고, 거식증의 목소리를 낮추는 것이죠.

Madigan　당신에게 혐오스러운 존재로서 거식증이 드러날 수 있도록 하는 방법이 있나요?

캐서린　글쎄요, 있죠. 정말 비밀스러운 것이죠. 이것은 저에게 비밀만이 유일한 길이라 말했고, 그렇게 함으로써 이것은 살아남았어요. 밖에 있는 사람들에게 이것을 드러내지 않았고, 나와 친한 사람들에게조차 비밀을 지킴으로써 이것은 나에게 지대한 영향을 미쳤습니다. 나는 다른 사람에게 이야기할 수가 없었어요. 시간이 지날수록 사람들을 믿을 수가 없었죠. 이것이 나의 가장 친한 친구가 되었기 때문이에요. 이것만

이 나의 기분을 좀 더 나아지게 할 수 있었죠. 폭식을 하는 것이 분노를 없앨 수 있는 방법이었어요. 이것은 모든 것이 되어 갔죠. 이 친한 친구 였던 대처기제는 나를 옭아매고 내 자신과 주변에 있는 사람들을 끊임 없이 의심하도록 했습니다.

Madigan 비밀을 지키도록 하는 거식증에 대항한 방법이 있었나요?

캐서린 그것이 내 주위에서 강한 비밀의 요새를 세우고자 했을 때, 저는 정말 적극적으로 생각했습니다. '그래, 내가 어떻게 할까? 내가 내 자신으로부터 소외당했나? 폭식증이 나를 또 뒤로 물러서게 하나? 그렇다면 그것의 목소리를 줄이자. 아니야, 나는 이것이 나를 조정하도록 내버려두지 않겠어.' 저는 적극적으로 이것을 분리시키는 생각을 했습니다. 저는 이것을 학대하는 파트너로 명했습니다. 이것은 정말 가혹한 학대를 가했죠. 이 학대에 "아니야!"라고 말하고 언제나 함께 있어주었던 사람들에게 감으로써 이 생각을 줄일 수 있었습니다. 폭식증은 저를 감옥에 가두어 고립시키고, 내 자신의 가치로부터 나를 거부하도록 이끌었으며, 나는 좋은 사람이고 돌봄을 받을 만하며 원하는 것을 얻고 내 삶의 일부분이 될 수 있다는 느낌을 거부하도록 했습니다.

Madigan 저는 매혹적인 학대적 관계의 폭식증을 발견했습니다. 이것에 대한 당신의 생각을 좀 더 이야기해주실 수 있을까요?

캐서린 한번은 제 몸에게 이런 편지를 썼어요. "이 모든 학대에 대해 미안하게 생각해." 저는 그제야 폭식증이 얼마나 학대적이었는지 말할 수 있게 되었습니다. 그리고 이것이 얼마나 학대적인 파트너로 활동하는지도 말입니다. 이것은 제가 가장 취약할 때 공격했고, 저를 절망의 나락으로 이끌었습니다. 그것은 "너는 좋지 않아."라고 말했습니다. 어느 누구도 너와 같지 않으며, 나는 언제나 이것에 의존할 수 있고 어느 누구도 이렇게 의존적이지는 않을 것이라고 했습니다. 그것은 자신이 진정한 돌봄을 줄 수 있고 뭔가 훌륭한 것을 할 수 있기를 바란다고 말했습니다. 그것은 내 자신에 대한 감각, 자기감을 파괴하는 은밀한 전략을 발견했어요. 그것은 당신을 멀어지게 했고, 점점 더 신체적으로, 정신적으로 학대를 가해왔죠. 그것은 지속적으로 "내가 널 돌봐줄게.", "어느 누구도 나처럼 널 사랑하진 않아."라고 말했어요. 이것이 지속적으로 내 삶에 뿌리내릴 수 있었던 방법입니다. 누군가 저를 실망시킬 때면, "그래 맞아, 폭식증의 말이 맞았어."라고 생각했어요. 이런 일이 생겼기 때문에, 저는 스스로 가치 없다고 생각했고 폭식 행위를 통해 다소 기분이 좋아질 수 있었어요. 제 자신을 채움으로써 저를 돌보고 과도한 행동을 함으로써 분노를 없앨 수 있다는 것을 알게 되었죠. 이것은 단기간, 매우 짧은 기간 동안에는 효과가 있었지만, 절망적인 결과를 가져왔습니다.

Madigan 폭식증의 학대로부터 당신은 어떻게 자유로워질 수 있었나요?

캐서린 수많은 방법들이 있었죠. 먼저, 이것이 학대적 관계임을 인식하는 것이었어요. 학대적 관계를 인식하면서, 도움이 없이는 이것을 없앨 수 없다는 것을 알게 되었죠. 저는 이것을 지적이든 감정적인 것이든 직시했어야만 했어요. 저는 이것을 저로부터 분리된 것으로, 학대적 파트너로 보았고, 이런 식으로는 어떤 것도 좋아질 수 없다는 것을 알게 되었죠. 이것에 대해 한 번도 통제력을 가져본 적이 없었다는 것을 깨달았고, 이것이 정말 저를 사랑하는 것이 아님을 알게 되었죠. 이것은 저를 싫어했고 자신의 목적을 위해 저를 파괴하고 있었습니다. 그리고 저는 이것을 직시해야만 했고 제 삶을 지속시킨 이것을 떼어내기 시작했습니다. 그리고 학대적인 관계에서 떠나자, 신뢰할 수 있는 좋은 사람, 연맹의 사람들, 항상 같이 있어 주는, 열심히 일하는 긍정적인 사람을 발견할 수 있게 되었습니다. 그들은 폭식증 파트너보다 훨씬 나았죠. 천천히 믿음과 인식이 생기면서 그들이 그곳에 있고 나를 꽤 잘 알아준다는 것을 알게 되었습니다.

Madigan 어떻게 학대적인 관계를 끝낼 수 있었습니까?

캐서린 저는 그냥 폭식증을 발로 차버렸어요!

"What Every Therapist Needs to Know About Anorexia and Bulimia, but Were Afraid to Ask?"라는 연맹의 DVD[34]는 전문가들과 비전문가들의 박수갈채와 관심과 눈물을 자아낼 만한 것이었는가? 나는 밴쿠버의 섭식장애 프로그램의 지도자이자 나의 오랜 친구인 정신과 의사 Elliot Goldner에게 연맹의 '합동 연구' 프로젝트에 관해 발췌한 내용을 읽은 후 소감을 물었다. 그는 다음과 같이 응답했다.

> 연맹의 글은 강력한 사실을 강조하고 있다. 거식증/폭식증과 투쟁하고 있는 사람들은 하찮은 존재로 여겨질 수 없는 지혜와 전문성을 소유하고 있다. 그들의 연구는 경험으로부터 나왔으며, 이것은 단지 하루의 8시간, 학문적 발표, 정치적이고 경제적인 동기에만 제한되지 않았다. 그들의 통찰을 무시하는 어리석은 짓이다. 그러나 정신의학과 치료들은 너무나도 자주 이와 같은 돌봄을 위한 위대한 업적을 무시해왔으며, 너무나 빨리 변화를 약속해왔고, 기술과 과학에 따른 해결책에 기대왔다(Madigan & Epston, p. 56).

---

34) 이야기치료 TV는 밴쿠버반거식증/폭식증연맹의 회원들과 광범위한 상담 장면의 인터뷰를 진행했다.

이것을 듣고 나는 다음과 같은 결론을 내릴 수 있었다.

- 거식증/폭식증 투쟁에 있어 협력은 유용하다. 밴쿠버반거식증/폭식증연맹과 같은 연맹은 협력을 제공할 수 있다.
- 반거식증/폭식증연맹의 활동은 개인과 사회의 섭식장애를 퇴치하는데 도움을 줄 수 있다. 반대로 '치료' 또는 '지지'와 같은 비활동적인 것들은 도움이 되지 않는다.
- 거식증/폭식증과 투쟁하는 사람들에게 힘을 실어주는 것은 섭식장애를 퇴치하는 것에 도움을 줄 수 있다. 이와 같은 힘 실어주기는 사람과 문제를 분리시키고 그들을 존중해줌으로써 가능하다.
- 거식증/폭식증은 사람을 학대적인 파트너로서 악덕한 방식을 사용해 옭아맨다. 비밀과 수치심은 이 사람에게 붙어 있는 무제로부터 야기될 수 있다.
- 전문적인 도움을 주는 사람들을 포함하여 타인은 문제를 악화시킬 수 있다. 이것은 그들에게 지식을 전달하거나 그들의 정체성이나 자아감을 제한할 때 종종 발생한다.

공익 포럼에서 연맹의 생각을 발표했을 때, 우리는 지속적으로 치료적 가능성에 대한 그들의 사회적 영향력을 상기시켰다. 이것은 치료사들이 유연한 책임으로 향할 수 있는 '합동 연구'로부터 지혜를 얻은 것이다. 우리는 치료적 책임이 지식의 담론만이 아닌 한때 치부되었던 지식의 중재와 특권을 통해 주어져야 한다고 생각했다(Madigan & Epston, 1995).

연맹은 한 내담자에서 다른 내담자에게 그들의 지식을 나누어줄 수 있는 것을 허용한다. 또한 그들은 문제를 지지하는 문화적이고 전문적인 기관에 대해 강한 반대의 목소리를 내곤 한다. 연맹의 권한은 (심리)치료사와 내담자 사이의 간극을 메우고자 하는 것이다. 연맹은 사회에 투명하고 반영적인 팀(Epston, 1994; Madigan, 1991a)의 생각들을 전달하는 것으로 보일 수 있다.

밴쿠버반거식증/폭식증연맹은 이전과는 차원이 다른 자기 주도적인 치료를 촉진하고 회복을 격려하며, 상상력 날개에 숨겨진 것들을 반영한다. 연맹의 회원들은 그들의 생각들이 드러나지 않은 치료적 빙산의 일각을 나타내는 것이라 생각한다.

평가

황제가 발가벗고 있다는 것을 말하는 것이 금지될 때,
사실이 반박의 여지가 없게 되었을 때,
지식은 사장된다.
— 미셸 푸코

맨체스터대학교 강연회를 이끌었던 심리치료사 Ian Parker(2008)는 이야기치료 연구의 딜레마를 다음과 같이 요약하였다.

'정신건강'이라는 개념을 이야기할 때 언제나 마음속에 다음의 질문이 떠오른다. 우리가 실험하고자 하는 '마음의 건강'이라는 것은 도대체 무엇인가? 이 '정신건강'은 아마도 '정신병'과 대조를 이룬다고 생각할 것이다. 그러나 우리는 이와 같은 중대한 연구 질문에 접근하기 위해서 몇몇 중립적인 전문 용어를 찾고자 할 것이다. 우리는 질적 연구를 위해 사용하는 단어들이 기호학적이라는 것과 사용하고 싶지 않은 단어들로 가득하다는 것을 알고 있다. 예를 들어, 우리는 질병으로 고통받는 사람들을 '아프다'로 정의하는 것을 피하고자 할 것이다. 그러나 '병' 대신 '건강'이라는 용어를 사용하는 것은 완전히 의학적 견해에서 자유로운 것이 아니다. 또한 우리의 연구가 심리내적인 상태에 있다는 점에 있어서 '정신'이라는 용어에 대한 문제중심적인 함의를 상기시킬 수 있다. 현대 담론은 개인의 내면을 설명하는 단어와 이미지들을 이용해서 인간 행동의 원인을 설명하고 있다. 우리는 점점 더 연구의 지평을 제한하는 '심리학적 문화'에 살게 된다(p. 40).

이야기치료의 이론, 실천, 연구 사이에 지속적인 관심이 있어 왔다면 어떤 연구든지 문학적 비평을 하고자 했을 것이다. 이제까지 문학적 행위는 단지 해석을 요하는 것으로 보았다. 어떤 연구결과에 대한 정확성(또는 객관성)에 대한 중요한 질문을 불러일으켰다.

나는 치료적 연구 해석을 그들이 설명한 사건이 일어나지 않은 한 '허구'라고 제안한다. 다시 말하면 해석이 이뤄졌다면 두세 번째 일어날 일들은 첫 번째 이미 연구된 사람에 대한 대화에 기반을 두고 있다는 것이다. 따라서 그들은 결코 최종적이지 않으며 언제든 그 의미가 바뀔 수 있다.

나는 이론이 치료적 상담 자료에 포함될 수 없고, 이런 불완전성(또는 경쟁성)을 피하거나 없애버리고자 하는 시도까지도 거절함으로써 이야기치료의 핵심을 논하고자 한다. 예를 들어, 기어츠(1973)는 문화를 민속 개념으로 바꾸어 자료를 수집했고, 이는 심리학이 문화의 특성을 고려하게 만들었다. 심리학은 문화를 기관으로 바꾸어 분류할 수 있게 하였고, 그렇게 함으로써 이것을 구조화하여 논의할 수 있게 되었다(Geertz, 1973, p. 29).

일상생활의 풍부한 내용의 세밀한 해석적 설명을 위해 거대 담론을 부인하는 것은 (민족지학적 연구 방법을 통해서[1]) 그들 행동의 본래적 의미를 제일 앞에 놓고 어떻게 이 특별한 한 개인과 가족이 문화에 반응하는지, 어떻게 그들이 살아가고 있는지에 대해 빈약한 설명을 제시해줄 것이다. 최근까지 이야기치료에 대한 실천적 연구들이 많지 않았다. 이는 이야기치료 실천가들이 삶의 경험을 수량화해왔던 과학적 방법을 벗어나고자 시도를 했기 때문이기도 하다. 이야기치료 실천들의 효과가 있다는 실제적인 증거들이 증가하고 있다.[2]

'의무'(미국심리학회 시리즈 책의 연재를 위한 지속적인 구조를 제시하는 것과 같은 방식)로서 나는 이 장에서 몇몇 이야기치료 연구 과제를 제시할 것이다. 다음은 덜위치센터 웹사이트[3]로부터 발췌한 것이다.

Lynette Vromans(2008)는 성인기의 주요우울장애를 위한 이야기치료의 과정과 결과를 조사했다. 첫 번째 목적은 이야기 이론, 연구, 실천의 이론적 통합을 명확히 하는 것이었다. 이야기 반영 과정은 이야기 이론을 이야기연구 및 치료와 연결시키는 구조가 된다. 두 번째 목적은 특별히 이야기적 성찰, 치료적 동맹, 그리고 치료적 성과를 위한 관계 등과 같은 이야기치료의 과정을 조사함으로써 이런 통합을 경험적으로 입증

---

1) 민족지학(ethnography) 연구는 보통 민족지학자가 실제로 관찰하는 대상 민족과 함께 사는 일을 포함한다. 민족지학자는 사람들 사이에서 평범하게 살며, 특히 많은 것을 알고 있거나 정보 공유가 용이한 정보원들과 함께 일한다. 이 현장실습은 보통 1년이나 훨씬 더 긴 기간에 걸쳐 이루어지기도 한다. 많은 사람들이 문화기술지를 '다른 사람들을 관찰하는 것'으로 이해하지만, 사실 많은 민족지학자들은 꽤 친숙한 환경에서 거주하며 일한다.

2) 이 연구 분야는 국제 이야기치료와 연맹 저널, 그리고 오스트레일리아 남부의 애들레이드 덜위치센터출판국 David Denborough의 지원을 받았다.

3) 2009년 11월, David Denborough에 의해 '*Research, Evidence, and Narrative Practice*'로부터 재인용되었다. http://www.dulwichcentre.com.au/narrative-therapy-research.html.Copyright 2009 by the Dulwich Centre의 허락하에 인용한다.

하는 것이었다. 세 번째 목적은 통계적·임상적 중요성의 분석을 통해 우울 증상 및 상호 관계성의 효과를 평가함으로써 이야기치료의 유용성에 대한 풍부한 증거를 제공함과 동시에 이론, 연구와 실천의 통합적 모델을 지지하고자 함이었다. 이런 이론적 통합의 지지를 위해 주요우울장애 진단을 받은 성인 47명을 위한 이야기치료 여덟 회기를 평가하였다. 독립적 과정의 변화는 이야기 반영(1회기, 8회기에서 평가)과 치료적 동맹(1회기, 3회기, 8회기에서 평가되었음)에서 일어났다. 우선적으로 독립적인 변화는 우울 증상과 상호 관계였다. 앞선 분석은 치료 전, 치료 후, 3개월의 추수결과에 대한 치료적 결과를 평가하는 것이었다. 또한 치료 전을 평가하기 위해 치료 후를, 치료 후를 위해 추수 결과와 효과 크기를, 치료 후 임상적 중요성을 위해 치료 전을 평가하는 벤치마킹 전략을 활용하였다. 임상적 시도는 우울 증상을 향상시키고 사전·사후의 상호 효과성을 통해 이야기치료의 효과를 지지하는 경험적 증거들을 제시하였다. 변화의 정도는 우울 증상에 있어서는 큰 효과 크기($d=1.10 \sim 1.36$)를, 개인간 관계에 있어서는 중간 효과 크기($d=0.52 \sim 0.62$)를 나타냈다. 치료는 중간 또는 극심한 사전 우울 증상을 보인 내담자의 우울 증상을 경감시키는 효과를 보였다. 우울 증상에서 효과를 보았으나 상호 관계에 있어서는 그렇지 않았던 사람들은 3개월의 지속기간을 유지했다. 우울 증상이 줄어들어 사후 검사에서 임상적 의의를 제공할 수 있는 향상(53%)을 보인 내담자 표집은 벤치마킹 연구에 보고된 표준적 심리치료의 향상과 비견할 만하였다. 이 연구는 이야기적 접근, 재구성 전략과 같은 것이 심리적 장애로부터 빠른 회복을 가져다줄 수 있으며 내담자들에게 이야기적 접근의 폭넓은 증거를 제시해줄 수 있다는 함의를 지닌다.

David Besa(1994)는 단일 사례 연구를 활용해 이야기가족치료를 평가했다. 그의 연구는 부모-자녀 갈등을 줄일 수 있는 이야기치료의 효과를 검증하는 것이었다. 부모는 주어진 기간 동안 자녀의 특정 행동의 빈도수를 측정하였다. 참여 연구자는 처치 전략의 단일 사례 연구 방법을 활용하였다. 결과는 세 가지의 다중 기저선 설계를 통해 평가되었다. 여섯 가족은 외재화, 관련된 영향의 질문, 독특한 결과를 명명하기, 독특한 재진술로 나아가기, 독특한 결과를 촉진하기, 회기 사이에 주어지는 과제 등의 몇몇 이야기치료적 방법이 적용되었다. 기저선과 비교했을 때 여섯 가족 중 다섯 가족이 부모-자녀 갈등에서의 향상을 보였으며, 갈등에 있어서 88~98%의 효과를 나타냈다. 향상은 이야기치료가 접목되었을 시에만 나타냈다.

Mim Weber, Kierrynn Davis와 Lisa McPhie(2006)는 오스트레일리아 뉴사우스웨일즈에서 섭식장애와 관련된 집단을 연구하였다. 그들의 연구는 섭식장애뿐 아니라 우울을 경험한 7명의 여성으로 구성되었다. 자기 보고에 의하면, 이 여성들은 총 10주 동안 매주 이야기치료적 방식으로 혼합된 주제를 가지고 참여하였다. 사전·사후 집단의 비교는 우울 지수와 섭식장애의 위험이 감소되었음을 보여주었다. 모든 여성은 낮은 자기 비난과 함께 매일의 활동에 있어서 변화를 보고하였다. 이러한 발견은 여성들이 삶의 활동에서 변화를 만들어낼 수 있도록 섭식장애에서 벗어날 수 있는 외재화와 관련된 사후 집단의 평가 조사를 통해 지지되었다. 비록 짧은 기간 안에 이뤄진 것이지만, 이 연구 결과는 이야기치료를 통한 집단의 활동이 우울과 섭식장애로 고통받는 여성들에게 긍정적 변화를 가져올 수 있음을 나타내는 것이라 할 수 있겠다.

　Fred W. Seymour와 David Epston(1989)은 아동기 도벽을 살펴보았다. 아동기 도벽은 가족에게 있어서는 큰 골칫거리이자 넓게는 사회 비용을 양산하는 문제가 아닐 수 없다. 왜냐하면 이들은 종종 성인 범죄자로 자라나기 때문이다. 이들은 가족과 함께하는 아동이 '도둑'에서 '정직한 사람'으로 가는 것과 관련된 직접적인 계약을 강조하는 치료적 '지도'를 제시하였다. 45명의 아이들과 함께했던 치료 분석은 가족의 적극적 참여와 행동 변화를 알 수 있었다. 게다가 추수 전화 면담은 치료가 종결된 후 6~12개월 후에 이뤄졌는데, 80%의 아이들이 더 이상 물건을 훔치지 않거나 도벽의 비율이 확연히 줄어들었음을 보고하였다.

　Linzi Rabinowitz와 Rebecca Goldberg(2009)는 남아프리카학교의 커리큘럼을 통해 영웅 이야기를 활용하는 것이 심리사회적 돌봄과 지지를 제공해줄 수 있을 것인지에 대한 평가를 진행하였다. 영웅 이야기를 이야기치료적 자원으로 활용한 Jonathan Morgan에 의하면, 그 이야기는 심리사회학적 지지를 제공한다고 한다. 남아프리카학교 정규과정에 영웅 이야기의 책을 통해 심리사회적 지지를 제공해주는 이 연구는 다음의 두 가지 중요한 결과를 도출하였다.

1. 영웅 이야기책을 가지고 공부한 학생들은 삶의 지향 및 언어(모국어 및 제2외국어)학습에 있어서 그렇지 않은 학생들보다 더 나은 수행을 보여주었다.

2. 학문적 성과를 추구하여 영웅 이야기책을 활용하는 교사의 학생들은 그렇지 않은 학생들보다 심리사회적 안녕감에서 상당한 효과를 나타냈다. 질적·양적 연구의 통합적 데이터와 분석은 이러한 결과를 반

영한다. 비록 어떠한 발견도 결정적이지 않고 연구의 한계 또한 있으나 강력한 양적 연구 결과가 있다. 통제 집단은 55%를 기록한데 반하여, 영웅 이야기책을 활용한 집단은 세 가지 학습 영역(모국어, 제2외국어, 삶의 지향)에서 77%의 향상을 기록하였다. 이러한 연구 결과는 영웅 이야기책이 학문적 학습의 역량을 강화시키며, 심리사회적 안녕감을 증진시킬 수 있는 방법으로 활용될 수 있음을 보여주는 것이다. 이 연구를 위해 4개의 통제 집단과 4개의 중재 집단이 두 연구 사이트(Western Cape, Kwazulu Natal)를 통해 표집되었다. 통제 집단에는 172명의 학생이, 중재 집단에는 113명의 학생이 참여하였다.

Jane Speedy(Gina Thompson and others; 2004)는 '더 많은 사람의 삶을 살기 : 심리치료 효과 연구로서의 정의 예식'이라는 흥미로운 주제의 글을 썼다. 이 글은 최근 유럽과 북미의 '심리치료 결과' 연구의 증거 기반 실천과 토론 문화에 관한 의문을 제기한다. 외부증인을 세우고 정의 예식을 치루는 과정은 이야기적 · 후기구조주의적 · 여성주의적 관점의 영향을 받기도 했다. 또한 이야기치료의 실천은 정책 입안자들과 그들이 앞으로 만들어갈 미래 서비스에 동일한 효과를 가져다줄 수 있을 것이라 생각되었다. 이야기치료사들과 그들을 상담하는 사람들은 국제 이야기치료 효과 연구 토론에 기여할 수 있도록 초청되었다.

Sonja Berthold(2006)의 연구는 뒤로 물러나기 프로젝트(Back From the Edge Project)[4] 평가에 초점을 두고 있었다. 이것은 이야기치료의 독립적 평가이자 아넘랜드(네덜란드 중부)의 두 원시부족(이르칼라 족과 구냥가라

---

4)　역자 주 : 정규 교육제도에 불만스러운 젊은이들이 지구촌 빈곤퇴치를 위한 투쟁을 지지하는 3개년 프로젝트

족)에서 행해진 통합적 이야기치료 프로젝트였다. 이 프로젝트는 다음을 목적으로 하고 있었다. (1) 자살 사고/행동/자해, 자살로 인한 죽음 감소, (2) 개인, 가족, 공동체의 정신건강, 탄력성, 존경, 상호교류, 지원 고양 및 만연된 위험 요소 감소, (3) 자살 행동으로 인해 고통받은 개인, 가족, 공동체의 지원 확장을 위한 것이다. 이 프로젝트는 덜위치센터와 오스트레일리아 북동부 지역과의 연합으로 진행되었다. 프로젝트에 관한 보다 자세한 정보는 Denborough와 동료들(2006)을 참고하면 된다.

이 프로젝트의 효과는 독립적 평가에서 발견될 수 있었는데, 그 이유는 다음과 같다. (1) 사람들로 하여금 그들의 강점과 꿈을 상기시켜 주었기 때문에, (2) 개인과 집단의 자기감 및 자신감을 고양시켰기 때문에, (3) 이 공동체들로 하여금 힘과 위안을 동시에 줄 수 있는 다른 부족 공동체들과의 연결의 기회를 마련해주었기 때문에, (4) 이야기를 제공해주고 반응할 수 있는 기회를 제공해주었기 때문에, (5) 사람들로 하여금 그들의 지식과 경험을 볼 수 있도록 함으로써 타인에 대한 가치를 인식할 수 있도록 도왔기 때문에, (6) 공동체 구성원들이 함께 그들의 강점과 능력을 축하할 수 있도록 도왔기 때문에, (7) 지역사회 공무원들이 이 과정에 함께 참여하여 지원할 수 있도록 하였기 때문에, (8) 여전히 유효한 자원을 남겨주었기 때문이다.

오스트레일리아 남부 애들레이드 덜위치센터의 David Denborough의 최근 연구 프로젝트는 John Henley와 Julie Robinson(플린더스대학교)과 함께 공동 연구한 것으로, REPSSI의 Ncazelo Ncube와 덜위치센터의 David Denborough에 의해 개발된 취약한 아동에 대한 이야기치료적 접근인 생명의 나무(Tree of Life)를 조사하였다. 2009년 동안 피난 가족의 아이들에 대한 '생명의 나무'의 효과성을 검증하기 위해 오스트레일리아 남부의 두 초등학교에서 연구가 시행되었다. 분석 결과는 2010년 중반에 도출되었다.

6

추후 발전

지식은 앎을 위한 것이 아니다. 지식은 단절을 위한 것이다.
— 미셸 푸코(*The Foucault Reader*)

이야기치료의 미래는 획기적이었던 그 역사와 같이 밝을 것이다. 이야기치료는 개인주의 치료에 반대하여 매우 넓고 확장적인 세계적 청중을 확보한 것처럼 보인다. (상담의 많은 제반 분야에 있어서) 점점 더 많은 치료사들이 이야기치료의 이론과 실천으로 돌아서고 있다. 약물과 진단기준에 근거하여 판단되던 심리치료에서 내담자의 삶을 찾아주길 원하고 있다.

나는 이야기치료의 세계적인 공동체에 당신 모두의 참여를 환영한다.

몇 가지 미래를 위한 제언

Michael White(2005)는 "세계의 많은 나라들이 전쟁, 질병, 경제적 혼란과 같은 재앙에 시달리고 있는 이 시점에 아이들은 삶을 위협하는 고난과 트라우마에 놓여 있다.”(p. 24)고 말했다. 이런 트라우마를 경험한 어린이들과 함께 작업할 때 치료적 중요성은 심리적·신체적·감정적 안정을 시켜야 하고 이들이 그 트라우마를 재경험하지 않도록 하는 것이다. 그는 이것이 종속된 이야기 라인을 발전시키는 것과 이야기치료적 과정에서 아이에게 '정체성의 대안적 영역'을 제공해줌으로써 가능하다고 말한다. 이는 아이가 트라우마 경험에 대해 독특하고 안전한 진술을 발견하기 시작하는 안전한 공간에서 이뤄지는 것이다.

트라우마를 경험한 사람들(아이, 어른, 가족, 공동체)과 함께 이야기치료 작업을 하는 것은 많은 트라우마 치료를 위한 이론 지향적 치료들이 강요해왔던, 그들의 트라우마 경험을 직접적으로 이야기하는 것을 요구하지 않는다. 이야기치료적 관점에 있어서 이런 트라우마적 경험을 말할 수 없는 사람들(또는 자신의 경험을 표현하는 것이 안전하다고 느끼지 못하는 사람들)은 억압 및 부인과 같은 방어기제에 영향을 받는 사람으로 보지 않는다. 또한 PTSD[1]의 새롭고 성공적인 진단은 개발되거나 생각될 수 없다.

아이나 어른에게 비난, 죄책감, 수치심 등으로부터 개인적 면역을 제공해줄 수 있는 예외적인 분명한 진술을 반드시 제시해야 한다. 두 번째는 수많은 안전 요인[2]에 대한 고려 없이 트라우마에 관한 이야기를 강요

---

1) 2007년 나는 친한 동료인 Ed Mills 박사(캐나다의 HIV/AIDS 유행병학자)의 초청을 받아 우간다 음발레 캄팔라에 위치한 난민캠프에 간 적이 있다. 이때 나는 북아메리카의 심리학자들이 흔히 외상후 스트레스(posttraumatic stress)라고 부르는 현상을 많이 관찰할 수 있었다. 사람들은 항상 “posttraumatic에서 post가 어디 있냐?”고 반문하곤 했다. 우간다에서는 잘 이해되는 부분이나 서양 세계에서는 착각할 수 있다.

2) 여기에는 그들의 기술, 지식, 그리고 능력과 관련한 광범위한 논의가 포함된다. 예를

하는 것은 아이들로 하여금 트라우마를 재경험하게 할 뿐만 아니라 불안전한 취약함의 감성을 일깨워줄 수 있다.

트라우마에 대한 적절한 치료적 지식과 반응과 관련해 안전한 대화방식을 발견하는 것은 트라우마에 관한 힘 있는 표현을 이끌며, 아이와 그들의 관계에 대한 희망을 재건할 수 있도록 만든다. 서구중심의 심리학이 다른 문화적 전통의 경험을 설명한다는 것의 모순을 발견함에 따라 (개발도상국들의 트라우마 '치료'를 시작하면서) Michael White의 생각이 강조되기 시작했다. 즉 나는 1991년 치료 팀 Taimalie Kiwi Tamasese의 '세계의 마지막 식민지화의 수호자는 심리학'이라는 말을 떠올렸다.

지난 몇 년 동안, 오스트레일리아 남부 애들레이드 덜위치센터의 Cheryl White와 David Denborough는 트라우마를 가지고 사는 아동, 가족, 공동체와 함께 이야기치료적 작업을 확장해왔었다(그들의 작업은 전쟁으로 피폐해진 나라로까지 확장되었다). 그들은 이와 같이 새롭게 발견한 작업을 **협력적 이야기 실천**이라 불렀다.

협력적 이야기 실천은 세계의 다른 분야에 있는 동료들의 공동 작업으로 만들어진 것에 특정한 고난을 경험한 개인, 집단, 공동체들과 함께 협력적 작업을 하는 것을 포함한다. 트라우마에 이야기치료적 원리와 실천들(Cheryl White와 David Epston에 의해 개발된)을 적용함으로써 그들의 상호교차 문화적 파트너십은 협력적 이야기 방법론의 다양한 범위의 발전을 이루게 되었다. 여기에는 다음을 포함한다.

들면 처음 보는 맥락에서 안정을 얻을 수 있는 아이 혹은 어른의 능력, 고립에서 벗어나기 위해 타인과 연결하는 방법을 찾는 능력, 그리고 트라우마를 떠올리게 하는 상황이나 맥락에 포함되기를 거부하는 것 등이 포함된다.

- 협력적 연대표
- 역사 지도
- 협력적 이야기 자료
- 메시지 교환을 통한 개인/공동체를 연결시키는 스토리 라인
- 지탱의 노래
- 사회적 · 심리치료적 저항의 이야기 체크리스트
- 생명의 나무 — 취약한 아동과 함께하기 위한 협력적 이야기 접근
- 생명의 공동체 — 어린아이들에게 운동의 기회를 제공하는 것
- 생명의 연(kite) — 이민자/피난민 공동체의 세대 교차적 관계를 강화하는 것

협력적 작업의 공동체는 성폭행, 오스트레일리아의 토착 부족, 남아프리카의 상처받기 쉬운 아이들, 르완다 집단대학살의 생존자들과 함께 협력적으로 일한다. 협력적 이야기치료는 특정한 트라우마와 역경을 경험한 아이 또는 성인들과 함께 일할 때 문화적으로 존경심과 공명심, 강력한 효과를 불러 일으킨다. 지금까지 협력적 이야기 작업의 팀들은 오스트레일리아, 르완다, 이스라엘, 러시아, 동티모르, 우간다, 보스니아, 팔레스타인 등지에서 일해왔다.

개인주의에 반대하고 문화적 정체성을 형성하는 폭넓은 사회 · 정치적 상황에 대한 실제적 가치에서 윤리와 사회 정의에 집중한 결과, 이야기치료는 세계적으로 그 세력을 빠르게 확장해나갈 수 있었다. 이것은 남아프리카, 사하라 사막 이남의 아프리카, 중국, 일본, 멕시코, 러시아, 인도 등과 같은 지역으로 안전하게 치료적 지역을 넓혀나갈 수 있었다. 이때 홍콩, 싱가포르, 브라질, 대한민국은 이야기치료에 대한 급진적인

관심과 성장을 경험한 지역으로 등장하였다.

　캐나다와 스칸디나비아 나라들은 오늘날 세계에서 가장 좋은 사회적 지지망을 가진 나라이기 때문에 이들이 가장 오래 지속될 수 있고 성장할 수 있는 큰 이야기치료적 전통을 갖고 있다는 것은 이상한 일이 아닐 것이다. 아일랜드, 프랑스와 같은 나라들에서는 이야기치료의 효과 등이 아직 발견 단계에 놓여 있기 때문에 몇몇 학습 기관이 만들어지고 있을 뿐이다.

　미국은 보스턴, 마이애미, 미니애폴리스, 뉴욕, 샌프란시스코, 시애틀 등지의 오랜 전통을 가진 이야기치료 집단이 있음에도 불구하고 성장 속도가 더디다. 이러한 저성장은 심리학 실천들이 기관들을 통하여(비록 최근 건강 돌봄의 변화에 대한 나의 견해가 틀렸음이 입증되기를 바라지만) 흔들리고 있기 때문인 것 같다. 나의 미국 동료들을 통해 읽고 들은 바에 의하면, 이러한 정신건강 돌봄에 대한 한쪽으로 치우친 운동은 대부분의 정신치료 서비스를 절망의 나락으로 몰아가고 있으며, 이것을 나의 미국 동료인 Bill Madsen이 이야기하는 기관화된 기능장애라 할 수 있을 것이다. 결론적으로 돌봄을 제공해야 하는 책임이 있는 기관들이 (필연적으로) 도움을 갈구할 때 다른 사람들 도울 수 있는 헌신을 발견하기가 점점 더 어렵게 될 것이다.

　대부분의 나라들보다 특히 미국 회계원은 정신건강 정책에 대한 책임을 맡아왔었다(심리학자들이 미국 금융제도에 책임이 있다는 전제하에 다음과 같은 상상을 할 수 있다). 저명한 HMO의 재정관리자는 분명 그들이 해야만 하는 일, 즉 돈을 만드는 일을 하고 있다.

　미국 공공 정신건강 고객/시스템의 '뒷'배경에 놓인 돈을 만든다는 생각은 비윤리적으로 보임에도 불구하고 자유 경제 시장에서 이러한 관리자들은 그들의 회사를 뉴욕 증권거래소에 실용적인 소비로서 광고할 권리를 갖고 있다. 우리가 잊어버린 한 가지 사실은 정신건강 HMO 주식이 (합법적인 선에서) 주주들의 최고의 관심을 이끌어내도록 구성되었다는 것이다. 따라서 정신건강 주식은 주주들로 하여금 최대의 이익으로 만족시키기 위해 내담자들에게 조금 부족한 치료적 서비스를 제공하도록 설계되었다는 것이다.

적은 돈으로 이런 정신건강 돌봄 서비스와 나란히 일하며 지지대 역할을 하고 있는 것은 제약 산업이다. 이들은 HMO에서 규정한 *DSM*에 따른 개인의 진단을 돕기 위해 싼 가격에 약을 제공해줌으로써 미국의 정신적 고통을 '치료해'주었다. 많은 연구와 생각 없이는 HMO와 거대 제약회사의 거래가 엄청난 정신건강 돌봄 사업의 기회임을 이해하지 못할 것이다. 결국 가장 상처받기 쉬운, 투쟁하고 있는 이들에게 비용이 부과되고 있다는 간과된 사실과 이와 같은 윤리 문제에도 불구하고 진행시켰다. 따라서 심리학적 자본주의와 내담자(심리치료사, 정신건강 근로자, 사회복지사)의 착취에 관한 당신의 느낌이 어떤 것이든 간에, 의심할 것 없이 경제 규모가 큰 사업 모델로 자리잡고 있다. 이런 과정을 거쳐 이 모델이 존재하고 있다.

강력한 심리학적 자본주의 계획과 함께 왜 후기구조주의적 역사와 반개인주의에 대한 주장에서 이야기치료적 실천들이 쉽게 미국 이사회에 받아들여지지 않는지 이해하는 것은 크게 어렵지 않다. 하지만 이러한 정신건강 조건들에 협력함에도 불구하고 미국 방식의 이야기치료사들, (거의 대부분의) 정신치료 학습을 위한 대학원, 그리고 수많은 큰 도시의 기관들은 내담자들에게 최상의 서비스를 제공해주기 위하여 이야기치료를 활용하고 있다. 미국에서 이야기치료를 보급하는 전문가들은 전통의 심리학과의 협력이 여의치 않음에도 치료에 공헌하도록 노력하고 있다.

　David Epston의 최근 연구는 기존 심리학자들이 지식 및 협력 연구하는 것과 연관된다. 이 모델은 후기구조주의적 관점에서 찾은 것이다 (또한 이야기치료와 함께 풍부한 역사적 전통을 가지고 있는 기존 심리학자들과 어떻게 함께 일할 수 있을 것인가에 영향을 받았다). 점점 더 내부의 연맹과 협력 작업이 시작될수록 이것은 우리 미래의 핵심이 될 것이다. Epston(1998, 2009)은 최근 많은 다른 분야에서 자신의 협력적 연구의 아이디어를 접목시켜보고, 이 작업의 수많은 가능성을 탐험해보았다. 다음은 최근 줄리라는 이름의 내담자와 함께 진행한 협력적 연구의 간략한 발췌문이다. 여기서 그는 치료 회기에서 물었던 것들을 다시금 물었고, 초기 질문에 대한 그녀의 이해와 설명을 요청했다.

David　줄리, 당신의 삶이 가치 없고 수용될 만하지 않다고 말했을 때 거식증이 나타났었나요?

줄리　초점이 나에게서 거식증으로 옮겨가니 매우 흥미로운 질문처럼 느껴지네요. 내가 무가치하고, 용인할 수 없는 나를 느끼는 게 '나다움'에 꼭 있어야 할 것은 아니지만 또 다른 무언가일 수 있다는 생각이 드네요. 나를 주장할 수 있는 것에 의존해 거식/폭식증을 생각해보면 이런 내적 갈등이 나를 무가치하고 혼돈스럽게 하는 그 이면에 '앎'이라는 힘이 존재해요. 거식/폭식증에 의해 이해할 수 있는 것은 무가치하다는 느낌이 내 주장을 해서가 아니라 그 자체가 거부할 수 없는 '사실'로 경험된 거죠. 그 사실이라는 것은 카멜레온처럼 내 몸과 마음속을

뒤죽박죽 섞어놓아요. 그래서 스며들었는지도 몰라요. 이런 알아차리지 못함이 일거수일투족까지 일일이 수용하지 못하게 만들었어요. 그 아쉬움이 내가 무가치한데 여전히 살아 있다는 것이지만 뭔가 부족했어요. 삶에서 수용되고 사랑받고 싶다는 절박한 욕구를 붙들면서 아쉬운 듯이 살아내야 한다는 것이 너무나 고통스러웠어요. 심지어 내 삶을 포기하라는 압박을 느꼈어요. 그러니까 삶의 어떠한 신호도 처벌적인 탈선으로 보였던 것 같아요.

David 거식증이 부도덕하다는 생각에서 당신에게 남겨져 있는 도덕적 행동으로 당신을 처벌하고자 했던 거예요?

줄리 저는 이 질문에 상당히 충격을 받았어요. 저는 당신의 질문과 그것이 불러일으킨 생각 및 감정을 생각할 때 그동안 경험했던 도전들에 상당히 친숙해졌다고 느끼고 있었는데도 말이죠. 제 자신이 부끄럽게 느껴져 묻어두었던 제 삶의 경험의 중심부로 데려다주었어요. 이런 경험은 이러한 대화가 저로 하여금 그 목소리를 찾도록 격려하지 않았더라면 영원히 사장되었을 거예요. 어떤 것인가 하면 슬픔 속의 눈물 같은 단어들을 발견하는 것, 내가 이제까지 잊고 있었던 목소리를 찾아낼 수 있다는 믿음을 발견하는 것이었어요. 즐거움, 인정과 같은 단어들의 쏟아짐, 또한 재경험할 수 있다는 비애, 내 삶에 새롭고 놀라운 방식으로 말할 수 있는 것, 개화기에 꽃이 피어나듯이 내 자신의 방식을 찾아 대답할 때 단어들이 퍼져나가는 것과 같은, 단어의 덩굴손처럼 처음으로 단어들이 술술 말해졌어요. 저는 주저하면서 말하지 않길 바랐어요. 그러나 제가 거식증/폭식증의 규칙을 깨트렸다고 느꼈던 대화를 했을 때, 분노 또한 느낄 수 있었어요. 저는 누군가를 속이거나 자격이 없는 것만 같은 죄책감을 느꼈어요. 저는 계속해서 사과를 해야 할 것만 같은 느낌을 받았는데, 그런 반면 당신은 언제나 재확신과 격려로 관대하게 잘 견뎌주었어요. 저는 일전에 거식증/폭식증에 관해 질문을 받은 적이 없어요. 지금은 누군가가 묻기도 하고 이야기를 듣기도 해요. 저는 제 삶을 바꾸어놓은 이 역할을 결코 과소평가할 수 없습니다.

이야기치료의 발전적 생각

나의 오랜 친구인 매사추세츠 주 캠브리지의 Bill Madsen은 수많은 정신건강 관련 기관들과 함께 앞서 소개한 이야기치료적 방법들을 활용하는 미래지향적인 이야기치료사들 가운데 하나이다. 이런 기관들은 공공 정신건강 센터의 아동 보호 및 복지 기관들로서 진정으로 사람들을 돕기 원하는 깊은 열망을 갖고 있다. Bill은 이야기치료의 아이디어들을 기관 서류들로 정리하고 직원들의 슈퍼비전, 정책, 기관 확장적인 상담과 미팅 등의 방법을 고안해냈다. 그는 소위 최고의 실천 모델이자 근거 기반의 연구들이라 불리는 심리 실제들에 대항하여 새로운 치료사/근로자들을 위한 언어를 개발하였다. 그는 최근에 *Collaborative Therapy With Multi-Stressed Families*(Madsen, 2007)의 두 번째 판을 출간했는데, 나는 이 책을 모든 사회 서비스 제공자들에게 강력히 추천하는 바이다.

　나는 또한 이야기치료의 진행 중인 이론적 작업과 저자 Jon Winslade(2009)를 소중히 여긴다. 그는 최근 프랑스의 후기구조주의 철학자인 질 들뢰즈의 작업을 이야기 작업으로 통합시킨 흥미로운 사례를 설명해주

었다. 특별히 그는 어떻게 들뢰즈가 푸코의 힘에 대한 개념을 활용했는
지에 대해 관심을 가지고, 힘의 계층이라는 관점에서 이러한 힘의 관계
를 도표로 나타내었다. Winslade가 설명한 것과 같이 들뢰즈는 선호되
는 삶의 형태를 향한 이야기치료의 질문들을 연결지을 수 있는 철학자
이다. 그는 "어떻게 한 개인이 살아가는가?"라는 간단한 질문을 창조적
가능성에 초점을 두어 물었다.

내가 집중한 또 다른 연구는 밴쿠버, 콜롬비아, 캐나다의 Devon
MacFarland의 연구와 David Nylund[3]와 Julie Tilsen의 (캐나다 매니토바
주 위니펙과 캘리포니아 주 새크라멘토에서) 성전환자들과 함께 한 연구를
포함한다. 나는 그들의 개인 특성의 이중적 묘사에 반대하는 정체성과
성과 관련된 치료적 대화의 전면에 서 있는 실천적 아이디어 및 글을 이
해했다.

나의 동료이자 좋은 친구인 Vikki Reynolds[4]는 끔직한 삶을 경험한 소
외된 근로자들과 함께 결속력 강한 집단을 형성하였다. 그녀의 집단 작
업은 윤리운동센터 내 치료적 방법들을 만들어냈다. Vikki의 작업은 생
산적인 방식으로 발전과 확장을 지속하고 있으며, 나는 이러한 결속력
있는 작업들을 더욱더 기대한다.

나의 오랜 공동 연구자이자 좋은 친구인 Ian Law는 이야기치료 이론
을 확장시키는 담론적 치료의 새로운 작업을 보여주었다. Ian의 최근 프로
젝트는 우리를 후기구조주의와 미셸 푸코의 작업으로 더욱 깊숙이 안내

---

3) David Nylund는 2007년부터 Vancouver School for Narrative Therapy의 교수진으로 활
   동하고 있다.
4) Vikki Reynolds는 2005년부터 Vancouver School for Narrative Therapy의 교수진으로
   활동하고 있다.

할 것이다. 우리는 루틀리지출판사에서 나올 그의 책 출간을 고대한다.

트라우마와 학대에 관한 오스트레일리아 Alan Jenkins(2009)의 연구는 이야기치료의 윤리적 적용 모델을 확장하였다. 그의 최근 책인 *Becoming Ethical: A Parallel Political Journey with Men Who Have Abused*는 읽고 또 읽을 만한 가치가 있다. 여기에는 또한 뉴질랜드인 Johnella Bird, 캐나다 던컨의 Alan Wade[5], 캐나다 빅토리아의 Cathy Richardson의 트라우마와 학대에 관해 새롭게 영감을 받은 연구들이 있다.

세계적인 이야기치료사들을 만나면 만날수록, 나는 점점 더 이야기치료의 뛰어난 기술에 대한 창조적 탐험으로 빨려 들어간다고 느낀다. David Epston과 이야기치료를 위한 우리의 Vancouver School for Narrative Therapy는 치료에 관한 훈련이 창조적이고 혁신적이며 기술 발전적이고 격정적인 연구가 될 때마다, 우리의 혁신적 과거를 되돌릴 수 있는 가능성의 선두에 서 있음에 흥분하고 있다.

Vancouver School for Narrative Therapy는 2010년 가을부터 이야기치료의 새로운 대륙 간 연구 프로그램을 시작하였다(http://www.therapeuticconversation.com). 학교 교육과 세심하게 구성된 이야기치료의 연구 프로그램은 우리가 소위 울려퍼지는 견습이라 부르는 훈련 대화들을 지지한다(D. Epston, personal communication, 2009). 이렇게 울려퍼지는 견습은 우리의 훈련과 슈퍼비전 프로그램의 모든 단계에 놓이게 될 것이며, 내부 교사, 제연 훈련, 독서 집단, 민족지학적 집단의 협력 작업이 관련 될 것이다(Tyler, 1990). Vancouver School for Narrative Therapy는

---

5) Alan Wade와 Johnella Bird 사이의 학대와 트라우마에 관한 주제의 생생한 인터뷰 및 대화는 http://www.therapeuticconversation.com 참조

울려 퍼지는 견습이 우리의 훈련과 진행 중인 임상적 실천에 좀 더 발전적인 이야기의 발명을 가져다줄 수 있는 협력적 방법으로 그려지기를 바라고 있다. 우리의 헌신은 혁신적이고 자신감 넘치며 창조적인 의사(전문가)들이 되어 가는 친밀한 독창성과 뉘앙스를 가진 치료사들을 훈련하는 것이다.

우리는 이야기치료에서 가능한 창조적 빙산의 일각을 툭 건드려 보았을 뿐이다. 이야기 발명의 위치를 취하는 것은 협력적이고 창조적인 영(spirit)을 향하여 돌아가는 것이다. 즉 덜위치센터 출판부의 **종합과 분류 페이퍼**의 산물로 돌아가는 것이며, 내부 민족지학적을 향하여 나아가는 것이다(또한 후기구조주의 아이디어 정책에 맞는 치료적 질문에 머무르는 것이다). 이야기치료의 발명은 이야기치료를 제도(map-making) 기술의 오래된 가이드라인으로부터 벗어나 솜씨 좋은 것으로 이야기치료의 관점을 전환시키는 것이다.

이야기치료는 구별된 독특한 담론으로서 내부의 지식의 흥미로운 아이디어를 향해 지속적으로 나아가고 있으며(Madigan & Epston, 1995) 전문적 지식으로부터 벗어나, 이야기 실천적 지식의 발전을 선호하는 담론이 되어 가고 있다. 나를 포함한 David Epston, Lorraine Grieves, 그리고 밴쿠버반거식증/폭식증연맹의 수많은 회원들은 공동체 연합을 형성했으며, 1990년대부터 내부 문서를 만들어냈다. 우리는 이것을 매우 재치 있는 일이라 생각했다. 여성들이 죽어가고, 다리에서 뛰어내리며, 폐쇄 병동에서 투쟁하고 있기 때문에 우리의 노력을 공유하는 것은 너무나도 뛰어난 치료적 기술이라고 생각한다. 연맹과 내부 지식의 통합은 너무나도 간단히 고립되기를 선호하는 문제들에 반하여 활동한다. 그들은 여전히 그러하다.

공동체의 관심은 그들의 삶을 거식증과 폭식증의 죽음의 고통으로부터 그들 삶을 되돌릴 수 있도록 돕는 것이며, 그들의 이러한 공동체 관심에 지속적인 접촉을 통해 건강(그리고 선호된 삶)을 향하여 나아가도록 하는 것이다. 이것은 이러한 모임 안에서 이뤄지는데, 문제의 정체가 변화하여 지식이 풍부한 상담자의 정체성으로 변화하게 되는 것이다. 캐나다의 영국계 콜롬비아, 밴쿠버의 Aaron Monroe와 Sean Spear는 최근 정책을 만들고 프로그램 연구와 발전기금을 마련함으로써 공동체의 관심과 내부 지식 문서를 발전시켰다. 그들의 이야기치료적 연구는 캐나다의 가장 낙후된 도시의 최전선에 서서, 집도 없고 정신건강의 문제를 갖고 있으며, 약과 알코올 사용으로 투쟁하고 있는 다양한 인종의 사람들과 함께 이야기치료적 연구를 진행하고 있다(Waldegrave, 1996).

Aaron과 Sean의 공동체에 영감받은 내부의 '피난민'[6]들과의 만남(S. Speer, personal communication, 2010)은 거대한 영감을 주는 일일 뿐만 아니라 피난 프로그램과 바늘 교환 프로그램 등의 새로운 제안을 작성할 때 사용하였던 선두적 언어와 지식으로써 기능하였다. 내부 지식은 피난민 역할, 윤리적 지침, 내부의 약 사용, 전문적 수행, 직원 미팅, 가족과 공동체 관련된 일, 연구 프로그램 등을 다룰 때 활용된다. 이러한 내부자 모임은 내부 지식을 직접적인 활동으로 연결시킨다. 그들은 소위 말하는 만성적 정체성 사이에서의 차이점을 만들어내는 것에 흥미를 느

---

6) Sean Speer는 *shelter folk*라는 용어를 만들었다. 이것은 심리학적 · 지리학적으로 사람들이 자신의 방랑자 정체성으로부터 벗어나 새로운 이름과 정체성을 갖도록 해주는 것이다. 즉 이 이름에 새겨진, 주어진 의미를 벗어날 수 있도록 해주었던 것이다.

낀다. 이것은 초기 그들을 만성적이라 이름 붙였던 전문적 집단 안에서 이러한 지식과 희망으로 가득 찬 변화를 만들어냈다.

최근 2009년 David Epston과의 지속적인 만남에서 우리는 연구의 비판적 민족지학적 함의에 관한 토론에 많은 시간을 할애하였다. 비판적 민족지학적 분야는 이야기치료 실천과 잘 연구된 지침, 내부의 협력적 방법의 실천적 노력들에 있어 결코 새로운 것이 아니었다. 이야기치료의 비판적 민족지학적 실천은 전문가들이 내담자들의 목소리를 차단하고 그들 내부 지식에 방어벽과 무지를 쌓아 올리는 침묵과 경계를 넘어설 수 있는 특권과 기술을 활용할 것이다.

비판적 민족지학은 이야기 전문가들에게 매우 중요한데, 이것은 주체의 익숙함(또는 치료적 과정)에 저항하기 때문이다. 익숙함에 저항함으로써, 우리는 '…이다'에서 '…일 수 있다'로 옮겨갈 수 있는 것이다 (Madison, 2005). 이런 의미에서 이야기 민족지학적 치료의 실천은 언어의 중립성과 근거 없는 힘과 권력의 가정(assumption)을 모두 해체시킴으로써 지위를 무너뜨리게 된다.

이야기치료의 미래는 매일 치료를 통해 우리를 보는 사람들과 함께 하는 권위 있는 방식의 협력적 작업에 대한 끊이지 않는 열정 위에 세워질 것이다. 이것은 우리가 내담자들에게 강조하고 있는 기본적 활동으로서 공동 발표, 글, 연구라는 협력적 가치에 지속적인 투자를 가져다 줄 것이다. 또한 좀 더 견실한 협력은 우리가 함께 일하는 내부 지식 문화에 공공의 인식을 가져다줄 것이다. 문화는 피난민, 성전환자, 아이를 신경 쓰지 않고 집에 머무르는 부모들, 주의력결핍장애 및 아스퍼거 증후군이라는 진단을 받은 아이, 노숙인들, 가출 청소년, 약물 사용, 섭식장애, 불안, 교외 지역 사람들의 슬픔, 커플 불화로 고통당하는 사람들 뿐 아니라 우리 문화 가운데 보통의 삶을 살아가고 있는 사람들의 수많은 경험들까지도 포함할 수 있다.

7

요약

후기구조주의적 아이디어와 이야기치료는 우리가 표현해낼 수 있는 가장 강력한 치료적 질문을 던져주었다. 심리학이 무엇을 보증하든, 이야기치료는 후기구조주의와 탈개인주의, 사회적 정의, 비판적 민족지학의 생각들을 향하여 나아갈 것이다. 이렇게 함으로써 이야기치료는 치료, 슈퍼비전, 연구를 행하는 '평범한' 방법과 관련된 선개념으로부터 잃어버린 것들을 지속적으로 흔들어놓을 것이다.

1991년 어느 날 Michael White는 오스트레일리아 남부 애들레이드 상공에 그의 비행기를 높이 날려 보였다. 그는 나에게 따뜻한 항공 기류를 활용해 새와 같이 날려 보내는 솜씨 좋은 능력을 성공적으로 보여주고서는 돌아서서 말했다. "Stephen, 자네도 알다시피 나는 우리들이 함께 일하는 사람들이 언제나 그들이 말하는 것보다 훨씬 더 흥미로워한다는 것을 알게 되었네." 나는 치료사들이 사람들의 삶의 이야기를 발화되는 것보다 훨씬 더 흥미롭게 봐야 할 필요가 있다는 것에 대해 말하는 것인지 궁금했었다. 아마도 평가해야 할 작은 것들은 치료사로서 역할이 우선적인 사람들로 하여금 재기억, 주장, 풍부하고 두터운 재진술, 의미 있는 대안적 이야기의 구성을 할 수 있도록 하는 것이 될 것이다.

Michael White의 죽음의 여파로 나는 이야기치료라는 것이 가장 우선적으로 사람들의 삶의 경험과 노하우, 기술, 능력 등을 키워갈 수 있도록 하는 대화에 우선권을 두는 치료라는 것을 상기했다. 이야기치료에서 Michael의 방식은 다름 아닌 다른 사람을 온전히 축하해 주는 것이었다. 이것은 친구, 치료사, 내담자 모두와 함께하는 그의 실천적 유산이었다.

Michael은 변함없이 탈개인주의에 헌신했다. Michael에게 있어 살아 있는 경험의 관계적이고 문맥적인 이해 없이 치료에서 사람들과 고투를 벌이는 것은 완전히 불합리한 짓이라 할 수 있다. 개인주의에 입각한 심리학의 근거는 그에게 있어 한 개인이 경험의 한 작은 조각을 설명해내는 '현실'에 접촉점을 발견해내지 못하는 것과 같았다.

치료에서의 개인주의적 다양하고 넓은 형태의 실천들은 분명 Michael을 슬프게 하였을 것이다. 그는 개인주의가 이론적 논쟁에 불과할 뿐이란 것을 알고 있었으며, 치료에서 개인주의의 아이디어를 실천하는 것은 우리 공동체와 치료사와 내담자의 삶, 그리고 관계에 있어서 오래 지속되는 부정적 고통을 양산해냈을 것이라고 생각했다.

치료에 오는 사람들은 (꽤 지속적으로) 앞선 경험에서 약과 함께 '취급'

되었으며, '잘못된' 진단¹⁾으로 이해되었고, 전혀 도움이 되지 않는 '다소 지루한' 치료적 대화들로 채워졌었다고 하였다. 몇몇 사람들은 치료적 관계에 큰 슬픔을 경험하고, 또 다른 사람들은 심리 치료적 '처치'에 책임을 져야 하는 것이 얼마나 고통스러운 것인가에 대해 말해주었다.

사람들의 부정적 치료적 경험에 관한 표현들은 아마도 우리 모두를 놀라게 하는 사실은 아닐 것이다. 내담자들의 주장과 저항에도 불구하고, 치료적 처치의 지배적인 실천의 모델은 똑같은 형태로 남아 있다. 내담자들의 경고는 전문가들이 그들 경험에 다소 귀머거리가 되어 가고 있다는 것을 암시하는 것이다. 듣는 것을 전문으로 하는 이들의 귀머거리 현상에 관한 암울함은 이것 자체에 관하여 말한다. 흥미로운 사실은 내가 만나고 훈련한 많은 심리치료사들이 치료에 대한 그들의 경험들을 어느 누구도 듣지 않는다고 느낀다는 것이었다.

심리치료사들은 내담자들을 '더 나은 방식'으로 도울 수 있도록 허락되지 않았다는 것에 얼마나 절망하고 있는지 듣고 보았을 것이다. 오늘날 많은 심리치료사들은 자격증을 따기 위해 얼마나 어렵게 헛되이 훈련을 받았는지에 관하여 불평을 늘어놓고 있으며, 이것은 '도움의 기술'을 온전히 활용할 수 없는 것으로 끝나버리곤 한다. 예를 들어, 그들은 (진단을 믿건 그렇지 않건) 돈을 받기 위해 사람들을 진단해야만 한다는 것과 내담자에게 제공되는 치료가 극히 제한되도록 압력을 받는 것에 불평하였다.

---

1) 솔직히 치료사로서 있는 동안에 나는 정신장애 진단에 *DSM*을 활용해본 적이 없다. 이것은 아마도 나의 초기 경력이 이야기치료사로서 훈련을 받았고 캐나다 정신건강 시스템에서 일했기 때문일 것이다.

나는 종종 내담자와 치료사가 다른 누군가의 다른 (아마도 좀 더 심오하고 친밀한) 치료적 경험을 선호하는지 궁금하곤 했었다. 이 질문의 대답이 어떤 것이든 간에 (당신이 어디에 살고 어떤 특권을 누리고 있으며, 누구를 위해 일하는지에 따라) 나는 분명 대답을 찾을 수 있다고 확신한다.

나는 훈련 중에 있는 심리치료사들에게 기사는 아직 오직 않았다고 말했다. 그들은 공식적으로 변화의 시작을 돕는 일들을 (그들의 내담자과 협력적인 동료들과 함께) 하게 될 것이라 말했다. 그러나 사무실의 문을 닫아버리자, 그들은 모든 아름답고 열정적인 일에 참여하고 수행하는 일과 치료적 대화에 폭넓게 관여하는 일에서 자유롭게 되었다(왜냐하면 기관은 관계적 경험을 도울 수 있는 경이로운 방법을 찾아내지 못했음으로).

따라서 치료적 탁자의 양쪽에 놓인 사람들을 위한 것들이 슬프고 썩은 내 나는 것이 된 시점에서 주류 심리학의 기술들이 문제가 되었다는 것이 중요한 것은 아니다. 배우고 읽는 유용하지 않은 실제보다 더 새롭고 도움이 될 만한 방법들을 찾고, 다른 치료사들이나 관계자들과 함께 협력적으로 일하면서 주장할 수도 있다.

첫 번째 단계로 내담자의 내적 지식을 참신한 것(불평이나 문제가 있는 것, '치료적 저항'의 형태로 보지 않는 것)으로 보는 것이 핵심이다. 또한 이 것을 촉진할 수 있는 한 가지 방법은 개방적으로 듣고 문제, 문화, 치료 과정에 대한 치료사의 이야기를 그대로 위치시키는 헌신적인 대화를 시작하는 것이다. 우리의 전문성이 우리를 보러온 사람들의 이야기를 듣기 시작할 때, 전문적 자기(selves)는 줄어들고 이론은 굳어지게 된다. 나는 어떻게 우리의 자기들을 볼 수 있을지 궁금하며, 치료에서 어떤 방식으로 약간 다르게 할지 궁금하다. 희망과 가능성이 우리 연구의 전면에

떠오를 때, 이것이 우리를 크게 만들지 작게 만들지 궁금하다.

마지막으로 나는 우리가 우리의 일을 사랑의 노동으로 생각하듯이 우리 평생의 직업으로서 치료라 불리는 일들과 관련된 도움을 베푸는 전문성과 관련된 것들을 생각해보고 싶다. 이것은 아마도 이 일을 할 기회가 주어진 것에 얼마나 큰 축복과 특권을 부여받았는가를 알게 할 것이다. 또한 타인을 돕는 일을 우리의 평생 직업으로 여긴다면, 우리가 만나는 사람들을 도울 수 있는 좀 더 훌륭한 방법들을 찾지 않을 이유가 없다. 사람들을 도울 수 있는 이러한 새로운 치료적 실천과 헌신들이 우리를 어디로 데리고 갈까? 그리고 우리를 어디로 향하게 할까?

용어해설

경험(experience)　경험은 지식, 규범의 유형, 특정 시간과 특정 문화 안에 주어진 주관성의 형태 사이의 상호 관계로서 정의될 수 있다.

계보(genealogy)　계보라는 미셸 푸코의 개념은 대상의 역사를 말한다. 이는 역사를 통해 사람과 사회(이 경우에는 이야기치료의 질문, 아이디어, 개념)의 발달을 추적한다.

구조주의(structuralism)　구조주의자들은 근본주의적 구조의 함의를 문화의 산물로 보며, 창조물에 대한 더 나은 이해를 얻기 위해 무언가를 창조해내는 많은 요소들을 분석해낸다. 이러한 구조주의의 기본 전제는 모든 것은 의미의 단계 아래에 구조를 가지고 있으며, 이러한 구조는 현실을 구성한다는 것이다. 대다수 심리학 전통들은 구조주의를 기반으로 한다.

권력/지식(power/knowledge)　이야기치료의 가장 중요한 특징 가운데 하나는 권력의 메커니즘이 사람들의 활동과 실존에 관한 정보를 모으는 지식의 서로 다른 유형을 양산해낸다는 것이다. 이러한 방식으로 모인 지식은 권력의 힘을 휘두르게 되는 것이다. 정신장애에 관한 *DSM* 체계를 활용하는 것 또한 사회적 통제의 형태로써 이러한 기술을 활용하는 예라 할 수 있다. 푸코의 연구는 단지 권력에 의해 주어진 힘에 불과한 지식에 얽매이는 것에 주의한다. 또한 이러한 개념은 우리 자신과 세계에 대한 이해를 바꿀 수도 있다.

규율(discipline) 규율은 사람들의 삶, 정체성, 관계의 두터운 묘사를 위한 것으로 치료적 무대를 구성한다. 이것은 공간의 구성(예 : 건축술), 시간의 구성(예 : 시간표), 사람들의 활동과 행동의 구성(예 : 움직임, 동작)을 조절함으로써 행해진다. 이것은 복잡한 감시 체계의 원조로 강화된다. 푸코는 권력은 규율이 아니며, 규율은 힘이 행사될 수 있는 하나의 방식일 뿐임을 강조한다.

기록보관소(archive) 이것은 푸코(1972)가 *The Archaeology of Knowledge* 에서 사용한 기술적 용어이다. 이것은 특정한 역사적 시대와 문화로부터 남겨진 물질적 흔적의 총체로 구성된다.

담론(discourse) 이 책은 담론이라는 용어가 무엇을 말하고 있고, 누가 그것을 말하며, 어떤 권위와 함께하는지를 의미하는 것으로 사용했다. 그러나 **담론**이란 용어는 몇 가지 정의를 가지고 있다. 사회학자와 철학자들은 이 용어를 대화 및 공동의 생각을 소유하고 있는 사람들의 공동체 뒤에 숨겨진 의미로 사용한다. 이것은 철학자 미셸 푸코에 의해 정의된 것인데, 그는 특정 담론 공동체로부터 만들어진 수용할 만한 진술로 담론을 설명하였다.

담론 공동체(community of discourse) 담론 공동체는 비슷한 생각과 아이디어를 공유한 사람들로 정의될 수 있다. 예를 들어 롤링스톤스의 팬들은 담론 공동체를 형성할 것이다. 이러한 팬의 기반에서, 어떤 태도는 공동체에 수용될 수 없는 것으로 여겨질 것이다. 예를 들어, "Brown Sugar"라는 노래를 똑같이 찬사하지 않는 누군가가 있다면, 그는 담론 공동체의 다른 누군가는 아마 즉시로 '그의 귀싸대기를 날려버릴' 것이다. 이데올로기는 이야기되는 것에 의해 정의된다.

대안적 이야기(alternative story) 치료사들은 종종 그들을 만나러온 사람들이 말하는 압도적인 빈약한 결론과 문제 이야기들과 상호작용하게 된다. 이야기치료사들은 사람들을 살려내는 대안적 이야기를 추구하는 대화에 좀 더 흥미를 느낀다. 치료사들은 그들이 직면해 있는 문제의 영향을 뚫고 나올 수 있도록 사람들을 격려하는 정체성의 이야기를 선호하는 대화를 창조해내는 것에 관심을 둔다.

독특한 결과(unique outcome) 독특한 결과는 재저작 대화의 시작점이 될 수 있다. 그들은 사람들 삶의 대안적 이야기 구성으로 들어갈 수 있는 가능성을 열어주며, 이러한 대화의 시작을 통해 선명하게 이름 붙여지지 않고, 수많은 간극이 있는 빈약한 흔적들을 볼 수 있게 된다. 이러한 대화가 진행되면서 치료사들은 사람들로 하여금 이러한 간극을 메울 수 있도록 촉진적 질문을 하게 된다. 재저작 이야기를 말하는 것을 통해 사람들은 삶의 경험에서 중요했으나 간과되었던 것들을 드러낼 수 있게 된다. 이러한 경험의 중요한 측면들은 지배적 문제 이야기들 속에서 예상될 수 없는 것이다.

몸(body) 이야기치료는 특별히 정치적 힘과 몸 사이의 관계에 관심을 두어 사회적 부산물이 될 수 있도록 만드는 몸을 훈련시키는 다양한 역사적 방식을 분석한다. 몸은 경제, 사회적 운영의 기술들과 관계 맺는 요소이다. 이 몸의 표현은 밴쿠버반거식증/폭식증연맹에서 사용되었다.

문화적 패권(cultural hegemony) 마르크스 철학자 안토니오 그람시로부터 유래한 문화적 패권은 철학적 사회적 개념이다. 이는 문화적으로 다양한 사회는 사회적 계급에 의해 지배되며 통치될 수 있다는 것이다. 문화적 패권은 하나의 사회적 집단이 다른 집단을 지배하는 것을 말한다. 예를 들어, 모든 다른 계급 위에 군림하는 것이다. 지배계급의 생각이 기준으로 보이고, 그것이 비록 지배계급에게만 유익을 가져다줄지라도, 모두에게 유익을 가져다주는 보편적 이상으로 보이게 되는 것이다.

보편적 범주(universal category) 이야기치료는 확고히, 지속적으로 보편적 범주들과 본질의 개념 그리고 상태, 정신이상, 성적 지향, 범죄 등과 같은 모든 시간과 장소에 변화되지 않는 형태로 존재하는 '것'에 반대한다. 이러한 것들은 특별한 역사적 활동과 반영들의 결과로서 실제적인(그리고 변화할 수 있는) 실체를 획득할 수 있다.

불확정(indeterminacy) 불확정은 보충적 감정 안에 놓여 있는데, 이것은 아직 결정되거나 알려지지 않은 것이기 때문이다. 사회적 삶의 질은 이론적으로 절대적인 불확정성의 하나로 생각되어야 한다. 보충적 감정에 대한 불확정성의 관계는 J. 브루너에 의해 또한 토론되었다 (1986).

비판적 민족지학(critical ethnography) 비판적 민족지학은 연구자가 질문할 수 있는 관점이다. 이것은 이미 알려진 보고들로부터 벗어날 수 있도록, 이데올로기로부터 연구자를 자유롭게 한다. 비판적 민족지학은 문화에 대한 복잡한 이론적 지향을 따른다. 이 문화는 통합, 화합, 교정, 고정과 구별되는 것으로서 이중적·갈등적·협상된·관련된 것으로 다뤄지는 다른 차원의 총체이다. 또한 문화를 다르지만 동등한 것으로 여기는 상대적 관점과 달리 비판적 민족지학은 문화는 힘의 관계에 있어 불균등한 위치를 차지한다고 가정한다. 비판적 민족지학은 비판적 이론과 연결된다.

사회구성주의(social constructionism)　사회구성주의의 핵심은 인식된 사회적 실재의 창조적 작업에 참여하는 개인과 집단의 방식들을 드러내는 것이다. 이것은 사회적 현상이 인간에 의해 창조되고 제도화되며, 전통 안으로 흡수되는 방식을 살피는 것과 연결된다. 사회적으로 구성된 현실은 이것에 대한 그들의 해석과 지식에 의해 재생산되는 역동적인 과정으로 보인다.

수행(performance)　의식(ritual)을 시행하는 측면에서의 수행을 논할 때, 터너(1980)는 수행은 문학적으로 무언가를 철저히 완벽히 해내는 것을 의미한다고 말한다. 수행하는 것은 따라서 무언가를 생산해 낸다. 무언가를 완성하는 것, 연극이나 명령 또는 프로젝트를 완수해내는 것을 의미한다. 그러나 수행하는 데 있어 누군가는 새로운 무언가를 생산해낼 것이다. 수행은 그것 자체를 변화시키는 것이다.

외재화(externalizing)　White와 Epston은 치료사와 사람들이 문제를 좀 더 관계적이고 문맥적인 방식으로 이야기할 수 있을 때 치료적 과정이 촉진됨을 발견하였다. 이야기치료는 문제를 외재화하는 방법을 활용해, 가능한 재진술로 나아가게 하고 내담자로 하여금 그들 자신을 문제로부터 재위치시킬 수 있는 기회를 마련해준다. 표현된 문제의 정체성은 한 개인의 정체성에서 분리된 것으로 보인다. 이러한 과정을 통해, 문제는 힘/지식의 문맥 안에서 관계적 실체를 분리하게 되고 따라서 문제로 묘사되었던 사람과 관계로부터 외부화된다. '타고난' 것으로 여겨졌던 문제는 덜 교정되고 덜 제한된다. 문제의 외재화는 그들의 삶과 관계를 규정지었던 지배적 이야기로부터 사람들을 자유롭게 한다. 외재화는 다름 아닌 이야기치료의 '요구'이며 이야기적 실천의 한 부분을 나타낸다.

이데올로기(ideology) 이데올로기는 아이디어의 연구 또는 과학으로 번역된다. 그러나 이데올로기는 세상에 대한 사람들의 생각, 어떻게 이 세상에서 살아내야 하는지에 대한 그들의 이상적 개념을 뜻하는 경향이 있다. 예를 들어, 미국 정치에 있어 **이데올로기**라는 용어는 민주주의자와 공화주의자 사이의 차이를 구별해주며, 이러한 이데올로기를 가진 사람들은 그것에 따라 투표하는 것 같다. 대체로 문화는 다양한 정치적 이데올로기를 보유한다. 많은 이들은 현재 문화 안의 다른 정치적 이데올로기를 살펴보고자, 과거의 두 가지 경쟁적 이데올로기를 살펴보는 것에 어려움을 느낀다. 예를 들어, 몇몇 자유주의자들, 녹생당원, 또는 평화와 자유의 이데올로기를 따르는 사람들이 선출되는데, 이는 대부분의 사람들이 민주주의와 공화주의 후보만을 생각하기 때문이다.

이성애규범성(heteronormativity) 이 용어는 삶의 자연스러운 규범에 따른 상보적 성(남성, 여성)으로부터 구별된 사람들을 위한 삶의 양식 기준이다. 이것은 이성애주의가 기본 성 지향이며, 성적·부부적 관계는 남자와 여자 사이에 가장 잘 (또는 오직) 맞는 것이라는 생각을 지지한다. 결론적으로 '이성애규범성'은 생물학적 성, 성적 정체성, 현재 소위 말하는 '성적 양분'이라는 성적 역할을 지지한다.

이야기(story) 이야기들은 경험에 의해 주어진 의미를 결정한다. 이야기는 사람들로 하여금 시간(과거/현재/미래)의 측면에서 경험에 연결될 수 있도록 돕는다. 여기에는 경험을 구성하는 다른 체계가 없다. 이것은 살아 있는 시간의 감각을 일깨우며 생생한 시간의 감각을 적절히 표현해낼 수 있도록 한다. 우리가 우리 삶의 변화의 감각을 일깨울 수 있는 방법은 이야기를 통해서이다. 이야기를 통해 우리는 최근 경험들에서 우리 삶의 사건들을 드러낼 수 있는 감각을 획득하게 되며, 이러한 감각은 '현재'와는 다른 방식의 '미래'에 대한 인식에 핵심이 될 수 있다. 이야기는 시작과 끝을 구성한다. 그들은 경험의 흐름 속에서 시작과 끝을 내포한다. 우리는 이러한 이야기들을 살아 있는 경험과 의미 안에서 만들어가게 되는 것이다.

자기(self) 자기 변화에 대한 후기구조주의자들의 각기 다른 관점에도 불구하고 자기는 담론(들)에 의해 구성될 수 있다. 자기에 관한 이야기치료의 접근은 그 사람이 누구인지(예 : 개인의 특성에 관한 지배적 또는 개인주의화된 범주)에 대한 것과 심리학적 지식에 의해 규정된 것을 넘어선다.

재저작 대화(re-authoring conversation) 재저작 대화는 사람들로 하여금 그들 삶에 어떤 일이 일어나고 있으며, 어떤 일이 일어났고, 어떻게 그것이 일어났는지, 그것이 의미하는 것이 무엇인지에 대해 이해할 수 있도록 촉구한다. 이러한 방식에서 이러한 대화는 삶과 역사에 대한 혁신적인 재접촉을 촉구하며 사람들로 하여금 그들의 삶과 관계를 더욱더 잘 살아낼 수 있도록 하는 제안들을 제공해준다. 질문들은 행동을 위한 새로운 대안들을 만들어낼 수 있도록 제시되며, 결과에 관한 예상과 행동에 관한 이러한 제안에 흥미를 가질 수 있는 환경을 조성하게 된다.

재진술(re-storing) 재진술의 치료적 개념은 변화는 언제든지 일어날 수 있다는 가능성을 창조해낸다. 따라서 누군가의 과거, 현재, 미래의 총체적 설명은 다시 형성되거나 재통합, 재회상을 다르게 해낼 수 있는 것이다.

전체주의 기술(totalization technique) 전체주의 기술은 개인 특성에 관한 문화적으로 양산된 개념이다.

정상 그리고 병리적 정상화(normal and the pathological normalization) 현대 사회는 코드와 법에 순응하는 합법적 기준보다 의학적 개념에 기반을 둔 사회라 할 수 있다. 따라서 범죄자는 법을 어긴 것에 대한 처벌보다 병으로부터 '치료'되어야 할 필요가 있는 것이다. 여기에는 우리의 합법적인 의학 기관의 의학적 기준들에 근거를 둔 법과 시스템 사이의 설명하기 어려운 긴장이 놓여 있다.

정의 예식(definitional ceremony) 정의 예식 유추는 사람들의 삶과 정체성 및 관계에 대한 풍부한 설명을 위해 맥락으로서 치료 분야를 구성한다. White는 문화인류 학자 바바라 마이어호프(1982, 1986)의 저작에서 정의 예식 유추를 사용했다.

정체성의 관점(landscape of identity) 정체성 관점의 질문은 행동 경관의 질문에 반응하여 설명된 행동, 결과, 주제에 관한 내담자들의 결론

과 (부분적으로) 연관된다. 정체성 관점의 질문은 문화적 정체성, 의
도적 이해, 학습, 인식을 다루는 관련된 목록들을 제시한다. 비본질
주의(nonessentialism)라는 개념은 미셸 푸코(1984a)의 성의 역사(*History
of Sexuality*)로부터 확장된 개념이다. 여기서 그는 성과 성적 취향까
지도 고안된 형태이며, 성과 성적 지향에 관한 핵심 개념은 결함이
있는 것이라고 말한다. 예를 들어, 그에 의하면 동성애자들은 사실
상 가장 최근에 문화적 기준에 의해 생성된 것이며 사회의 다른 집
단들 사이에서 짜 맞춰진 것이다. 그러나 이것은 아름다움과 같은
아이디어보다 더 가치 있게 여겨지는 것은 아니다.

제도(institution) 푸코는 제도가 힘의 특정한 관계를 굳히는 방법이며,
특정한 수의 사람들이 혜택을 받을 수 있는 것이라고 지적했다.

주체(subject) 주체는 자기인식, 어떻게 행동할까를 결정할 능력이 있는
실체를 뜻한다. 푸코는 지속적으로 19세기의 보편적이고 무한한 주
체에 대한 현상학적 개념에 반대하였다. 이러한 주체는 모든 생각과
행동의 기초로서 세상에 대한 감각을 어떻게 형성해야 하는지에 관
한 근원에 놓여 있었다. 이러한 주체에 대한 개념의 문제는 1960년
대 푸코와 다른 학자들에 의하면 특정한 지위에 고착되어 사람들이
절대로 변화할 수 없는 특정한 정체성에 머물러 있도록 했다.

지식 실천(knowledge practice) 문화적 담론 안에 놓인 '진실'로 보이는
지식 실천은 한 개인이 자신들의 삶을 만들어가는 개인의 설명서를
위한 표준을 설정한다.

추론적 실천(discursive practice) 추론적 실천은 문화가 사회적·철학적
현실을 만들어내는 모든 방식을 말한다. 이 용어는 지식의 다른 형

태를 구성하고 양산하기 위한 역사 문화적으로 독특한 구성을 뜻한다. 이것은 사람들의 생각에 의해 부과된 외부적 결정과는 상관이 없다. 대신 이것은 특정한 지위를 수용하는 언어의 문법과 같은 규율의 문제이다.

탈개인주의(anti-individualism)   근대 심리학은 개인주의에 입각해 있다. 그러나 이야기치료는 탈개인주의를 기초로 한다. 현대 철학은 탈개인주의가 지배적인데, 이는 사람들의 생각, 의미, 표현들을 중시하며, 그렇게 함으로써 '사람들의 머릿속'에 의해 결정되는 것이 아니라 문화적 상황에 관계적으로 반응하게 되는 것이다. 사람들의 표현과 생각은 분명한 상황을 전제로 하며, 이는 특정한 무엇, 상황, 또는 사건을 말한다. 이와 같은 것들은 사람들의 생각 속에서 결정될 뿐만 아니라 그 또는 그녀의 언어적 공동체와의 관계, 지배적 단어, 신체적 환경에 의해 결정되는 것이다.

탈중심적 치료적 위치(decentered therapeutic posture)   이야기치료의 탈중심화라는 용어는 상담을 요구하는 사람들과 치료사의 개입을 강조하는 것이 아니라 이러한 사람들의 지식과 기술, 개인적 이야기에 우선권을 두는 치료사의 성과라 할 수 있다. 치료에 있어 '우선적 권한'을 가진 사람, 그들 삶의 역사에서 파생된 지식과 기술들은 중심적 고려사항이 된다.

텍스트 유추(text analogy)   텍스트 유추는 의미가 우리 경험의 이야기로부터 파생될 수 있다는 것을 말한다. 삶의 의미를 결정지어주는 것은 다름 아닌 이야기들이다.

포스트모더니즘(postmodernism)   비판적 이론과 철학에 있어 포스트모더니즘은 철학의 근본 기초를 흔들어놓는다. 비록 앞선 철학자와 이론가들이 보편적 체계의 설명을 위해 헌신해왔으나, 포스트 모너니스트들은 진실로 알려진 것들을 창조해내는 탐구적 역할에 충실한다. 포스트모니즘적 이론가에게 있어 이것은 인식된 보편성에 관한 논의를 불러일으키는 담론이다.

해체주의(deconstruction) 해체주의는 프랑스 철학자 자크 데리다로부터 소개된 접근이다. 이것은 다른 어떤 분야에서보다 치료, 철학, 문화 분석에 활용된다. 해체주의는 일반적으로 어떠한 이야기도 개별적인 전체가 아니라 몇몇 양립할 수 없는, 상충되는 의미를 가지고 있음을 입증하려고 노력한다. 따라서 어떠한 문맥도 하나 이상의 의미를 갖는다. 문맥은 그것 자체로 그러한 해석에 불가분하게 연결된다. 이러한 해석의 양립할 수 없음은 축소될 수 없다. 따라서 해석학적으로 읽는 것은 특정 포인트를 넘어설 수 없다. 폴 리쾨르는 데리다 철학의 또 다른 저명한 지지자이자 해석자이다. 그는 문맥이나 전통의 해답 뒤에 놓여 있는 질문을 드러내는 방식으로 해체주의를 정의한다.

행위의 관점(landscape of action) 행위 관점의 질문은 그들 삶의 이야기에 발생한 사건에 중점을 두고 이야기 줄거리를 형성하는 가운데 시간에 따라 이러한 사건을 연결 짓는다. 이러한 질문은 사건, 환경, 결과, 시간, 줄거리를 통해 구성된다.

회원재구성 대화(re-membering conversation) 회원재구성 대화들은 부정적 재결합을 의미하는 것이 아니라 누군가의 역사와 현재 삶의 정체성에 중요한 대상을 의도적으로 참여시키는 것이다. 이러한 대상은 사람들의 삶에 중요한 것으로서 정의되기 위하여 직접적으로 알려질 필요는 없다.

후기구조주의(poststructuralism)　후기구조주의는 분석의 체계가 다소 필수적이라는 구조주의의 인식된 가정에 대응해 성장해왔다. 후기구조주의는 사실상 근본적 구조, 그들 스스로를 소개하는 편견의 조각들을 검사관의 조건하에서 검열한다. 후기구조주의의 근거는 문화적 산물에 절대적인 형태가 있다는 생각을 거부한다는 것이다. 모든 문화적 산물은 그들의 본래 특성에 의해 만들어지며, 따라서 그것은 인공적이다.

힘(power)　힘은 어떤 무엇이 아닌 관계이다. 힘은 단지 억제적인 것이 아니라 생산적인 것이다. 힘은 단지 나라의 재산이 아니다. 힘은 단순히 정부나 나라에 귀속된 것만이 아니다. 그보다 힘은 사회적 총체에 의해 행사된다. 힘은 사회적 관계의 가장 미시적인 단계에서 행해지는 것이다. 힘은 사회적 총체의 여러 단계에 편재해 있다.

Vancouver School for Narrative Therapy　1992년 Stephen Madigan에 의해 설립된 북반구의 첫 번째 이야기치료 훈련 기관이다. 이 학교는 이야기치료에 관한 특별한 훈련 프로그램을 제공한다(http://www.therapeuticconversations.com).

더 읽을거리

Bateson, G. (1972). *Steps to an ecology of mind: Collected essays in anthropology, psychiatry, evolution, and epistemology.* Chicago, IL: University of Chicago Press.

Bateson, G. (1979). *Mind and nature: A necessary unity.* New York, NY: Dutton.

Bakhtin, M. M. (1986). *Speech genres and other late essays* (V. McGee, Trans.). Austin: University of Texas Press.

Bird, J. (2004). *Talk the sings.* Auckland, New Zealand: Edge Press.

Breggin, P. (1994). *Toxic psychiatry: Why therapy, empathy, and love must replace the drugs, electroshock, and biochemical theories of the new psychiatry.* New York, NY: St. Martin's Press.

Bruner, J. (1990). *Acts of meaning.* Cambridge, MA: Harvard University Press.

Caplan, P. J. (1995). *They say you're crazy: How the world's most powerful psychiatrists decide who's normal.* Reading, MA: Addison Wesley.

Epston, D. (1988). *Collected papers.* Adelaide, South Australia: Dulwich Centre Publications.

Epston, D. (1998). *Catching up with David Epston: A collection of narrative practice-based papers, 1991–1996—by David Epston.* Adelaide, South Australia: Dulwich Centre Publications.

Foucault, M. (1965). *Madness and civilization: A history of insanity in the age of reason.* New York, NY: Random House.

Foucault, M. (1979). *Discipline and punish: The birth of the prison.* Middlesex, England: Peregrine Books.

Foucault, M. (1980). *Power/Knowledge: Selected interviews and writings.* New York, NY: Pantheon Books.

Foucault, M. (1989). *Foucault live: Collected interviews, 1961–1984* (S. Lotringer, Ed.). New York, NY: Semiotext(e).

Geertz, C. (1973). *The interpretation of cultures.* New York, NY: Basic Books.

Madigan, S. (1991). Discursive restraints in therapist practice: Situating therapist questions in the presence of the family—a new model for supervision. *International Journal of Narrative Therapy and Community Work, 3,* 13–21.

Madigan, S. (1992). The application of Michel Foucault's philosophy in the problem externalizing discourse of Michael White. *British Journal of Family Therapy, 14,* 265–279.

Madigan, S. (1996). The politics of identity: Considering the socio-political and cultural context in the externalizing of internalized problem conversations [Special edition on narrative ideas]. *Journal of Systemic Therapies, 15,* 47–63.

Madigan, S. (1997). Re-remembering lost identities: Narrative therapy with children and adolescents. In D. Nylund & C. Smith (Eds.), *Narrative therapies with children and adolescents* (pp. 338–355). New York, NY: Guilford Press.

Madigan, S. (1999). Destabilizing chronic identities of depression and retirement. In I. Parker (Ed.), *Deconstructing psychotherapy* (pp. 150–163). Thousand Oaks, CA: Sage.

Madigan, S. (2003). Injurious speech: Counter-viewing eight conversational habits of highly effective problems. *International Journal of Narrative Therapy and Community Work, 2,* 12–19.

Madigan, S. (2007). Watchers of the watched: Self-surveillance in everyday life. In C. Brown & T. Augusta-Scott (Eds.), *Postmodernism and narrative therapy* (pp. 67–78). Thousand Oaks, CA: Sage.

Madigan, S. (2008). Anticipating hope within conversational domains of despair. In I. McCarthy & J. Sheehan (Eds.), *Hope and despair* (pp. 104–112). London, England: Bruner Mazel.

Madigan, S., & Epston, D. (1995). From "spy-chiatric gaze" to communities of concern: From professional monologue to dialogue. In S. Friedman (Ed.), *The reflecting team in action: Innovations in clinical practice* (pp. 257–276). New York, NY: Guilford Press.

Madigan, S., & Goldner, E. (1998). A narrative approach to anorexia: Reflexivity, discourse, and questions. In M. Hoyt (Ed.), *The handbook of constructive therapies* (pp. 96–107). San Francisco, CA: Jossey Bass.

Madigan, S., & Law, I. (1998). *PRAXIS: Situating discourse, feminism, and politics in narrative therapies.* Vancouver, British Columbia, Canada: Yaletown Family Therapy Press.

Sampson, E. (1993). *Celebrating the other: A dialogic account of human nature.* San Francisco, CA: Westview Press.

Shotter, J., & Gergen, K. (1989). *Texts of identity.* Newbury Park, CA: Sage.

White, M. (1995). *Re-authoring lives: Interviews and essays.* Adelaide, South Australia: Dulwich Centre Publications.

White, M., & Epston, D. (1990). *Narrative means to therapeutic ends.* New York, NY: Norton.

참고문헌

Akinyela, M. (2005, May). *Oral cultures and the use of metaphors in the therapeutic conversations*. Keynote speech at the Therapeutic Conversations Conference, Vancouver, British Columbia, Canada.

Andersen, T. (1987). The reflecting team: Dialogue and meta-dialogue in clinical work. *Family Process, 26,* 415–428. doi:10.1111/j.1545-5300.1987.00415.x

Anderson, W. (1990). *Reality isn't what it used to be.* San Francisco, CA: Harper & Row.

Armstrong, T. (1989). *Michel Foucault, philosopher.* New York, NY: Routledge.

Augusta-Scott, T. (2007). Conversations with men about women's violence: Ending men's violence by challenging gender essentialism. In T. Augusta-Scott & C. Brown (Eds.), *Narrative therapy: Making meaning, making lives* (pp. 197–210). New York, NY: Sage.

Bakhtin, M. M. (1981). *The dialogic imagination.* Austin, TX: University of Texas Press.

Bakhtin, M. M. (1986). *Speech genres and other late essays* (V. McGee, Trans.). Austin, TX: University of Texas Press.

Bateson, G. (1972). *Steps to an ecology of mind: Collected essays in anthropology, psychiatry, evolution, and epistemology.* Chicago, IL: University of Chicago Press.

Bateson, G. (1979). *Mind and nature: A necessary unity.* New York, NY: Dutton.

Besa, D. (1994). Evaluating narrative family therapy using single-system research designs. *Research on Social Work Practice, 4,* 309–325.

Billig, M. (1990). Collective memory, ideology and the British Royal Family. In D. Middleton & D. Edwards (Eds.), *Collective remembering* (pp. 13–31). London, England: Sage.

Bird, J. (2000). *Talk hearts narrative.* Auckland, New Zealand: Edge Press.

Bird, J. (2004). *Talk the sings.* Auckland, New Zealand: Edge Press.

Borden, A. (2007). Every conversation is an opportunity: Negotiating identity in group settings. *The International Journal of Narrative Therapy and Community Work, 4,* 38–53.

Bordo, S. (1989). The body and the reproduction of femininity: A feminist appropriation of Foucault. In A. M. Jaggar & S. R. Bordo (Eds.), *Feminist reconstructions of being and knowing* (pp. 13–33). New Brunswick, NJ: Rutgers University Press.

Bordo, S. (1993). *Unbearable weight.* Berkeley: University of California Press.

Breggin, P. (1994). *Toxic psychiatry: Why therapy, empathy, and love must replace the drugs, electroshock, and biochemical theories of the new psychiatry.* New York, NY: St. Martin's Press.

Breggin, P., & Breggin, G. R. (1994). *Talking back to Prozac: What doctors won't tell you about today's most controversial drug.* New York, NY: St. Martin's Press.

Breggin, P., & Breggin, G. R. (1997). *War against children of color: Psychiatry targets inner-city youth.* Monroe, ME: Common Courage Press.

Bruner, E. M. (1986). Ethnography as narrative. In V. W. Turner & E. M. Bruner (Eds.), *The anthropology of experience* (pp. 139–157). Chicago: University of Illinois Press.

Bruner, J. (1986). *Actual minds, possible worlds.* Cambridge, MA: Harvard University Press.

Bruner, J. (1990). *Acts of meaning.* Cambridge, MA: Harvard University Press.

Bruner, J. (1991). The narrative construction of reality. *Critical Inquiry, 18,* 1–21.

Bruyn, S. (1990). *The human perspective: The methodology of participant observation.* Englewood Cliff, NJ: Prentice Hall.

Butler, J. (1997). *Excitable speech: A politics of the performance.* New York, NY: Routledge.

Caplan, P. J. (1984). The myth of women's masochism. *American Psychologist, 39,* 130–139. doi:10.1037/0003-066X.39.2.130

Caplan, P. J. (1991). Delusional dominating personality disorder (PDPD). *Feminism & Psychology, 1,* 171–174. doi:10.1177/0959353591011020

Caplan, P. J. (1994). *You're smarter than they make you feel: How the experts intimidate us and what we can do about it.* New York, NY: Free Press.

Caplan, P. J. (1995). *They say you're crazy: How the world's most powerful psychiatrists decide who's normal.* Reading, MA: Addison Wesley.

Caplan, P. J., & Cosgrove, L. (Eds.). (2004). *Bias in psychiatric diagnosis.* New York, NY: Jason Aronson.

Carlson, J., & Kjos, D. (1999). *Narrative therapy with Stephen Madigan* [Family Therapy with the Expert Series Videotape]. Boston, MA: Allyn and Bacon.

Clark, K., & Holquist, M. (1984). *Mikhail Bakhtin.* Cambridge, MA: Harvard University Press.

Crapanzano, V. (1990). On self characterization. In S. Stigler, R.A. Shweder, & G. S. Herdt (Eds.), *Cutural psychology: Essays on comparative human development* (pp. 401–425). Cambridge, England: Cambridge University Press.

Crowe, M. (2000). Constructing normality: A discourse analysis of the *DSM–IV. Journal of Psychiatric and Mental Health Nursing, 7,* 69–77. doi:10.1046/j.1365-2850.2000.00261.x

Daniels, H., Cole, M., & Wertsch, J. (Eds.). (2007). *The Cambridge companion to Vygotsky.* New York, NY: Cambridge University Press.

Davies, B., & Harre, R. (1990). Positioning: Conversation and the production of selves. *Journal for the Theory of Social Behaviour, 20,* 43–63. doi:10.1111/j.1468-5914.1990.tb00174.x

Denborough, D. (2008). *Collective narrative practice: Responding to individuals, groups, and communities who have experienced trauma.* Adelaide, South Australia: Dulwich Centre Publications.

Denborough, D., Koolmatrie, C., Mununggirritj, D., Marika, D., Dhurrkay, W., & Yunupingu, M. (2006). Linking stories and initiatives: A narrative approach to working with the skills and knowledge of communities. *The International Journal of Narrative Therapy and Community Work, 2,* 19–51.

Derrida, J. (1991). *A Derrida reader: Between the blinds* (P. Kamuf, Ed.). New York, NY: Columbia University Press.

Diamond, I., & Quinby, L. (1988). *Feminism and Foucault: Reflections on resistance.* Boston, MA: Northeastern University Press.

Dickerson, V. C. (2004). Young women struggling for an identity. *Family Process, 43,* 337–348. doi:10.1111/j.1545-5300.2004.00026.x

Dickerson, V. C. (2009). Remembering the future: Situating oneself in a constantly evolving field. *Journal of Systemic Therapies, 26,* 23–37.

Dickerson, V. C. (in press). Allies against self-doubt. *Journal of Brief Therapy.*

Dickerson, V. C., & Zimmerman, J. (1992). Families and adolescents: Escaping problem lifestyles. *Family Process, 31,* 341–353. doi:10.1111/j.1545-5300.1992.00341.x

Dickerson, V. C., & Zimmerman, J. (1996). *If problems talked: Narrative therapy in action.* New York, NY: Guilford Press.

Dreyfus, H., & Rabinow, P. (1983). *Michel Foucault: Beyond structuralism and hermeneutics* (2nd ed.). Chicago, IL: University of Chicago Press.

Eagleton, T. (1991). *An introduction to ideology.* New York, NY: Verso.

Epston, D. (1986). Nightwatching: An approach to night fears. *Dulwich Centre Review,* 28–39.

Epston, D. (1988). *Collected papers.* Adelaide, South Australia: Dulwich Centre Publications.

Epston, D. (1994). The problem with originality. *Dulwich Centre Newsletter, 4.*

Epston, D. (1998). *Catching up with David Epston: A collection of narrative practice-based papers, 1991–1996.* Adelaide, South Australia: Dulwich Centre Publications.

Epston, D. (2009). *Catching up with David Epston: Down under and up over.* Warrington, England: AFT.

Epston, D., & Roth, S. (1995). In S. Friedman (Ed.), *The reflecting team in action: Collaborative practice in family therapy* (pp. 39–46). New York, NY: Guilford Press.

Epston, D., & White, M. (1990). Consulting your consultants: The documentation of alternative knowledges. *Dulwich Centre Newsletter, 4,* 25–35.

Epston, D., & White, M. (1992). *Experience, contradiction, narrative and imagination: Selected papers of David Epston and Michael White, 1989–1991.* Adelaide, South Australia: Dulwich Centre Publications.

Espin, O. M. (1995). On knowing you are the unknown: Women of color constructing psychology. In J. Adleman & G. Enguidanos (Eds.), *Racism in the lives of women: Testimony, theory, and guides to antiracist practice* (pp. 127–136). New York, NY: Haworth Press.

Fish, S. (1980). *Is there a text in this class? The authority of interpretive communities.* Cambridge, MA: Harvard University Press.

Foucault, M. (1965). *Madness and civilization: A history of insanity in the age of reason.* New York, NY: Random House.

Foucault, M. (1972). *The archaeology of knowledge and the discourse on language* (A. M. Sheridan Smith, Trans.). New York, NY: Pantheon.

Foucault, M. (1973). *The birth of the clinic: An archeology of medical perception.* London, England: Tavistock.

Foucault, M. (1977). Nietzsche, genealogy, history. In D. F. Bouchard (Ed.), *Language counter-memory, practice: Selected essays and interviews* (pp. 139–164). Ithaca, NY: Cornell University Press.

Foucault, M. (1979). *Discipline and punish: The birth of the prison.* Middlesex, England: Peregrine Books.

Foucault, M. (1980). *Power/knowledge: Selected interviews and writings.* New York, NY: Pantheon Books.

Foucault, M. (1983). The subject and power. In H. Dreyfus & P. Rabinow (Eds.), *Michel Foucault: Beyond structuralism and hermeneutics* (2nd ed., pp. 208–228). Chicago, IL: University of Chicago Press.

Foucault, M. (1984a). *The history of sexuality.* Middlesex, England: Peregrine Books.

Foucault, M. (1984b). Space, knowledge and power. In P. Rabinow (Ed.), *The Foucault reader* (pp. 239–256). New York, NY: Pantheon Books.

Foucault, M. (1989). *Foucault live: Collected interviews, 1961–1984* (S. Lotringer, Ed.). New York, NY: Semiotext(e).

Foucault, M. (1994a). The ethics of the concern for self as a practice of freedom. In P. Rabinow (Ed.), *Ethics: Subjectivity and truth: Vol. 1. Essential works of Foucault 1954–1984* (pp. 281–302). London, England: Penguin Press.

Foucault, M. (1994b). On the genealogy of ethics: An overview of work in progress. In P. Rabinow (Ed.), *Ethics: Subjectivity and truth: Vol. 1. Essential works of Foucault 1954–1984* (pp. 253–280). London, England: Penguin Press.

Foucault, M. (1997). *The politics of truth* (S. Lotringer, Ed.). New York, NY: Semiotext(e).

Freedman, J., & Combs, G. (1996). *Narrative therapy: The social construction of preferred realities.* New York, NY: Norton.

Freedman, J., & Combs, G. (2002). *Narrative therapy with couples—and a whole lot more.* Adelaide, South Australia: Dulwich Centre Publications.

Freeman, J., Epston, D., & Lobivits, D. (1997). *Playful approaches to serious problems.* New York, NY: Norton.

Geertz, C. (1973). *The interpretation of cultures.* New York, NY: Basic Books.

Geertz, C. (1976). From nature's point of view: On the nature of anthropological understanding. In K. H. Basso & H. A. Selby (Eds.), *Meaning in anthropology* (pp. 89–95). Albuquerque: University of New Mexico Press.

Geertz, C. (1983). *Local knowledge: Further essays in interpretive anthropology.* New York, NY: Basic Books.

Geertz, C. (1988). *Works and lives: The anthropologist as author.* Stanford, CA: Stanford University Press.

Gergen, K. (1989). Warranting voice and the elaboration of self. In J. Shotter & K. Gergen (Eds.), *Texts of identity* (pp. 56–68). London, England: Sage.

Gergen, K. (1991). *The saturated self: Dilemmas of identity in contemporary life.* New York, NY: Basic Books.

Gergen, K. (2009). *Relational being: Beyond self and community.* Oxford, England: Oxford University Press.

Gergen, M. M., & Gergen, K. J. (1984). The social construction of narrative accounts. In K. J. Gergen & M. M. Gergen (Eds.), *Historical social psychology* (pp. 102–107). Hillsdale, NY: Erlbaum.

Goffman, E. (1961). *Asylums: Essays in the social situation of mental patients and other inmates.* New York, NY: Doubleday.

Goldstein, J. (1981). *Michel Foucault: Remarks on Marx.* New York, NY: Semiotext(e).

Gollan, S., & White, M. (1995, March). *The Aboriginal project.* Paper presented at the Family Networker conference, Washington, DC.

Gremillion, H. (2003). *Feeding anorexia: Gender and power at a treatment center.* Durham, NC: Duke University Press.

Grieves, L. (1998). From beginning to start: The Vancouver Anti-Anorexia/ Anti-Bulimia League. In S. Madigan & I. Law (Eds.), *PRAXIS: Situating discourse, feminism and politics in narrative therapies* (pp. 195–206). Vancouver, British Columbia, Canada: Yaletown Family Therapy Press.

Gutting, G. (Ed.). (1994). *The Cambridge companion to Foucault.* Cambridge, England: Cambridge University Press.

Hall, R., Mclean, C., & White, C. (1994). Special edition on accountability. *Dulwich Centre Newsletter, 2,* 79.

Hardy, K. (2004, May). *Boys in the hood.* Keynote speech at the Therapeutic Conversations Conference, Vancouver, British Columbia, Canada.

Hare-Mustin, R., & Maracek, J. (1995). Feminism and postmodernism: Dilemmas and points of resistance. *Dulwich Centre Newsletter, 4,* 13–19.

Harstock, S. (1990). Foucault on power: A theory for women? In L. Nicholson (Ed.), *Feminism/postmodernism* (pp. 157–175). New York, NY: Routledge.

Hedtke, L., & Winslade, J. (2004/2005). The use of the subjunctive in remembering conversations with those who are grieving. *OMEGA, 50,* 197–215.

Hoagwood, K. (1993). Poststructuralist histoticism and the psychological construction of anxiety disorders. *The Journal of Psychology, 127,* 105–122.

Horkheimer, M., & Adorno, T. (1972). *Dialectic of enlightenment* (J. Cumming, Trans.). New York, NY: Herder & Herder.

Huyssen, A. (1990). Mapping the postmodern. In L. Nicholson (Ed.), *Feminism/ postmodernism* (pp. 234–279). New York, NY: Routledge.

Jameson, F. (1991). *Postmodernism or the cultural logic of late capitalism.* Durham, NC: Duke University Press.

Jenkins, A. (1990). *Invitations to responsibility: The therapeutic engagement with men who are violent and abusive.* Adelaide, South Australia: Dulwich Centre Publications.

Jenkins, A. (2009). *Becoming ethical: A parallel political journey with men who have abused.* Dorset, England: Russell House.

Justice, B., & Justice, R. (1979). Incest in a family/group survivial pattern. *Archives of General Psychiatry, 14,* 31–40.

Kamsler, A. (1990). *Her-story in the making: Therapy with women who were sexually abused in childhood.* Adelaide, South Australia: Dulwich Centre Publications.

Kearney, R., & Rainwater, M. (1996). *The continental philosophy reader.* New York, NY: Routledge.

Keeney, B. (1983). *Aesthetics of change.* New York, NY: Guilford Press.

Law, I., & Madigan, S. (Eds.). (1994). Power and politics in practice [Special issue]. *Dulwich Centre Newsletter, 1.*

Liapunov, V., & Holquist, M. (1993). *M. M. Bakhtin: Toward a philosophy of the act.* Austin, TX: University of Texas Press.

Madigan, S. (1991a). Discursive restraints in therapist practice: Situating therapist questions in the presence of the family—a new model for supervision (Cheryl White, Ed.). *International Journal of Narrative Therapy and Community Work, 3*, 13–21.

Madigan, S. (1991b). A public place for schizophrenia: An interview with C. Christian Beels. *International Journal of Narrative Therapy and Community Work, 2*, 9–11.

Madigan, S. (1992). The application of Michel Foucault's philosophy in the problem externalizing discourse of Michael White [Additional commentary by Deborah Anne Luepnitz, rejoinder by S. Madigan]. *Journal of Family Therapy, 14*, 265–279.

Madigan, S. (1993a). Questions about questions: Situating the therapist's curiosity in front of the family. In S. Gilligan & R. Price (Eds.), *Therapeutic conversations* (pp. 219–230). New York, NY: Norton.

Madigan, S. (1993b). Rituals about rituals: A commentary on "Therapeutic rituals: Passages into new identities" by S. Gilligan. In S. Gilligan & R. Price (Eds.), *Therapeutic conversations* (253–257). New York, NY: Norton.

Madigan, S. (1994). The discourse unnoticed: Story-telling rights and the deconstruction of longstanding problems. *Journal of Child and Youth Care, 9*, 79–86.

Madigan, S. (1996). The politics of identity: Considering the socio-political and cultural context in the externalizing of internalized problem conversations [Special edition on narrative ideas]. *Journal of Systemic Therapies, 15*, 47–63.

Madigan, S. (1997). Re-considering memory: Re-remembering lost identities back toward re-membered selves. In C. Smith & D. Nylund (Eds.), *Narrative therapies with children and adolescents* (pp. 338–355). New York, NY: Guilford Press.

Madigan, S. (1999). Destabilizing chronic identities of depression and retirement. In I. Parker (Ed.), *Deconstructing psychotherapy* (pp. 56–67). London, England: Sage.

Madigan, S. (2003). Injurious speech: Counter-viewing eight conversational habits of highly effective problems. *International Journal of Narrative Therapy and Community Work, 2*, 12–19.

Madigan, S. (2004). Re-writing Tom: Undermining descriptions of chronicity through therapeutic letter writing campaigns. In J. Carlson (Ed.), *My finest hour: Family therapy with the experts* (pp. 65–74). Boston, MA: Allyn and Bacon.

Madigan, S. (2007). Watchers of the watched—self-surveillance in everyday life. In C. Brown & T. Augusta-Scott (Eds.), *Postmodernism and narrative therapy* (pp. 67–78). New York, NY: Sage.

Madigan, S. (2008). Anticipating hope within conversational domains of despair. In I. McCarthy & J. Sheehan (Eds.), *Hope and despair* (pp. 104–112). London, England: Bruner Mazel.

Madigan, S. (2009). Therapy as community connections. In J. Kottler & J. Carlson (Eds.), *Creative breakthroughs in therapy: Tales of transformation and astonishment* (pp. 65–80). New York, NY: Wiley.

Madigan S., & Epston, D. (1995). From "spy-chiatric gaze" to communities of concern: From professional monologue to dialogue. In S. Friedman (Ed.), *The reflecting team in action: Collaborative practice in family therapy* (257–276). New York, NY: Guilford Press.

Madigan, S., & Goldner, E. (1998). A narrative approach to anorexia: Reflexivity, discourse and questions. In M. Hoyt (Ed.), *The handbook of constructive therapies* (pp. 96–107). San Francisco, CA: Jossey-Bass.

Madigan, S., & Law, I. (1992). Discourse not language: The shift from a modernist view of language to the post-modern analysis of discourse in family therapy (Cheryl White, Ed.). *International Journal of Narrative Therapy and Community Work, 1.*

Madigan, S., & Law, I. (Eds.). (1998). *PRAXIS: Situating discourse, feminism and politics in narrative therapies.* Vancouver, British Columbia, Canada: Yaletown Family Therapy Press.

Madison, D. (2005). *Critical ethnography.* New York, NY: Sage.

Madsen, W. (2007). *Collaborative therapy with multi-stressed families.* New York, NY: Norton.

Maisel, R., Epston, D., & Borden, A. (2004). *Biting the hand that starves you: Inspiring resistance in anorexia/bulimia.* New York, NY: Norton.

McHoul, A., & Grace, W. (1993). *A Foucault primer: Discourse, power and the subject.* New York, NY: New York University Press.

McLeod, J. (1997). *Narrative and psychotherapy.* London, England: Sage.

McLeod, J. (2004). The significance of narrative and storytelling in postpsychological counseling and psychotherapy. In A. Lieblich, D. P. McAdams, & R. Josselson (Eds.), *Healing plots: The narrative basis for psychotherapy* (11–27). Washington, DC: American Psychological Association.

Miller, J. (1993). *The passion of Michel Foucault.* New York, NY: Anchor Books.

Moules, N. (2003). Therapy on paper: Therapeutic letters and the tone of relationship. *Journal of Systemic Therapies, 22,* 33–49.

Moules, N. (2007). *Hermeneutic inquiry: Paying heed to history and Hermes. An ancestral, substantive, and methodological tale.* Unpublished manuscript.

Munro, C. (1987). White and the cybernetic therapies: News of difference. *The Australian and New Zealand Journal of Family Therapy, 8,* 183–192.

Myerhoff, B. (1982). Life history among the elderly: Performance, visibility and re-membering. In J. Ruby (Ed.), *A crack in the mirror: Reflexive perspectives in anthropology* (pp. 99–117). Philadelphia: University of Pennsylvania Press.

Myerhoff, B. (1986). "Life not death in Venice": Its second life. In V. W. Turner & E. M. Bruner (Eds.), *The anthropology of experience* (pp. 73–81). Chicago: University of Illinois Press.

Myerhoff, B. (1992). *Remembered lives: The work of ritual, storytelling, and growing older* (M. Kaminsky, Ed.). Ann Arbor: University of Michigan Press.

Nylund, D. (2000). *Treating Huckleberry Finn: A new narrative approach with kids diagnosed ADD/ADHD.* San Francisco, CA: Jossey-Bass.

Nylund, D. (2002a). Poetic means to anti-anorexic ends. *Journal of Systemic Therapies, 21*(4), 18–34. doi:10.1521/jsyt.21.4.18.23323

Nylund, D. (2002b). Understanding and coping with ADD/ADHD. In J. Biederman & L. Biederman (Eds.), *Parent school: Simple lessons from the leading experts on being a mom and dad* (pp. 291–296). New York, NY: M. Evans.

Nylund, D. (2003). Narrative therapy as a counter-hegemonic practice. *Men and Masculinities, 5,* 386–394. doi:10.1177/1097184X03251086

Nylund, D. (2004a). Deconstructing masculinity through popular culture texts. *Narrative Network News, 27,* 35–39.

Nylund, D. (2004b). The mass media and masculinity: Working with men who have been violent. In S. Madigan (Ed.), *Therapeutic conversations 5: Therapy from the outside in* (pp. 177–191). Vancouver, British Columbia, Canada: Yaletown Family Therapy Press.

Nylund, D. (2004c). When in Rome: Homophobia, heterosexism, and sports talk radio. *Journal of Sport and Social Issues, 28,* 136–168. doi:10.1177/0193723504264409

Nylund, D. (2006a). Critical multiculturalism, whiteness, and social work: Towards a more radical view of cultural competence. *Journal of Progressive Human Services, 17*(2), 27–42. doi:10.1300/J059v17n02_03

Nylund, D. (2006b). Deconstructing patriarchy and masculinity with teen fathers: A narrative approach. In R. Evans, H. S. Holgate, & F. K. O. Yuen (Eds.), *Teenage pregnancy and parenthood* (pp. 157–167). New York, NY: Routledge.

Nylund, D. (2007a). *Beer, babes, and balls: Masculinity and sports talk radio.* Albany, NY: SUNY Press.

Nylund, D. (2007b). Reading Harry Potter: Popular culture, queer theory, and the fashioning of youth identity. *Journal of Systemic Therapies, 26*(2), 13–24. doi:10.1521/jsyt.2007.26.2.13

Nylund, D., & Ceske, K. (1997). Voices of political resistance: Young women's co-research in anti-depression. In C. Smith & D. Nylund (Eds.), *Narrative therapies with children and adolescents* (pp. 356–381). New York, NY: Guilford Press.

Nylund, D., & Corsiglia, V. (1993). Internalized other questioning with men who are violent. *Dulwich Centre Newsletter, 2,* 29–34.

Nylund, D., & Corsiglia, V. (1994). Attention to the deficits in attention deficit disorder: Deconstructing the diagnosis and bringing forth children's special abilities. *Journal of Collaborative Therapies, 2*(2), 7–16.

Nylund, D., & Corsiglia, V. (1996). From deficits to special abilities: Working narratively with children labeled ADHD. In M. Hoyt (Ed.), *Constructive therapies 2* (pp. 163–183). New York, NY: Guilford Press.

Nylund, D., & Hoyt, M. (1997). The joy of narrative: An exercise for learning from our internalized clients. *Journal of Systemic Therapies, 16*, 361–366.

Nylund, D., & Thomas, J. (1997). Situating therapist's questions in the presence of the family: A qualitative inquiry. *Journal of Systemic Therapies, 16*, 211–228.

Nylund, D., Tilsen, J., & Grieves, L. (2007). The gender binary: Theory and lived experience. *International Journal of Narrative Therapy and Community Work, 3*, 46–53.

O'Farrell, C. (2005). *Michel Foucault*. London, England: Sage.

Parker, I. (1989). Discourse and power. In J. Shotter & K. Gergen (Eds.), *Texts of identity* (pp. 16–25). London, England: Sage.

Parker, I. (1998). *Social construction, discourse and realism*. London, England: Sage.

Parker, I. (2008). *Being human: Reflections on mental distress in society* (I. A. Morgan, Ed.). Ross-on-Wye, England: PCCS Books.

Prado, G. (1995). *Starting with Foucault: An introduction to genealogy*. Boulder, CO: Westview Press.

Reynolds, V. (2008). An ethic of resistance: Frontline worker as activist. *Women Making Waves, 19*, 12–14.

Reynolds, V. (2010). Doing justice: A witnessing stance in therapeutic work alongside survivors of torture and political violence. In J. Raskin, S. Bridges, & R. Neimeyer (Eds.), *Studies in meaning 4: Constuctivist perspectives on theory, practice, and social justice*. New York, NY: Pace University Press.

Ricoeur, P. (1984). *Time and narrative* (Vol. 1). Chicago, IL: The University of Chicago Press.

Rorty, R. (1979). *Philosophy and the mirror of nature*. Princeton, NY: Princeton University Press.

Rose, N. (1989). Individualizing psychology. In J. Shotter & K. Gergen (Eds.), *Texts of identity* (pp. 64–72). London, England: Sage.

Rosen, S. (1987). *Hermeneutics as politics*. New York, NY: Oxford University Press.

Said, E. (2003). *Freud and the non-European*. New York, NY: Verso.

Sampson, E. (1989). The deconstruction of the self. In J. Shotter & K. Gergen (Eds.), *Texts of identity* (pp. 3–11). Newbury Park, CA: Sage.

Sampson, E. (1993). *Celebrating the other: A dialogic account of human nature.* San Francisco, CA: Westview Press.

Sanders, C. (1997). Re-authoring problem identities: Small victories with young persons captured by substance misuse. In C. Smith & D. Nylund (Eds.), *Narrative therapies with children and adolescents* (pp. 400–422). New York, NY: Guilford Press.

Sanders, C. (1998). Substance misuse dilemmas: A postmodern inquiry. In S. Madigan & I. Law (Eds.), *PRAXIS: Situating discourse, feminism, and politics in narrative therapies* (pp. 141–162). Vancouver, British Columbia, Canada: Yaletown Family Therapy Press.

Sanders, C. (2007). A poetics of resistance: Compassionate practice in substance misuse therapy. In C. Brown & T. Augusta-Scott (Eds.), *Narrative therapy: Making meaning, making lives* (pp. 59–76). Thousand Oaks, CA: Sage.

Sanders, C., & Thomson, G. (1994). Opening space: Towards dialogue and discovery. *Journal of Child and Youth Care, 9*(2), 1–11.

Seymour, F., & Epston, D. (1989). Childhood stealing. *The Australian and New Zealand Journal of Family Therapy, 10,* 137–143.

Shotter, J. (1989). Social accountability and the social construction of "you." In J. Shotter & K. Gergen (Eds.), *Texts of identity* (pp. 4–14). London, England: Sage.

Shotter, J. (1990a). *The social construction of remembering and forgetting.* In D. Middleton & D. Edwards (Eds.), *Collective remembering* (pp. 120–138). London, England: Sage.

Shotter, J. (1990b). Social individuality versus possessive individualism: The sounds of silence. In I. Parker & J. Shotter (Eds.), *Deconstructing social psychology* (pp. 153–160). London, England: Routledge.

Shotter, J., & Gergen, K. (1989). *Texts of identity.* Newbury Park, CA: Sage.

Simons, J. (1995). *Foucault and the political.* New York, NY: Routledge.

Smith, C., & Nylund, D. (Eds.). (1997). *Narrative therapies with children and adolescents.* New York, NY: Guilford Press.

Speedy, J. (2004). Living a more peopled life: Definitional ceremony as inquiry into psychotherapy "outcomes." *International Journal of Narrative Therapy and Community Work, 3,* 43–53.

Spivak, G. (1996). Diaspora old and new: Women in the transnational world. *Textual Practice, 10,* 245–269.

Szasz, T. (2001). *Pharmacracy medicine and politics in America.* Westport, CT: Praeger.

Tamasese, K., & Waldegrave, C. (1990). Social justice. *Dulwich Centre Newsletter, 1.*

Taylor, C. (1989). *Sources of the self.* Cambridge, MA: Harvard University Press.

Tilsen, J., & Nylund, D. (2008). Psychotherapy research, the recovery movement, and practice-based evidence. *The Journal of Social Work in Disability & Rehabilitation, 7*, 340–354.

Tilsen, J., & Nylund, D. (2009). Popular culture texts and young people: Making meaning, honoring resistance, and becoming Harry Potter. *International Journal of Narrative Therapy and Community Work, 1*, 16–19.

Tinker, D. E., & Ramer, J. C. (1983). Anorexia nervosa: Staff subversion of therapy. *Journal of Adolescent Health Care, 4*, 35–39. doi:10.1016/S0197-0070(83)80226-5

Tomm, K. (1984a). One perspective on the Milan Systemic Approach: Part I. Overview of development, theory and practice. *Journal of Marital and Family Therapy, 10*, 113–125. doi:10.1111/j.1752-0606.1984.tb00001.x

Tomm, K. (1984b). One perspective on the Milan Systemic Approach: Part II. Description of session format, interviewing style and interventions. *Journal of Marital and Family Therapy, 10*, 253–271. doi:10.1111/j.1752-0606.1984. tb00016.x

Tomm, K. (1986). On incorporating the therapist in a scientific theory of family therapy. *Journal of Marital and Family Therapy, 12*, 373–378. doi:10.1111/ j.1752-0606.1986.tb00669.x

Tomm, K. (1987a). Interventive interviewing: Part I. Strategizing as a fourth guideline for the therapist. *Family Process, 26*, 3–13. doi:10.1111/j.1545-5300.1987. 00003.x

Tomm, K. (1987b). Interventive interviewing: Part II. Reflexive questioning as a means to enable self-healing. *Family Process, 26*, 167–183. doi:10.1111/ j.1545-5300.1987.00167.x

Tomm, K. (1988). Interventive interviewing: Part III. Intending to ask lineal, circular, reflexive or strategic questions? *Family Process, 27*, 1–15. doi:10.1111/ j.1545-5300.1988.00001.x

Tomm, K. (1989). Externalizing problems and internalizing personal agency. *Journal of Strategic & Systemic Therapies, 8*, 16–22.

Turner, V. (1969). *The ritual process*. Ithaca, NY: Cornell University Press.

Turner, V. (1974). *Drama, fields and metaphor*. Ithaca, NY: Cornell University Press.

Turner, V. (1980). Social dramas and stories about them. *Critical Inquiry, 7*, 141–168.

Turner, V. (1981). Social dramas and stories about them. In W. J. T. Mitchell (Ed.), *On narrative* (pp. 137–164). Chicago, IL: University of Chicago Press.

Turner, V. (1986). *The anthropology of performance*. New York, NY: PAJ.

Tyler, S. (1986). *The unspeakable: Discourse, dialogue and rhetoric in the postmodern world*. Madison: University of Wisconsin Press.

Tyler, S. A. (1990). Eye of newt, toe of frog: Post-modernism and the context of theory in family therapy. In P. Keeney, B. B. Nolan, & W. Madsen (Eds.), *The systemic therapist*. St. Paul, MN: Systemic Therapy Press.

Vancouver Anti-Anorexia/Bulimia League. (1998). Editorial. *Revive Magazine*. Vancouver, British Columbia, Canada: Yaletown Family Therapy Publications.

Vromans, L. (2008). *Process and outcome of narrative therapy for major depressive disorder in adults: Narrative reflexivity, working alliance, and improved symptom and inter-personal outcomes*. Unpublished doctoral dissertation, Queensland University of Technology, Australia.

Vygotsky, L. S. (1978). *Mind in society*. Cambridge, MA: Harvard University Press.

Wade, A. (1996). Resistance knowledges: Therapy with aboriginal persons who have experienced violence. In P. H. Stephenson, S. J. Elliott, L. T. Foster, & J. Harris (Eds.), *A persistent spirit: Towards understanding aboriginal health in British Columbia* (pp. 167–206). Vancouver, British Columbia, Canada: University of British Columbia.

Wade, A. (1997). Small acts of living: Everyday resistance to violence and other forms of oppression. *Contemporary Family Therapy, 19*, 23–39. doi:10.1023/A:1026154215299

Waldegrave, C. (1996). *Beyond impoverishing treatments of persons*. Keynote speech at the International Narrative Ideas and Therapeutic Practice Conference, Yaletown Family Therapy, Vancouver, British Columbia, Canada.

Waldegrave, C. T. (1990). Just therapy. *Dulwich Centre Newsletter, 1*, 5–46.

Watzlawick, P. (1984). *The invented reality*. New York, NY: Norton.

Weber, M., Davis, K., & McPhie, L. (2006). *Australian Social Work, 59*, 391–405.

Winslade, J., & Monk, G. (2007). *Narrative counseling in schools*. New York, NY: Norton.

White, M. (1979). Structural and strategic approaches to psychodynamic families. *Family Process, 18*, 303–314. doi:10.1111/j.1545-5300.1979.00303.x

White, M. (1984). Pseudo-encopresis: From avalanche to victory, from vicious to virtuous cycles. *Family Systems Medicine, 2*, 150–160. doi:10.1037/h0091651

White, M. (1986). Anorexia nervosa: A cybernetic perspective. In J. Elka-Harkaway (Ed.), *Eating disorders and family therapy* (pp. 67–73). New York, NY: Aspen.

White, M. (1987). Family therapy and schizophrenia: Addressing the "in-the-corner" lifestyle. *Dulwich Centre Newsletter* (spring), 14–21.

White, M. (1988). *Selected papers*. Adelaide, South Australia: Dulwich Centre Publications.

White, M. (1988/1989). *The externalizing of the problem and the re-authoring of lives and relationships. Dulwich Centre Newsletter* [Special issue], *Summer, 3–20*.

White, M. (1991). Deconstruction and therapy. In D. Epston & M. White (Eds.), *Experience, contradiction, narrative, and imagination: Selected papers of David Epston and Michael White, 1989–1991*. Adelaide, South Australia: Dulwich Centre Publications.

White, M. (1995a). Psychotic experience and discourse. In M. White (Ed.), *Re-authoring lives: Interviews and essays* (pp. 45–51). Adelaide, South Australia: Dulwich Centre Publications.

White, M. (1995b). Reflecting teamwork as definitional ceremony. In M. White (Ed.), *Re-authoring lives: Interviews and essays* (pp. 16–26). Adelaide, South Australia: Dulwich Centre Publications.

White, M. (1997). *Narratives of therapists' lives*. Adelaide, South Australia: Dulwich Centre Publications.

White, M. (1999). Reflecting teamwork as definitional ceremony revisited. *Gecko: A journal of deconstruction and narrative ideas in therapeutic practice, 1*, 55–82.

White, M. (2002). Addressing personal failure. *International Journal of Narrative Therapy and Community Work, 3*, 33–76.

White, M. (2004). *Narrative practice and exotic lives: Resurrecting diversity in everyday life*. Adelaide, South Australia: Dulwich Centre Publications.

White, M. (2005). Children, trauma and subordinate storyline development. *The International Journal of Narrative Therapy and Community Work, 3/4*, 10–22.

White, M. (2007). *Maps of narrative practice*. New York, NY: Norton.

White, M., & Epston, D. (1990). *Narrative means to therapeutic ends*. New York, NY: Norton.

Winslade, J. (2009). Tracing lines of flight: Implications of the work of Gilles Deleuze for narrative practice. *Family Process, 48*, 332–346. doi:10.1111/j.1545-5300.2009.01286.x

Winslade, J., Crocket, K., Epston, D., & Monk, G. (1996). *Narrative therapy practice: The archeology of hope*. San Francisco, CA: Jossey-Bass.

Wittgenstein, L. (1953). *Philosophical investigations* (D. E. Linge, Trans.). Berkeley: University of California Press.

Wittgenstein, L. (1960). *The blue and brown books*. New York, NY: Harper & Row.

Zur, O., & Nordmarken, N. (2007). *DSM: Diagnosing for money and power: Summary of the critique of the DSM*. Sonoma, CA: Zur Institute. Retrieved from http://www.zurinstitute.com/dsmcritique.html

지은이

Stephen Madigan

부부치료와 가족치료 분야에서 MSW, MSc 그리고 PhD
를 받았다. 1992년, 캐나다 밴쿠버에서 예일가족치료를 통
해 Vancouver School for Narrative Therapy를 시작했
다. 이는 북반구에서 최초로 이야기치료가 소개되는 계기
가 되었다. 그는 매년 열리는 학회에서 주도적인 역할을
했고, 전 세계적으로 이야기치료 워크숍에서 교육하고 있
다. 2007년 6월, 미국 가족치료학회(AFTA)는 그의 가족치
료 이론과 실제 분야에서 혁혁한 공을 인정하여 상을 수
여하였다. 캐나다의 얼티미트프리스비 국가대표 팀의 은
퇴 회원이기도 하다. 좀 더 자세한 정보는 http://www.
stephenmadigan.ca에서 알 수 있다.

옮긴이

정석환(대표역자)

연세대학교 신과대학 신학과 졸업(B.A. in Theology)

연세대학교 연합신학대학원 상담학과 졸업(M.A.)

미국 Garrett-Evangelical Theological Seminary 졸업(M.Div)

미국 노스웨스턴대학교 졸업(Ph.D. in Religion and Personality)

전 연세대학교 신과대학 학장 겸 연합신학대학원 원장 역임

현재 연세대학교 연합신학대학원 목회상담학 주임교수

김선영

연세대학교 대학원 상담코칭학 박사

연세대학교 원주캠퍼스 상담센터 전문상담사 및 슈퍼바이저

기독상담 전문상담사 및 상담학회 1급 상담사

한국상담심리학회 상담심리전문가(1급)

박경은

연세대학교 대학원 상담코칭학 박사
기독상담 전문상담사 및 생명문화학회 사무국장
연세대학교 원주캠퍼스 상담센터 전문상담사
청소년 상담사(2급)

현채승

연세대학교 대학원 상담코칭학 박사
연세대학교 국제캠퍼스 상담센터 선임연구원
상담심리사 및 기독상담 전문상담사
상담학회 1급 상담사